600문제 도전하는

C Program 공작소

엄정국 著

21세기사

머리말

인류가 만든 계산기의 기원은 주판이라고 할 수 있다. 고대 메소포타미아에서 사용된 주판은 대략 기원전 3,000년에 만들어진 것이라고 한다. 중국에서는 기원전 500년경에 주판이 만들어졌다고 한다. 컴퓨터의 등장으로 사라진 주판은 50년 전만 하더라도 계산기의 주류를 형성하였다.

인류 최초의 전자식 컴퓨터는 1946년의 애니악(ENIAC)이라 할 수 있으므로 오래된 것 같지만 실은 70여 년이 경과한 것에 불과하다. 애니악에서 작성하는 프로그램은 전기회로를 이용하였으므로 기계어의 형식이었다.

기계어와 같은 저급언어는 컴퓨터에 대한 전문적인 지식이 필요하다는 단점을 갖고 있으므로 대중적이라고 보기 어렵다.

컴퓨터를 사용하여 자료처리를 하려면 프로그래밍 언어는 필수적으로 사용된다. 사실 기계어로 프로그램을 작성하는 것은 고도의 기술을 필요로 하는 것이었으므로 일반 사람들이 편히 사용할 수 있는 프로그램 언어가 요구되었다.

기계어와 같은 저급언어의 불편을 덜기 위해 FORTRAN, COBOL, C, BASIC 등의 고급언어가 속속 개발되었으며, 여러 종류의 컴퓨터 언어 중에서 현재도 많은 사람이 사용하는 것은 바로 C언어이다.

C언어의 개발목적은 유닉스 운영체제(Operating System)와 밀접하게 관련이 있다. 하지만 C언어는 구조적 프로그램, 고급언어와 저급언어의 특성을 동시에 갖고 있으므로 최근에는 프로그램 개발에 널리 사용되고 있다.

본 교재에서는 C언어를 기초부터 시작하여 고급의 프로그램을 작성할 수 있도록 하기 위한 다양한 예제와 실습문제를 제공하고 있다.

어떠한 방법을 사용하여야 문제를 해결할 수 있는가를 이해시키기 위해 흐름도를 그리는 것부터 시작하여 반복적인 연습을 통해 사용자 스스로가 고급 수준의 프로그램을 작성할 수 있도록 구성하였다.

본 교재에서는 예제의 실행 결과를 실었으므로, 초심자라 하더라도 스스로의 실력향상을 위해서 흐름도와 프로그램을 참조하지 않고도 스스로 프로그램을 작성하여 동일한 결과를 얻을 수 있는 실력을 쌓기 바란다.

초심자는 어렵다고 할 수 있겠지만 중도에서 포기하지 않는다면 프로그램 작성 능력이 향상될 것이며, 분명히 좋은 결실을 맺을 수 있을 것이다.

마지막으로 본 교재를 출간할 수 있도록 허락하신 21세기사 이범만 사장님께도 깊은 사의를 표하는 바이다.

2020년 2월
쌍용동 연구실에서

목차

제1장 비주얼 스튜디오 설치하기

준비한 비주얼 스튜디오 CD에서 setup 아이콘을 눌러 설치를 완료하고 프로그램을 실행시키면 다음과 같은 화면이 나타난다.

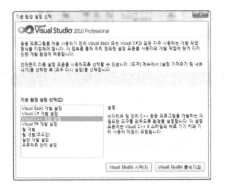

"Visual C++ 개발 설정"을 선택하고 "Visual Studio 시작" 버튼을 누르면

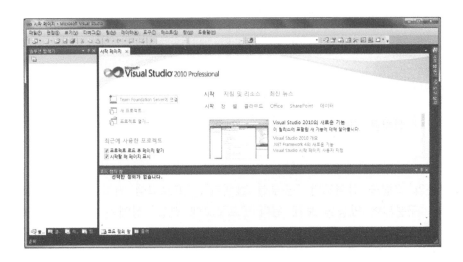

여기서 "새 프로젝트" 버튼을 누르면 화면이 바뀌면서 "새 프로젝트" 창이 열린다. 설치된 템플릿은 최초에 "Visual Basic"으로 설정되어 있는데, 이것을 "Visual C++"로 변경시키고 하단의 이름을 "sample"이라고 입력하여 보자.

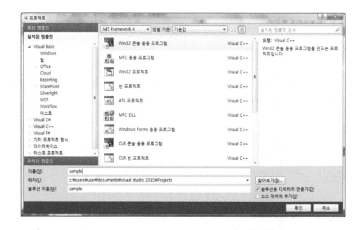

"확인" 버튼을 누르면 화면이 다음과 같이 변화한다. 계속하여 "다음" 버튼을 누르고 "마침" 버튼을 누르면 프로그램을 작성할 수 있는 창이 나타난다.

이상의 절차를 마치면 프로그램을 만들고 실행시킬 수 있는 단계에 도달한 것이다.

다음의 그림을 살펴보면 "솔루션 탐색기", "프로그램 편집" 그리고 "출력" 창으로 구분되어 있음을 보게 된다. "프로그램 편집" 창에는 앞서 프로젝트의 이름을 sample로 하였으므로 sample.cpp 라는 프로그램의 이름이 보일 것이다. 이곳에 프로그램을 작성해 넣으면 된다.

1. 프로그램 입력하기

이제 "프로그램 편집" 창의 내용을 모두 지우고 다음과 같은 프로그램을 입력하여보자.

2. 컴파일하기

프로그램 입력을 마치면 결과를 보기 위해 기계어로 바꾸기 위한 컴파일 (compile)을 하여야 한다. 비주얼 스튜디오에서는 이것을 "빌드"라고 하며, F7 키가 단축키로 사용된다. 결과를 보기 위해서는 "디버깅"하는 절차를 밟아야 한다.

하지만 빌드와 디버깅을 동시에 실시할 수 있는 단축키로 "ctrl+F5" 가 사용 되며 "출력" 창에는 프로그램이 컴파일 되는 과정이 나타나면서 최종적으로 결 과를 출력한다. 물론 프로그램은 오류가 없기 때문에 원하는 결과가 나타난다.

프로그램의 실행 결과는 다음과 같다.

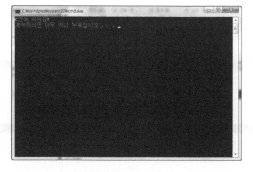

이제 결과 창(command 창)의 색을 반전시켜본다. 결과 창에서 오른쪽 마우스 버튼을 눌러 "속성"을 변경시킨다.

속성 창에서 "색" 버튼을 선택하고 <u>화면 텍스트는 검정색, 화면 배경은 흰색</u> <u>으로 설정</u>하면 화면이 반전된다.

3. LINK 에러

대부분의 경우, 프로그램의 command 창이 끝마치지 않은 상태에서 컴파일을 진행할 때 발생한다. 긴급 처지 법은 command 창을 모두 종료시키는 것이지만, 그래도 에러가 뜨는 경우는 메니페스트 도구를 변경해야 한다.

만일 빌드 과정 중에 다음과 같이 "빌드 실패"라는 에러 메시지가 나타나면 "메니페스트" 도구 변경을 해야 한다.

```
1>LINK  :  fatal  error  LNK1104:  'c:\users\jkeom\documents\visual  studio
2010\Projects\sample\Debug\sample.exe' 파일을 열 수 없습니다.
1>
1>빌드하지 못했습니다.
1>
1>경과 시간: 00:00:00.60
========== 빌드: 성공 0, 실패 1, 최신 0, 생략 0 ==========
```

1) 상단의 "프로젝트(P)"를 누른다.
2) 스크롤(scroll) 된 메뉴 중에서 "sample 속성(P)..."를 선택한다.
3) "sample 속성 페이지" 창에서 "구성 속성" - "메니페스트 도구" - "입력

및 출력"을 전개한다. 계속하여

4) "메니페스트 포함"의 상태를 "아니오"로 바꾸고 하단의 "적용(A)" 및 "확인" 버튼을 누른다.

5) 비주얼 스튜디오를 종료시킨다. 반드시 종료시켜야 한다.

6) 이때 나타나는 창에서 "예(Y)"를 선택한다.

7) 4)번부터의 과정을 반복하면서 5)번의 상태를 "예"로 바꾼 다음에 7)번까지 실행시킨다.

8) 컴퓨터를 "다시 실행"시켜야 한다.

제2장 C언어의 개요

1. C언어 개요

 프로그래밍 언어는 사용자(end-user)가 프로그램을 개발하기 위한 약속이라 할 수 있다. 1940년대에 MARK-1, ENIAC 등의 컴퓨터가 등장하였을 때는 문제 해결을 위해 기계어(Machine Language)나 어셈블리 언어(Assembly Language)를 사용하여 프로그램을 개발하였다.
 다음은 ENIAC에서 프로그램을 작성하고 있는 프로그래머들의 사진이다.

 사진에서 보듯이 프로그래머들이 전선을 이용하여 프로그램을 작성하고 있으므로 주어진 문제를 논리적으로 해결하는 과정을 알고 있다고 하더라도 전문가가 아니면 전선 연결을 통한 프로그램 작성을 할 수 없었을 것으로 판단된다.
 기계어나 어셈블리 언어 또는 ALGOL 등의 저급언어는 컴퓨터에 대한 전문적인 지식이 필요할 뿐만 아니라 개발된 프로그램이 다른 기종의 컴퓨터에서는 사용할 수 없다는 단점을 갖고 있었다. 이러한 저급언어의 불편을 해소하기 위해 1950년대에 FORTRAN, COBOL 등의 고급언어(High-Level Language)가 속속 개발되었다.

　IBM에서 1954년에 개발을 시작한 FORTRAN은 7명의 전문가가 2년 반에 걸쳐 완성하였다. FORTRAN은 수학계산을 위해 개발되었고, 현재에도 개발이 진행 중이다.

　다음 사진은 초창기의 FORTRAN에서 사용된 펀치카드이다. 천공된 부분은 프로그램 명령문에 맞춰 뚫어놓은 것이다. 프로그램의 오류가 발생하면 카드를 뒤집어서 귀퉁이가 돌출되도록 만들었다.

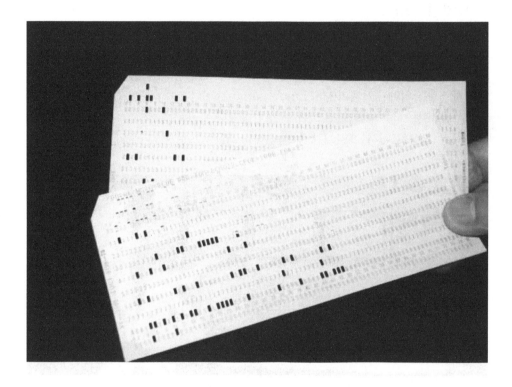

　이후로도 여러 종류의 고급언어가 등장하였으며, 여기서 다룰 C언어도 그 중의 하나이다.

　고급언어란 인간이 사용하고 있는 언어로 프로그래밍을 할 수 있다는 것이다. 인간이 사용하고 있는 언어이므로 프로그램의 내용을 쉽게 파악할 수 있다는 장점을 갖는다. 하지만 인간의 언어를 컴퓨터가 인식하기 위해서는 기계어로 바꾸기 위한 특별한 중간과정이 필요하다.

　만일 우리가 중국어를 전혀 모른다고 할 때, 중국인과 대화를 할 때는 한국어와 중국어를 능통하게 구사하는 통역자을 고용하면 해결할 수 있는 것처럼 프로그래밍 언어에서의 언어번역기는 이러한 역할을 담당한다.

인간의 언어를 컴퓨터가 이해하는 언어로 번역하는 언어번역기를 컴파일러 (Compiler) 또는 인터프리터(Interpreter)라고 한다. 컴파일러는 프로그램 전체를 기계어로 바꾸어 실행하므로 문법상의 오류가 발생하면 결과가 나타나지 않도록 만들어져 있다. 인터프리터는 프로그램을 라인 단위로 기계어로 바꾸는 방식을 취하므로 오류검출이 유리하다고 할 수 있다.

C언어는 컴파일러 방식을 사용하는 대표적인 언어이고 BASIC은 대표적인 인터프리터 방식을 취하고 있다.

언어번역기는 원시 프로그램(Source Program)을 목적 프로그램(Object Program)으로 바꿔주는 역할을 한다. 여기서 원시 프로그램이란 컴퓨터 사용자가 일상용어로 작성한 프로그램이며, 목적 프로그램은 기계가 인식하는 기계어로 된 프로그램을 말한다. 이들의 관계식을 그림으로 나타내면 다음과 같다.

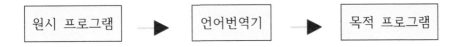

C언어는 1972년 AT&T의 BELL 연구소에 근무하던 Dennis Ritchie와 Ken Thompson에 의해 처음 만들어졌다. 1983년에 이르러 미국국립표준연구소 (ANSI:American National Standard Institute)의 C프로그래밍기술위원회에서 C언어의 부족한 부분을 보완하여 표준화작업을 시작하여 1989년 12월에 ANSI-C 라는 C언어의 표준을 만들었다.

C언어의 확장언어로는 C++과 JAVA를 꼽을 수 있다. 따라서 C언어를 능숙하게 구사하는 사용자라면 C++과 JAVA를 쉽게 이해할 수 있다.

다음은 tiobe.com에서 발표한 2018년과 2019년도의 프로그램 개발에 사용되고 있는 각종 프로그래밍 언어의 사용 순위에 대한 자료이다. 이를 살펴보면 C언어는 아직까지도 가장 많이 사용되고 있음을 알 수 있다.

Dec 2019	Dec 2018	Change	Programming Language	Ratings	Change
1	1		Java	17.253%	+1.32%
2	2		C	16.086%	+1.80%
3	3		Python	10.308%	+1.93%
4	4		C++	6.196%	-1.37%
5	6	^	C#	4.801%	+1.35%
6	5	v	Visual Basic .NET	4.743%	-2.38%
7	7		JavaScript	2.090%	-0.97%
8	8		PHP	2.048%	-0.39%
9	9		SQL	1.843%	-0.34%
10	14	^^	Swift	1.490%	+0.27%
11	17	^^	Ruby	1.314%	+0.21%
12	11	v	Delphi/Object Pascal	1.280%	-0.12%
13	10	v	Objective-C	1.204%	-0.27%
14	12	v	Assembly language	1.067%	-0.30%
15	15		Go	0.995%	-0.19%
16	16		R	0.995%	-0.12%
17	13	vv	MATLAB	0.986%	-0.30%
18	25	^^	D	0.930%	+0.42%
19	19		Visual Basic	0.929%	-0.05%
20	18	v	Perl	0.899%	-0.11%

출처 : www.tiobe.com/tiobe-index/

2. C언어의 특징

C언어는 고급언어의 특징을 가지면서 동시에 저급언어의 특징을 갖고 있다. 그 외에도 여러 가지 특징을 갖고 있으며 이를 간략히 요약하면 다음과 같다.

첫째, 시스템 프로그래밍 언어이다. 여기서 시스템 프로그램이란 운영체제, 컴파일러, 에디터, 디버거 등, 프로그램 작성을 도와주는 프로그램을 의미한다.

둘째, 각종 응용 프로그램을 만들 수 있는 범용 프로그래밍 언어라고 할 수 있다.

셋째, 서로 다른 하드웨어에서도 프로그램의 수정 없이 수행할 수 있는 호환성을 갖는 언어이다.

넷째, 프로그램을 함수의 집합으로 구성할 수 있으므로 구조적 프로그래밍에 적합한 언어이다.

3. 흐름도

사용자가 프로그램을 작성하려면 우선 문제를 어떻게 해결해야 하는 가를 생각하여야 한다. 문제 해결방법은 생각하지도 않은 채, 무조건 키보드를 두드린다고 해서 답이 도출되는 것은 아니다.

본 교재에서는 문제를 해결하기 위해 알고리즘(Algorithm)을 설명하고 이를 흐름도(Flow Chart)로 만드는 절차를 통해 C언어 능력을 향상시키기 위한 방법을 채택하고 있다.

알고리즘이란 문제를 해결하는 절차라고 할 수 있으며, 알고리즘에 따라 흐름도가 완성되면 이것을 프로그래밍 하는 것은 매우 수월하다. 따라서 프로그래밍 언어에서 제일 중요한 것은 문제 해결을 위한 알고리즘을 파악하는 것이라고 할 수 있다.

본 교재에서 주로 사용되는 흐름도 기호와 의미는 다음과 같으며, 6개 정도의 흐름도 기호를 적절히 조합하면 대부분의 문제를 해결할 수 있다.

흐름도 기호	의 미
⬭	프로그램의 시작, 끝
▭	각종 수식
▱	입력, 출력
◇	비교, 판단
⬒	반복수행
⬡	준비
→	프로그램의 흐름

본 교재에서는 문제의 해결을 위해 흐름도를 그린 후에, 프로그래밍 하는 방식을 취하였다.

이제부터는 흐름도를 이용하여 문제를 해결하기 위한 여러 가지의 예를 들어보기로 한다. 주어진 문제를 해결할 수 있으면 앞에서 소개한 흐름도 기호는 모두 사용하지 않아도 된다.

프로그래밍 언어도 일종의 언어이므로 가급적이면 배우기가 쉬워야 하는데 C언어는 이러한 측면에서 보면 문제점을 갖고 있다. 프로그래밍 언어를 처음 접하는 독자들에게는 단순한 문제라 하더라도 프로그램을 만든다는 것은 어려운 일인 것은 분명하다. 이러한 독자들을 위해 C언어를 가급적이면 쉽게 이해할 수 있도록 점진적이면서도 응용 가능한 예제를 중심으로 설명하고자 한다.

C프로그래밍 언어에 전혀 지식이 없는 초보자라 하더라도 기초적인 문제로부터 시작하여 고급의 문제까지를 반복적으로 다루고 난이도를 점차 높여간다면 프로그래밍 언어를 중도에 포기하는 일은 없을 것이며, 동일한 형태의 문제를 반복적으로 다룸으로써 누구든지 프로그래밍의 작성 능력을 제고시킬 수 있다고 확신한다.

4. 흐름도 예제

전 세계의 모든 프로그래머가 만들고 있는 모든 프로그램은 논리적 전개를 통해 이루어지고 있다. 다음에 소개되는 간단한 출력 프로그램조차도 논리 전개가 필요할 정도이다.

【예제 1】"C 쉬워요!"를 출력하는 흐름도를 그려라.

풀이 : C 프로그래밍에서 문자를 출력하려면 흐름도의 겹따옴표(" ") 안에 해당 문자를 넣으면 된다.

【예제 2】 $a = 2$를 출력하는 흐름도를 작성하라.

풀이 : $a = 2$ 라는 수식이 있어야 a의 값을 출력할 수 있는 형태의 문제이다.

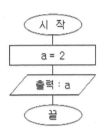

【예제 3】 $a = 5$, $b = 3$일 때, 두 수의 곱을 구하는 흐름도를 작성하라.

풀이 : a, b는 수식으로 처리할 수 있으며 곱셈도 수식으로 나타내야 한다.

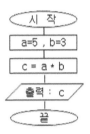

【예제 4】 삼각형의 밑변과 높이를 입력하여 삼각형의 넓이를 구하는 흐름도를 작성하라.

풀이 : 먼저 밑변(b)과 높이(h)를 입력한 다음, 넓이(area)를 구하는 공식을 통해 삼각형의 넓이를 계산하고, 이를 출력하면 된다.

연습문제

1. 두 개의 수 $a = 12$, $b = 5$의 덧셈, 뺄셈을 하는 흐름도를 작성하라.

2. 길이(a), 너비(b), 깊이(c)를 입력하여 풀장의 용적(d)을 계산하는 흐름도를 작성하라.

3. 직사각형의 가로(a), 세로(b)를 입력하여 직사각형의 둘레(c)와 넓이(d)를 구하는 흐름도를 작성하라.

4. 마일($mile$)을 입력하여 킬로미터(km)로 환산하는 흐름도를 작성하라. 마일과 킬로미터의 관계는 다음과 같다.

    1 마일 = 1.6 킬로미터

5. 세 개의 수 a, b, c 를 입력하여 합(sum)과 평균(aver)을 구하는 흐름도를 작성하라.

6. 반지름(r)을 입력하여 원둘레(a)와 원의 넓이(b)를 구하는 흐름도를 작성하라. 단, 원주율은 3.14로 한다.

7. 콜라 1병의 값이 2,000원이라고 한다. 6병의 콜라를 팔았을 때의 판매총액을 구하는 흐름도를 작성하라.

제3장 기본 프로그래밍

　프로그래밍 언어는 우리가 사용하는 언어와 비교할 수는 없지만 일종의 언어이므로 많은 연습을 통해 자연스럽게 습득할 수 있다.

　C언어에 입문하려면 무조건 몇 개의 프로그램을 따라 하는 것이 바람직하다. 어렸을 때 말을 익히는 과정을 살펴보면 무조건 다른 사람이 하는 말을 따라 했던 것을 생각하면 된다. 물론 말을 익히는 과정에서 단어를 잘못 구사한 경우도 생기고, 논리적으로 정확하게 자신의 의사를 표시하지 못한 적이 있을 것이다. 프로그래밍 언어도 역시 마찬가지이다. 프로그램 작성을 잘못하기도 하고, 때로는 논리전개를 잘못하여 원하는 결과를 얻지 못하는 경우도 발생하게 된다. 하지만 반복적으로 연습함으로써 점차 언어에 대한 이해와 정확한 논리를 세울 수가 있는 것이다.

　기초적인 프로그램들을 여러 개 만들고 이들을 실행시켜봐야만 프로그래밍 언어에 대한 친근감을 부여할 수 있게 된다.

　이제부터 초보자들이 쉽게 C언어를 다룰 수 있도록 먼저 간단한 프로그램을 작성해보기로 한다.

1. 기초 프로그램

　가장 간단한 C프로그램은 주프로그램(main program)으로만 작성된 것이며, 주프로그램은 main( )이라는 이름의 함수로 구성된다. 간단한 형태의 주프로그램이라 하더라도 출력문은 존재해야 하므로 표준입출력을 제어하기 위한 "stdio.h"라는 헤더 파일을 선언해야 한다.

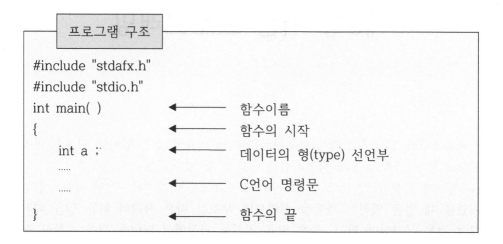

이제부터 간단한 프로그램을 만들어서 결과를 출력하는 과정을 설명하기로 한다.

앞의【예제 2】에서는 $a = 2$인 값을 출력하는 흐름도를 소개하였다. 이를 프로그램으로 작성한 것이 아래 그림의 오른쪽에 표시되어 있다. 새 프로젝트의 이름은 "sample"로 정하였으므로 프로그램 편집창에 "sample.cpp"로 표시된 것을 볼 수 있다.

아직까지는 변수선언과 출력문의 용법에 대해 다루지 않았으므로 아래의 화면과 동일하게 입력하기로 한다.

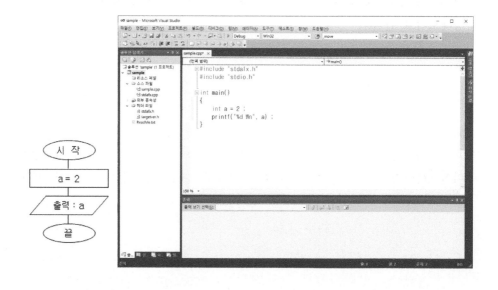

이상의 프로그램을 실행시켜 <u>결과를 얻으려면 ctrl+F5 키</u>를 누르면 다음과 같은 결과 창이 나타난다.

C언어로 프로그램을 작성할 때는 다음과 같은 규칙을 따라야 한다.

프로그램 작성방법

1. 명령문의 구분은 세미콜론(;) 으로 한다.
2. 프로그램은 소문자로 작성한다. 단, 선행처리기(preprocessor)를 선언할 때는 대문자를 사용하기도 한다.
3. 변수에 한하여 대문자를 쓸 수도 있다.

C언어는 대소문자의 구분을 정확히 하므로 가급적이면 변수도 소문자로 표현하는 것이 좋다.

주석문(comment statement)은 프로그램의 작성과는 별개이지만 알아두면 유용하다. 주석문은 프로그램 명령문을 보충 설명할 때 사용하며 작성된 프로그램을 컴파일할 때 기계어로 바뀌지 않는다. 주석문을 만드는 방법은 다음과 같이 두 종류가 있다.

표-1 주석문 표시방법

/* 프로그램 */	/* ~ */ 사이의 명령문을 주석 처리함.
// 프로그램	해당 라인만 주석 처리함.

실행 완료된 프로그램 전체를 주석문으로 처리한다면 새로운 프로그램을 작성할 때 이전의 프로그램을 지우지 않고도 처리 가능하다.

2. 흐름도와 변환방식

흐름도가 완성되면 프로그램으로 옮기는 과정은 매우 수월하다. 다음 표에 나타난 변환방식을 사용하면 쉽게 프로그래밍 할 수 있다. 【예제 3】의 흐름도를 <u>변환방식으로 작성하면 대략 다음과 같이 될 것이다</u>.

```
   ┌─────────┐            {
   (  시 작  )
   └─────────┘
   ┌─────────┐              a = 5 , b = 3 ;
   │ a=5, b=3 │
   └─────────┘
   ┌─────────┐              c = a * b ;
   │ c = a * b │
   └─────────┘
   ╱─────────╱              printf( c ) ;
  ╱ 출력 : c ╱
 ╱─────────╱
   (   끝    )            }
   └─────────┘
```

이상의 프로그램은 완성된 것이 아니며, 약간의 보완을 거쳐야 한다.

표-2 흐름도 기호와 변환방식

흐름도 기호	흐름도 에서의 표현	변환방식
⬭	시작	{
	끝	}
▭	수식	수식은 그대로 입력
▱	입력	scanf( )
	출력	printf( )
◇	조건	if 조건 ~
▭	반복	for( )
▯	함수의 호출	함수이름( )

다음 예제 이후에는 헤더 파일 부분은 프로그램에 포함시키지 않을 것이며 필요한 경우에만 추가시키기로 한다.

【예제 5】 "C 쉬워요!"를 출력하는 프로그램을 작성하라.

풀이 : main( )으로만 만들어지며 흐름도 변환방식에 따라 프로그래밍을 하면 다음과 같다. 글자는 겹따옴표(" ") 속에 넣으면 된다. 흐름도 상에는 나타나지 않은 표준입출력 호출과 주프로그램 선언이 필요하다.

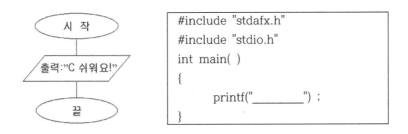

```
#include "stdafx.h"
#include "stdio.h"
int main( )
{
        printf("_____") ;
}
```

| C:\Windows\system32\cmd.exe | − □ × |

```
C 쉬워요!
계속하려면 아무 키나 누르십시오 . . .
```

출력결과를 보면 원하는 결과 이외의 문장(계속하려면 …)이 나타난 것을 볼 수 있다. 이 문장은 프로그램을 실행할 때마다 나타나는 것이며, 특별한 의미는 없다.

기억 합시다

출력결과에서의 줄 바꿈은 "₩n" 으로 한다.

참고로, 한글 모드(mode)에서는 줄 바꿈이 "₩n" 이라는 글자로 표시되지만 영문 모드에서는 " \n" 으로 나타난다.

본 교재에서는 영문 모드의 줄 바꿈을 사용하고 있다.

【예제 6】 다음의 흐름도를 프로그래밍하여 두 줄에 걸쳐 학부, 트랙 이름을 출력하는 프로그램을 작성하라.

풀이 : 변환방식에 따라 프로그램을 작성하면 다음과 같으며, 두 줄에 걸쳐 출력하여야 하므로 줄 바꿈을 위해 "\n"을 사용하였다.

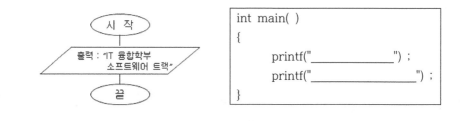

```
int main( )
{
      printf("_____") ;
      printf("_____") ;
}
```

```
C:\Windows\system32\cmd.exe                        —    □    ×
IT 융합학부
소프트웨어 트랙
계속하려면 아무 키나 누르십시오 . . .
```

　【예제 6】의 흐름도는 2줄에 출력되도록 만들었으므로, 이것을 프로그램으로 변환할 때 줄 바꿈(\n)이 포함되지 않으면 한 줄에 출력된다.

　줄 바꿈 문자를 흔히 제어문자라고 부르며, C언어에서 많이 사용되는 제어문자는 다음과 같이 다양하다.

제어문자	의미
\a	벨소리
\b	커서를 좌측으로 한칸 이동
\f	프린터에서 종이를 한 장 넘겨 출력
\n	줄 바꾸기
\t	커서를 지정된 간격만큼 벌리기

　직사각형의 박스(box)를 그릴 때는 ᄒᆞᆫ글의 문자표 중에서 전각기호(로마자)를

이용하면 매끄러운 형태를 만들 수 있다. 참고로, 직사각형 그리기를 위한 문자표는 다음과 같으며, 이를 적절히 사용하면 된다.

【예제 7】 다음과 같이 출력결과를 만들어라.

```
int main()
{
        printf("        ------------------------\n") ;
        printf("        _____") ;
        printf("        ------------------------\n") ;
        printf("        _____") ;
        printf("        _____") ;
        printf("        ------------------------\n") ;
}
```

```
CM C:\Windows\system32\cmd.exe                               ─    □    ×
        ------------------------
        학과    학년  이름
        ------------------------
        멀티미디어  1   홍길동
        정보통신학  3   신길동
        ------------------------
계속하려면 아무 키나 누르십시오 . . .
```

3. 상수와 변수

수학적인 관점에서 보면 상수(常數)는 일정한 값을 나타내는 수이고, 변수(變數)는 값이 변화하는 수라는 의미를 갖는다. 하지만 프로그래밍 언어에서 변수는 '값을 저장하는 곳'이다. 예를 들어,

$$y = 3 \ ;$$

이라는 수식은 3이라는 숫자를 y에 저장하는 것을 의미한다. y와 3이 같다는 의미는 절대 아니다. 이제 또 하나의 수식인

$$y = 5.5 \; ;$$

는 5.5라는 숫자가 y에 저장된다는 의미이다. 두 개의 수식에서 동일한 y이지만 저장된 값은 변할 수 있다는 것이다. 하지만

$$x = 5.5 \; ;$$

이라는 수식은 앞서 언급한 바와 마찬가지로 5.5를 x에 저장하라는 의미이다. 그런데 x, y에 저장된 5.5는 크기와 의미가 전혀 변화하지 않는 숫자이다.

이렇듯 의미가 변하지 않는 수를 상수(Constant)라 하고 x, y처럼 저장된 값이 변하는 수를 변수(Variable)라 부른다.

기억 합시다

프로그래밍 언어에서 <u>상수는 아라비아 숫자로 표시되는 수</u>이고, <u>변수는 문자열</u>로 구성된다.

변수를 만드는 규칙

1. 첫 글자는 영문자 또는 _ 로 시작한다.
2. 변수의 길이(글자수)는 시스템에 따라 다르다.
3. 예약어(예를 들면, for, if 등)를 변수로 사용할 수 없다.
4. 대문자와 소문자는 서로 다른 변수로 취급된다.

마지막 글자를 달리하여 2개의 변수의 이름을 500자로 만들어서 처리하였으나 변수 식별에는 아무런 문제점이 발견되지 않았음을 확인하였다. 따라서 프로그램을 작성할 때 변수의 길이에는 구애받을 필요가 없다고 판단된다.

변수에 값을 저장하기 위해서는 등호(=)를 사용하게 된다. 흔히 등호(=)는 좌변과 우변의 값이 동일한 경우에 사용되는 수학 기호이다. 하지만 프로그래밍 언어에서는 등호(=)의 의미는 전혀 다르다.

등호의 의미

우변의 값 또는 연산결과를 좌변의 변수에 저장시킨다.

　프로그램에서 사용되는 변수의 종류는 전역변수(global variable)와 지역변수(local variable)가 있다. 전역변수는 주프로그램보다 선행하여 작성해야 한다. 지역변수는 함수 안에서 선언해야 된다.

　전역변수는 프로그램 전체에 영향을 주는 변수이다. 예를 들어, 원주율 π의 값은 main( ) 함수나 기타 사용자 정의함수에서 사용하더라도 값은 일정하므로 전역변수로 처리하는 것이 마땅하다.

【예제 8】정수형의 변수 $a = 2$ 를 전역변수로 선언하여 출력하는 프로그램을 작성하라.

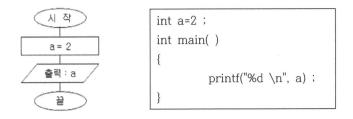

```
int a=2 ;
int main( )
{
        printf("%d \n", a) ;
}
```

C:\Windows\system32\cmd.exe

2
계속하려면 아무 키나 누르십시오 . . .

컴퓨터에서의 수

컴퓨터에서의 수는 크게 정수형, 실수형, 문자형으로 구분된다. 변수도 정수형, 실수형, 문자형으로 구분하며, 형(type) 선언은 프로그램의 시작 부분에서 한다.

　　정수는 소수점이 없는 수이며 실수는 소수점을 포함하는 수이다. 문자는 정
수형과 유사한 방식으로 처리된다.

　　변수의 종류에 따른 입출력을 위한 포맷은 다음과 같다.

표-4　변수와 변환문자

변수의 종류	데이터형	포맷(또는 변환문자)
정수형	int	%d
실수형	float	%f
문자형	char	%c(또는 %s)

1) 실수형 변수 출력하기
　　실수형 변수 *ab*를 출력하려면, 변환문자를 지정하고 변수를 기재한다.

　　　printf("%f \n", ab) ;

2) 정수형 변수 출력하기
　　a, *b*, *c*가 정수인 경우에는 변환문자도 3개를 만들어서 처리한다.

　　　printf("%d　%d　%d \n", a, b, c) ;

【예제 9】변수 *a*에 저장된 정수값 2를 출력하는 프로그램을 작성하라.
풀이 : *a*가 정수라고 하였으므로 선언부에서 int 선언을 해야 한다.

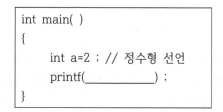

```
int main( )
{
    int a=2 ; // 정수형 선언
    printf(_____) ;
}
```

4. 수식과 연산

데이터형 선언 이후에 본격적으로 프로그램 명령문(statement)이 나타나게 되는데, 수식 연산에서 주의해야 할 점은 정수와 정수의 나눗셈이다. 수학의 관점에서 보면 7÷4 = 1.75 이지만, 컴퓨터에서는 두 수가 정수인 경우의 연산 결과는 7÷4 = 1 이 된다.

정수끼리의 연산

정수끼리의 연산을 하면 결과는 정수가 된다.

표-5 수의 연산

연산	연산결과	예시	
정수와 정수	정수	7 / 4 ⟶	1
정수와 실수	실수	6 * 2.5 ⟶	15.0
실수와 정수	실수	3.14 / 2 ⟶	1.57
실수와 실수	실수	2.17 * 3.4 ⟶	7.378

【예제 10】 7÷4 의 연산결과를 출력하는 프로그램을 작성하라.

풀이 : 정수끼리의 연산이므로 출력문의 포맷을 정수형으로 한다.

```
int main( )
{
        printf(_____) ;
}
```

만일 7/4 의 계산 결과인 1.75를 출력하려면 출력 포맷을 실수형으로 하고 <u>숫자 중의 하나에 피리어드(.)를 넣어 실수형으로 전환</u>하면 된다.

【예제 11】 7÷4 의 연산결과가 1.75로 출력되는 프로그램을 작성하라.

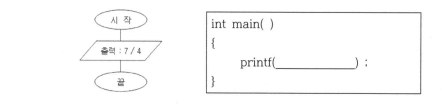

우선순위가 동일한 연산

우선순위가 동일한 경우의 연산을 할 때는 왼쪽에서 오른쪽으로 진행하면서 계산한다.

괄호( )로 묶어서 처리하는 연산을 제일 먼저 계산한다. 덧셈과 뺄셈의 우선순위는 동일하며, 곱셈과 나눗셈의 우선순위도 동일하다.
덧셈과 곱셈의 경우에는 곱셈의 우선순위가 높으므로 먼저 곱셈(나눗셈)을 수행하고 나중에 덧셈(뺄셈)을 한다.

기억 합시다

등호(=)의 좌변과 우변의 데이터형이 다른 경우는 좌변의 형식을 따른다.

【예제 12】 정수형 변수 x에 3.14가 저장되어 있다면, 즉 $x = 3.14$이면 x의 값
은 3 이 되는 것을 확인하는 프로그램을 작성하라.

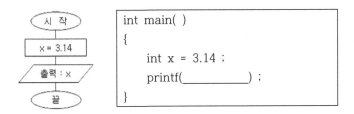

```
int main( )
{
    int x = 3.14 ;
    printf(_____) ;
}
```

C:\Windows\system32\cmd.exe — □ ×

```
3
계속하려면 아무 키나 누르십시오 . . .
```

우변의 연산결과가 실수형이고, 이를 저장하는 변수가 정수형인 경우를 고려
하여보자. 예를 들어, 변수 n은 정수형 m은 실수형일 때 $n = 3.5 \times m$인 연산
이 수행된다면, 최종적으로는 변수 n에 정수형 결과가 저장되는 것이다.

【예제 13】 실수형 변수의 m에는 2.7 이 저장되어 있다고 할 때, $3.5 \times m$의 값
을 정수형으로 출력하는 프로그램을 작성하라.

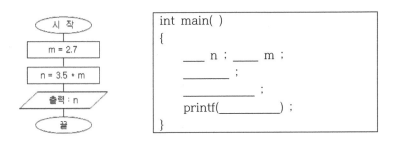

```
int main( )
{
    ___ n ; ___ m ;
    _____ ;
    _____ ;
    printf(_____) ;
}
```

5. 입출력함수

프로그램의 실행 결과를 출력하는 printf( ) 함수는 모든 프로그램에서 사용되며, <u>printf( )는 변수의 속성(정수형, 실수형 등)에 맞게 포맷을 정의하는 것이 매우 중요</u>하다.

자료를 <u>입력하는 함수로는 scanf( ) 함수가 있으며, 숫자와 문자에 따라 사용법 차이가 있으므로 사용법을 잘 익혀두어야 한다.</u>

기억 합시다

입출력함수에서는 변수의 개수만큼 입출력포맷이 필요하다.

---

scanf( ) 사용법

1. 숫자를 입력할 때는 변수명 앞에 &를 붙여야 한다.
2. 하나의 문자를 입력할 때는 변수명 앞에 &를 붙여야 한다.
3. 문자열을 처리할 때는 변수명 앞에 &를 붙이면 안된다.

여기서 &는 번지연산자를 나타내는 포인터이다. 포인터는 C프로그래밍에서 매우 중요하며 자세한 내용은 제10장에서 다루고 있으므로 참고하기 바란다.

번지연산자는 변수가 저장되어있는 주소를 가리킨다. 번지연산자에 대응하는 포인터로는 간접연산자가 있다. 간접연산자는 *로 표시되며 지정된 주소 속의 내용을 확인할 수 있는 포인터이다.

위의 scanf( ) 사용법 2의 하나의 글자는 "a"와 같이 입력하는 것이고, 사용법 3에서 문자열은 "asdfg"처럼 여러 개의 문자가 결합된 것이다.

【예제 14】 하나의 정수 k를 입력하여 k^2을 출력하는 프로그램을 작성하라.

풀이 : 정수선언이 필요하며, 숫자이므로 포인터가 필요하다.

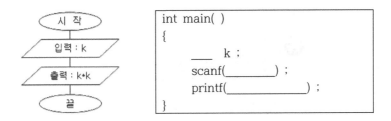

```
int main( )
{
     ___  k ;
     scanf(_____) ;
     printf(_____) ;
}
```

```
C:\Windows\system32\cmd.exe                    —    □    ×
17
289
계속하려면 아무 키나 누르십시오 . . .
```

단일문자는 단순히 변수를 지정하여 처리한다. 하지만 문자열을 처리할 때는 여러 글자의 저장이 가능한 배열변수로 선언되어야 한다. 즉, 문자열은 배열을 사용하여 처리한다.

【예제 15】 하나의 문자를 입력받아 다음과 같이 출력되는 프로그램을 작성하여라. 이때의 변수는 a로 하라.

풀이 : 문자 선언이 필요하며 입력함수에 포인터가 반드시 들어가야 한다.

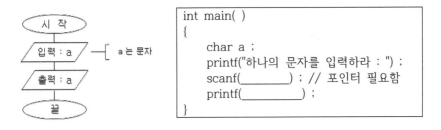

```
int main( )
{
     char a ;
     printf("하나의 문자를 입력하라 : ") ;
     scanf(_____) ; // 포인터 필요함
     printf(_____) ;
}
```

```
C:\Windows\system32\cmd.exe                    —    □    ×
하나의 문자를 입력하라 : k
k
계속하려면 아무 키나 누르십시오 . . .
```

만일 입력함수에 포인터(&)가 없으면 다음과 같은 창이 나타나며 프로그램의
실행이 중지된다.

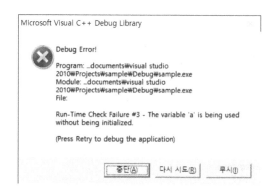

【예제 16】 배열을 이용하여 이름을 입출력하는 프로그램을 작성하라.

풀이 : 문자열은 배열을 사용하여 처리해야 한다. 문자열 입력에서는 포인터
(&)가 불필요하다.

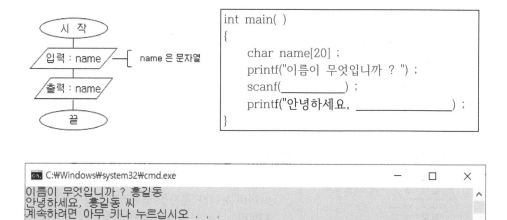

【예제 17】 두 개의 정수 a,b를 입력하여 $\dfrac{a+b}{b-a}$를 계산하고, 다음의 실행 결과
와 같은 모양으로 출력되도록 프로그램을 작성하라.

풀이 : 계산 결과를 저장하는 변수 c는 실수형이다.

```
int main( )
{
        int a , b ; float c ;
        printf("두 개의 정수 a와 b의 값을 입력하라 : ") ;
        scanf(_____ ) ;
        printf("____%d   b = ____\n", ____) ;
        c = (float) _____ ;
        printf("결과값 = _____ ) ;
}
```

```
C:\Windows\system32\cmd.exe                          —    □    ×
두 개의 정수 a와 b의 값을 입력하라 : 2  5
a = 2  b = 5
결과값 = 2.333333
계속하려면 아무 키나 누르십시오 . . .
```

프로그램 9번째 줄의 우변은 정수끼리의 연산이므로 결과는 정수가 된다. 그
런데 캐스트 연산자인 (float)를 사용하면 정수형 자료가 실수형으로 바뀐다.
캐스트 연산자에 관한 자세한 내용은 제5장에서 다룬다.

6. 출력형식

표-6 출력형식

정 수	실 수	문 자
%[m]d	%[[m].[n]]f	%[m]s
m : field 폭 n : 소수점 이하의 자리수		

예를 들면, %4d는 정수형을 4칸에 걸쳐 처리하는 것이고 %8.3f는 실수형을
8칸 확보하고 소수점 이하를 3자리로 오른쪽에 맞춰 처리하며, %-8.3f는 왼쪽
부터 값을 채워간다. 문자의 경우는 정수와 사용법이 동일하다.

【예제 18】 1.23435를 10칸 확보하고 소수점 이하 3자리까지만 출력하는 프로그램을 작성하라.

풀이 : 주어진 값을 변수에 저장하고 이를 자릿수에 맞춰 출력한다.

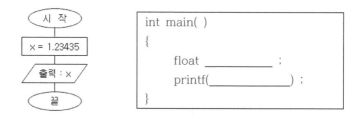

```
int main( )
{
    float _____ ;
    printf(_____) ;
}
```

```
C:\Windows\system32\cmd.exe                              -  □  ×
      1.234
계속하려면 아무 키나 누르십시오 . . .
```

6.1 포맷을 사용하여 반올림하기

실수형 자료에 형식을 지정하여 출력하면 강제로 반올림이 일어나게 된다.

【예제 19】 $a = 2.17$, $b = 3.4$ 일 때 두 수의 곱을 구하여 소수점 아래 2자리까지만 출력하는 프로그램을 작성하라. 단, field 폭은 8로 하라.

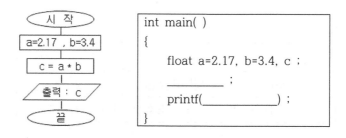

```
int main( )
{
    float a=2.17, b=3.4, c ;
    _____ ;
    printf(_____) ;
}
```

```
C:\Windows\system32\cmd.exe                              -  □  ×
    7.38
계속하려면 아무 키나 누르십시오 . . .
```

　　실제 계산 결과는 7.378이므로 소수점 아래 셋째 자리에서 반올림이 일어나 출력은 7.38이 된다. 하지만 변수에 저장된 값이 7.38로 변경된 것은 아니다.

【예제 20】 문자열 "qwert"를 입력받아 다음과 같이 10칸에 걸쳐 출력하는 프로그램을 작성하라.

```
int main( )
{
    char chr[20] ;
    printf("문자열을 입력하라 : ") ;
    scanf(_____) ;
    printf(                ) ;
}
```

```
C:\Windows\system32\cmd.exe                    -    □    ×
문자열을 입력하라 : qwert
                qwert
계속하려면 아무 키나 누르십시오 . . .
```

6.2 임의의 수를 반올림하기

【예제 21】 임의의 수를 입력하여 소수점 아래 첫째 자리에서 반올림하는 프로그램을 작성하라.

풀이 : (소수점 수 + 0.5)를 하고, 정수 부분을 살펴보면 반올림 여부가 나타난다. 두 개의 수 2.4와 2.6을 이용하여 반올림이 이행되는 과정을 표로 만들어 보았다. 2.4는 반올림이 일어나지 않으며, 2.6은 반올림된다.

x	x + 0.5	$(x+0.5)$의 정수부분
2.4	2.9	2
2.6	3.1	3

프로그램에서는 0.5를 더한 결과의 정수 부분만 출력해야 하므로 앞서 언급한 바와 같이 결과를 정수형 변수에 저장하면 된다. 이러한 점에 유념하여 다음의 흐름도를 프로그래밍 할 때, x는 실수, y는 정수로 처리하면 된다.

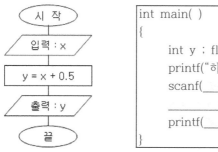

```c
int main( )
{
    int y ; float x ;
    printf("하나의 실수를 입력하라 : ") ;
    scanf(_____) ;
    _____ ;
    printf(_____ , y ) ;
}
```

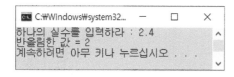

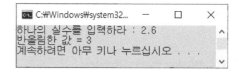

7. 배정도선언

지금까지는 변수를 단정도(single precision)형으로 처리하였다. 단정도형으로 프로그램을 작성하다 보면 결과가 예상과는 미세한 차이가 나타나는 경우가 발생한다. 이러한 경우는 배정도형으로 처리하면 오차가 줄어든다.

> **배정도형**
>
> 배정도형(Double precision) 실수는 일반적인 실수형에 비해 두 배의 정밀도(precision)을 갖는다. 따라서 소수점 자료를 보관하는 변수는 배정도형으로 선언하면 오류를 줄일 수 있다. 배정도형의 선언은 double로 하며, 입출력 포맷은 %lf(엘에프)를 사용한다.

단정도형의 정밀도는 소수점 아래 6자리까지 보장되며, 배정도형의 정밀도는 소수점 아래 16자리까지 보장된다.

【예제 22】 1년은 365.2422일이라고 알려져 있다. 이 값을 단정도형 변수에 저장하여 출력하라.

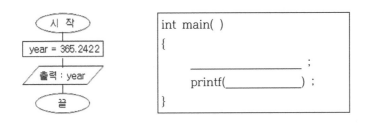

결과를 보면 365.2422가 아니라 다른 값이 출력된 것을 알 수 있다. 당연히 오류이며, 그 이유는 단정도형으로 처리하였기 때문이라 할 수 있다.

【예제 23】 year에 365.2422를 대입하여 배정도형으로 선언하여 다음과 같은 결과를 출력하는 프로그램을 작성하라.

8. 증가와 누적

8.1 증가

숫자가 일정한 폭으로 증가 또는 감소하는 수열을 만들거나, 수열의 합을 구하는 기법은 모든 프로그래밍 언어에서 동일하게 적용된다.
먼저 일정한 크기로 증가하는 수를 만들어보기로 한다.

증가

변수 = 변수 + 상수

좌변과 우변의 변수는 반드시 같은 이름을 가져야 하며 상수가 더해지는 모양이다. 예컨대,

$$a = a + 2 \; ;$$

라는 명령문은 변수 a가 2만큼 증가함을 뜻한다.

【예제 24】정수형 변수 $x = 3$ 이라고 할 때, x값을 2만큼 증가시켜 값을 출력하는 프로그램을 작성하라.

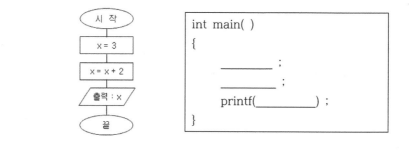

C:\Windows\system32\cmd.exe	— □ ×

```
5
계속하려면 아무 키나 누르십시오 . . .
```

8.2 누적

1부터 100까지의 합을 구하려면 프로그램의 어느 부분에서는 누적을 시키는 부분이 필요하다. 누적이 필요한 프로그램은 수없이 많이 존재한다.
   누적을 해결하는 명령문은 다음과 같다.

7-1의 증가에서는 우변에 상수가 사용되었다. 하지만 누적에서는 변수가 사용된다. 이상의 방식을 사용하면 변수2의 값이 변수1에 누적된다. 예를 들어, 다음 명령문은 변수 i의 값을 변수 s에 누적시키게 된다. 여기서 s는 변수1이고, i는 변수2라고 보면 된다.

$$s = s + i ;$$

【예제 25】 정수형 변수 i, s에는 각각 3, 6이 저장되어 있다. i의 값을 2만큼 증가시키고, 이러한 i의 값을 s에 누적시켜 출력하는 프로그램을 작성하라.

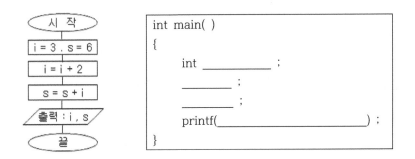

```
C:\Windows\system32\cmd.exe                    —    □    ×
i = 5 , s = 11
계속하려면 아무 키나 누르십시오 . . .
```

만일 프로그램에서 누적시킬 변수 s의 값이 지정되지 않은 채로 누적시킨다면 "변수 s의 값은 초기화되지 않았다"는 창이 나타나면서 프로그램을 중단시킨다.

9. for 문

반복을 처리하는 명령문 중에서 제일 다루기 쉬운 명령어이다. for( ) 문의 흐름도와 프로그래밍 형식은 다음과 같다.

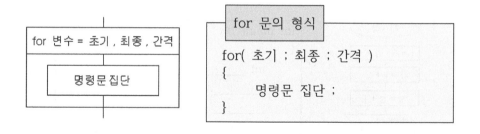

for( ) 문은 하나의 명령문(statement)을 제어하며, 여러 개의 명령문을 포함하는 경우는 중괄호 { } 로 제어한다.
for( ) 문이 끝나는 곳에서는 세미콜론을 넣으면 안 된다.

【예제 26】 1부터 10까지 3칸을 확보하여 출력하는 프로그램을 작성하라.
풀이 : for( ) 문은 n을 출력하는 명령문 하나만을 제어하므로 중괄호가 필요 없다. n은 초기치가 1이고 최종 값은 10임을 알 수 있다. 간격을 $n = n + 1$이라고 하였으므로 n은 1씩 증가하는 값이 된다.

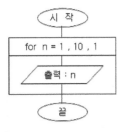

```
int main( )
{
    int n ;
    for(n=1; n<=10; n=n+1)
        printf(_____) ;
}
```

```
■ C:\Windows\system32\cmd.exe                    —   □   ×
1
2
3
4
5
6
7
8
9
10
계속하려면 아무 키나 누르십시오 . . .
```

【예제 27】교항수열(alternative series)인 1, -2, 3, -4, 5, ... 19, -20까지 4칸 간격으로 한 줄에 출력하는 프로그램을 작성하라.

풀이 : 프로그램에 (변수 = -변수)를 넣으면 변수의 부호가 차례로 바뀐다. 2개의 명령문을 제어하므로 중괄호 { } 가 필요하다.

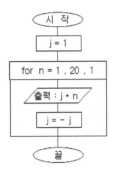

```
int main( )
{
    int n, j = 1 ;
    for(n=1; n<=20; n=n+1)
    {
        printf(_____) ;
        _____ ;
    }
    printf("\n") ;
}
```

```
■ C:\Windows\system32\cmd.exe                    —   □   ×
 1  -2   3  -4   5  -6   7  -8   9 -10  11 -12  13 -14  15 -16  17 -18  19 -20
계속하려면 아무 키나 누르십시오 . . .
```

【예제 28】 for( ) 문을 사용하여 구구단 중의 3단을 5칸 간격으로 한 줄에 출력하는 프로그램을 작성하라.

풀이 : 단순히 3단을 출력하는 부분만 제어하므로 중괄호가 필요 없다.

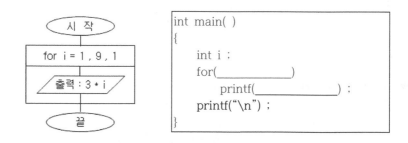

실행 결과가 3단을 출력한 것인가를 판단하기는 어렵다. 우리가 알고 있는 구구단 중의 3단은 실습문제에서 다루기로 한다.

【예제 29】 1부터 100까지 합을 구하여 결과만 출력하는 프로그램을 작성하라.

풀이 : 변수 i의 값을 1부터 100까지 증가시키면서 i값을 누적하면 되며, 누적시킬 변수 s의 초기값은 반드시 설정해야 한다.

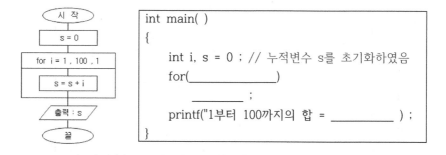

【예제 30】 1~10까지의 합을 단계별로 출력하는 프로그램을 작성하라.

풀이 : 2개의 명령문을 제어하므로 괄호 { } 로 묶어서 처리해야 한다.

```
int main( )
{
    int i , s = 0 ;
    for(_____)
    {
            _____ ;
        printf(_____) ;
    }
}
```

```
C:\Windows\system32\cmd.exe                              —    □    ×
 1
 3
 6
10
15
21
28
36
45
55
계속하려면 아무 키나 누르십시오 . . .
```

10. 포인터

최근 출시되는 PC의 주기억장소는 2 또는 4GB(Giga Byte)의 용량을 갖는다. 다시 말하자면 20억에서 40억 개의 글자를 넣을 수 있는 크기를 갖는 것이다. 숫자를 저장할 때는 보통 4바이트가 사용되므로 물리적으로는 5억 또는 10억 개의 숫자를 저장할 수 있다는 의미이다.

컴퓨터에서 데이터를 주소도 없이 아무 곳에나 저장한다면 해당 데이터를 찾는 것은 불가능한 일이다. 따라서 데이터가 저장될 때는 주소를 사용해야 한다. 컴퓨터의 주기억장치(CPU)에 자료를 저장하고 불러올 때는 MAR(Memory Address Register)을 사용하여 주소를 찾고 MBR(Memory Buffer Register)를 사용하여 자료를 이동시킨다.

C언어에서 자료를 저장하고 호출하기 위해 배열과 포인터를 사용하고 있다.

> 배　열 : 단일 자료형이 연속적으로 구성된 자료구조
>
> 포인터 : 번지를 저장하는 변수

특정한 자료가 저장되어 있는 시작번지를 알고 있다면 포인터 연산자를 사용하여 시작번지로부터 자료를 호출할 수 있다.

포인터연산자	내　　용
&	번지연산자로서 변수의 번지를 표시
*	간접연산자로서 포인터가 지시하는 곳의 내용

번지연산자와 간접연산자가 결합하면 아무런 역할을 하지 못한다. 다음의 【예제】에서 포인터 변수 *p는

$$*p = *(\&c) = c$$

라는 관계식이 성립하는 것을 알 수 있다.

【예제 31】실수형 변수 x에는 3.14가 저장되어 있다고 한다. x의 주소와 해당 주소 속의 내용을 출력하는 프로그램을 작성하라.

풀이 : 일반적으로 주소는 컴퓨터마다 다르다.

```
int main( )
{
    float _____ ;
    printf("주소 : _____) ;
    printf(" 값 : _____ ) ;
}
```

```
선택 C:\Windows\system32\cmd.exe                    ─   □   ×
주소 : 10222468
 값  : 3.140000
계속하려면 아무 키나 누르십시오 . . .
```

자료는 다음과 같은 구조로 저장되어 있다.

변수명	x
값	3.14
주소	10222468

마지막 라인에서 "값"을 출력할 때 사용된 $*(\&x)$는 결국 x를 출력한 것과 동일하다. 즉, $*(\&x)$ 와 x는 동일한 값이라는 것을 알 수 있다.

【예제 32】 $a = 5$, $b = 7$ 일 때, 포인터 변수 $*p$에 합을 저장하여 결과를 출력하는 프로그램을 작성하라.

풀이 : 포인터 변수의 선언이 필요하다.

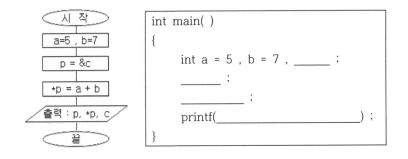

```
시 작
a=5 , b=7
p = &c
*p = a + b
출력 : p, *p, c
끝
```

```
int main( )
{
    int a = 5 , b = 7 , _____ ;
    _____ ;
    _____ ;
    printf(_____) ;
}
```

```
C:\Windows\system32\cmd.exe                        ─   □   ×
11532928 12 12
계속하려면 아무 키나 누르십시오 . . .
```

p에는 11532928(=변수 c의 주소)이 저장된다. 두 수의 합을 포인터 변수

*p에 저장시키고 있는데, 이것은 11532928에 합을 저장하는 것이다. 이러한 주소 속의 내용을 출력하게 되므로 두 수의 합이 출력된다.

【예제 33】 포인터 변수 *name을 사용하여 문자열 "Kim. D.S."을 출력하는 프로그램을 작성하라.

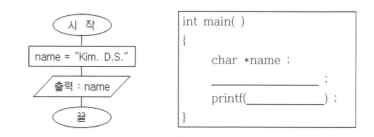

11. 배열

　배열은 동일한 변수명으로 여러 개의 데이터를 저장하는 기능을 갖는다. 또한 문자열을 처리할 때는 포인터를 사용하는 것보다는 배열을 사용하여 처리하는 것이 훨씬 편리하다.
　배열은 값을 저장하는 기능이 있으므로 필요한 부분을 호출하여 처리할 수 있는 장점을 갖는다.
　만일 40개 정수형 변수에 대응하는 배열의 선언은 <u>int a[40] ;</u> 으로 한다. 또한 20자(字)길이의 문자열을 처리하려면 <u>char b[20] ;</u> 으로 선언한다.

【예제 34】 5개의 정수를 입력하고 이 중에서 둘째, 다섯째 값을 출력하는 프로그램을 작성하라.
　[풀이] : 5개의 정수가 저장되어야 하므로 배열이 필요하다.

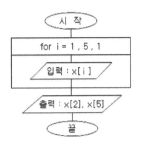

```
int main( )
{
    _____ ;
    for(_____)
        scanf(_____ ) ;
    printf( _____ ) ;
}
```

```
■ C:\Windows\system32\cmd.exe                    −    □    ×
217   38   -34   103   87
38   87
계속하려면 아무 키나 누르십시오 . . .
```

【예제 35】하나의 문자열을 입력하고, 입력된 문자열을 출력하는 프로그램을 작성하라.

풀이 : 문자열이므로 char 선언을 해야 하며 입력은 "korea"로 한다.

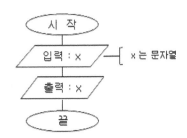

```
int main( )
{
    char x[10] ;
    printf("하나의 문자열을 입력하라 : ") ;
    scanf(_____) ;
    printf(_____) ;
}
```

```
■ C:\Windows\system32\cmd.exe                    −    □    ×
하나의 문자열을 입력하라 : korea
korea
계속하려면 아무 키나 누르십시오 . . .
```

12. 문자열 처리함수

문자열을 복사하고, 비교하고, 결합하고, 길이를 구하는 문자열 처리함수에 대한 내장함수는 "string.h"에서 제공하고 있다. 여기서는 문자열의 길이를 구하는 strlen( )만 다루기로 한다.

strlen( ) 함수는 문자열을 직접 함수의 인수로 사용하던가, 아니면 문자열이 저장된 변수를 인수로 사용하면 된다.

【예제 36】 배열 x에 "beautiful"을 저장시키고, 문자열의 길이를 구하는 프로그램을 작성하라.

[풀이] : 문자열이므로 배열에 저장시킨다.

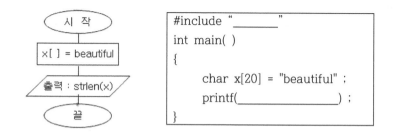

13. 단일문자처리

하나의 문자를 입력하는 함수로는 getchar( )이 있다. 그리고 하나의 문자를 출력하는 함수로 putchar( )이 있다. getchar( ) 함수는 프로그램의 실행을 일시 정지시키는 역할을 담당하기도 한다.

하나의 문자 입출력

getchar( )   : 키보드에서 하나의 문자를 입력시키는 표준함수

putchar(인수) : 화면에 인수에 해당하는 문자를 출력시키는 표준함수

【예제 37】 하나의 문자를 입력하여 출력하는 프로그램을 작성하라.

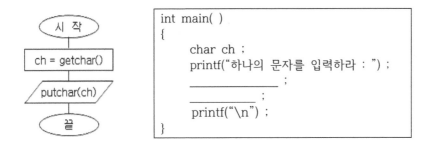

```
int main( )
{
    char ch ;
    printf("하나의 문자를 입력하라 : ") ;
    _____ ;
    _____ ;
    printf("\n") ;
}
```

```
C:\Windows\system32\cmd.exe                    —    □    ×
하나의 문자를 입력하라 : k
k
계속하려면 아무 키나 누르십시오 . . .
```

이 프로그램에서는 긴 문자열을 입력하여도 최초의 글자만 출력하게 된다.

```
C:\Windows\system32\cmd.exe                    —    □    ×
하나의 문자를 입력하라 : korea
k
계속하려면 아무 키나 누르십시오 . . .
```

【예제 38】 1, 2, 3, 4, 5, ... 를 출력하는 프로그램을 작성하라.

풀이 : 흐름도 에는 프로그램의 종료가 없으므로 값이 무한정 늘어난다. 프로그램이 올바른가를 알아보기 위해 getchar( ) 함수를 삽입하여 프로그램의 진행을 일시 중지시키는 과정이 필요하다.

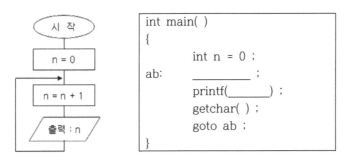

```
int main( )
{
        int n = 0 ;
ab:     _____ ;
        printf(_____) ;
        getchar( ) ;
        goto ab ;
}
```

```
C:₩Windows₩system32₩cmd.exe            —    □    ×
1
2
3
4
5
```

마지막 줄의 goto 문은 프로그램을 무조건 ab(6번째 줄)로 진행시키는 역할
을 한다. 이상의 프로그램에서 getchar( ) 함수가 없다면 값의 증가속도가 너
무 빨라서 어디부터 진행된 것인가를 알아볼 수 없다.

ASCII(American Standard Code for Information Interchange : 미국정
보교환표준부호)는 컴퓨터 시스템에서 사용할 목적으로 만들어졌으며, 문자와
일정한 범위 안의 정수(코드값:0~255)를 대응시켜 변환하도록 구성되어 있다.
putchar( ) 함수는 ASCII와 밀접하게 연관되어 있으며, 정수를 넣으면 해당
하는 영문자가 출력되거나 제어문자가 작동하게 된다.
예를 들어, 영문 대문자 A가 저장된 방식을 그림으로 나타내면 다음과 같다.

ASCII 문자	코드값	코드값의 2진수 표시							
A	65	0	1	0	0	0	0	0	1

【예제 39】 putchar( ) 함수에 숫자 65를 넣어 출력하는 프로그램을 작성하라.

```
int main( )
{
    putchar(__) ;
    putchar('\102') ; // 8진수의 값
    putchar(___) ; // 줄바꿈
}
```

```
선택 C:₩Windows₩system32₩cmd.exe            —    □    ×
AB
계속하려면 아무 키나 누르십시오 . . .
```

프로그램에서 putchar('\102')는 8진수 102(10진수로 환산하면 66)에 해당하는 ASCII 문자를 출력하는 것이므로 "B"가 출력된다.

putchar( )의 인수로 정수값을 넣으면 해당 문자가 출력됨을 보았다. 따라서 전달되는 인수의 값을 변화시키면 다양한 글자를 만들 수 있다.

하나의 문자는 8비트로 나타낼 수 있으므로 생성 가능한 전체 문자의 개수는 256개가 된다.

【예제 40】 putchar() 함수를 사용하여 ASCII 코드값(0~255)에 대한 문자표를 한 줄에 20개씩 출력하는 프로그램을 작성하라.

풀이 : i를 20으로 나눈 나머지 계산은 $i\%20$으로 작성한다.

```
int main( )
{
    system("chcp 437") ;
    int i ;
    for(_____)
    {
        if_____ ;
        printf("   ") ; _____ ;
    }
    printf("\n") ;
}
```

시 작

for i = 0 , 255 , 1

(i%20) = 0 —yes→ 출력 : "\n"

no

putchar(i)

끝

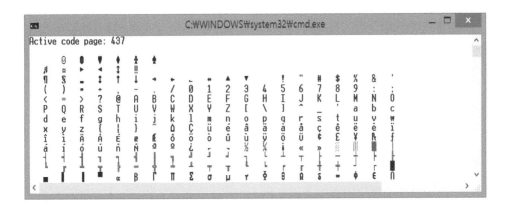

　　system("chcp 437")은 영문모드로 선언하는 명령문이다. 이 부분이 생략되면 일부분의 ASCII 코드 문자가 나타나지 않는다. 영문모드를 한글모드로 전환하려면 system("chcp 949")를 선언해야 한다.

【예제 41】 영문 대문자를 "A"부터 "Z"까지 5칸 간격으로 출력하라.
풀이 : 문자는 정수형과 사용법이 거의 동일하다. 따라서 for( ) 문의 사용이 가능하다.

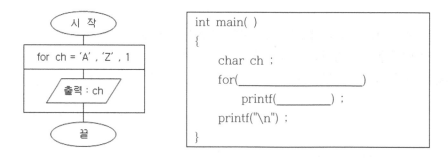

14. gotoxy( )

　　자료를 입출력할 때는 특정한 위치에서 명령이 수행되어야 하는 경우가 발생된다. gotoxy( ) 함수는 사용자정의함수이므로 main( ) 함수보다 먼저 작성되어야 한다. gotoxy( ) 함수는 기존에 만들어진 것을 그대로 사용하면 된다.
　　화면과 관련이 있으므로 헤더 파일인 "windows.h"를 선행처리기(#include)로 선언하여야 한다.
　　gotoxy( )의 인수는 2개이며, 각각은 화면의 x, y 좌표를 나타낸다. 화면 좌측 상단의 좌표 값은 $x = 0$, $y = 0$이다.

【예제 42】 화면의 20열 3행의 위치에 "korea" 문자를 출력하는 프로그램을
작성하라.

```
#include _____

int gotoxy(int x, int y)
{
    COORD Cur={x,y} ;
    SetConsoleCursorPosition(GetStdHandle(STD_OUTPUT_HANDLE),Cur);
    return 0 ;
}
int main( )
{
    gotoxy(____) ;  // 20열 5행
    printf(_____) ;
}
```

```
■ C:\Windows\system32\cmd.exe                    —     □     ×




            korea
계속하려면 아무 키나 누르십시오 . . .
```

실습문제

1. Hello, Everybody ! 를 다음처럼 출력하는 프로그램을 작성하라.

2. 다음과 같은 형태로 출력하는 프로그램을 작성하라.

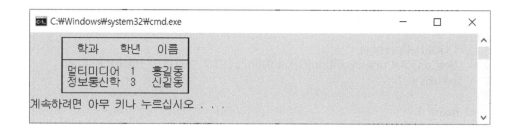

3. 변수 x 에는 3.14 라는 실수 값이 저장되어 있다. 이를 다음과 같이 출력하는 프로그램을 작성하라.

4. 변수 a에 저장된 정수값 74 에서 10자리의 수인 7을 출력하는 프로그램을 작성하라.

```
C:\Windows\system32\cmd.exe                    —   □   ✕
7
계속하려면 아무 키나 누르십시오 . . .
```

5. 다음 흐름도를 보고 섭씨 28℃를 화씨온도로 바꾸는 프로그램을 작성하라. 섭씨온도와 화씨온도의 관계는 F = $\dfrac{9}{5}$C + 32 이다.

힌트 : 화씨온도는 소수점을 포함하고 있다.

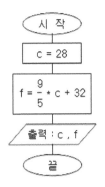

```
C:\Windows\system32\cmd.exe                    —   □   ✕
섭씨      화씨
 28 --> 82.400000
계속하려면 아무 키나 누르십시오 . . .
```

6. 화씨온도 100도를 섭씨온도로 바꾸는 프로그램을 작성하라. 섭씨-화씨온도의 관계식을 섭씨에 관해 정리하면 C = $\dfrac{5}{9}$(F-32) 이다.

```
C:\Windows\system32\cmd.exe                    —   □   ✕
화씨      섭씨
100 --> 37.777779
계속하려면 아무 키나 누르십시오 . . .
```

7. 정수형 변수 x가 $x = 3.14$ 일 때 출력문의 포맷을 실수형으로 처리하여 실행시켜라.

힌트 : x값을 실수형 포맷하면 실수값 3.14가 출력될 것으로 예상할 수 있지만 실제로는 0(영)이 출력됨에 주목하기 바란다.

8. 2개의 실수 a, b를 입력받아 사칙연산을 하는 프로그램을 작성하라. 단, 입력할 두 수는 7, 4로 하라.

9. 하나의 실수값 k를 입력하여 k^3을 출력하는 프로그램을 작성하라.

10. 두 개의 정수 m, n을 입력하여 $t = \dfrac{m \times n}{m + n}$을 계산하는 프로그램을 작성하라.

힌트 : 우변의 계산 결과가 정수이므로, 이 값을 실수형으로 바꾸는 절차가 필요하다.

```
C:\Windows\system32\cmd.exe                          —    □    ×
두 개의 정수 m과 n의 값을 입력하라 : 2  3
결과값 = 1.200000
계속하려면 아무 키나 누르십시오 . . .
```

11. 킬로미터를 입력하여 마일을 출력하는 프로그램을 작성하라.

힌트 : x Km는 $x \div 1.6$ mile임에 유념하면 된다. 예를 들어 다음의 실행결과처럼 16Km는 10mile인 것을 확인하면 된다.

```
C:\Windows\system32\cmd.exe                          —    □    ×
킬로미터 값을 입력하라 : 16
16.000000 km --> 10.000000 mile
계속하려면 아무 키나 누르십시오 . . .
```

12. 정수 32767을 10칸에 걸쳐 출력하는 프로그램을 작성하라.

```
C:\Windows\system32\cmd.exe                          —    □    ×
     32767
계속하려면 아무 키나 누르십시오 . . .
```

13. 1부터 10까지 5칸 간격으로 다음과 같이 가로로 출력하는 프로그램을 작성하라.

```
C:\Windows\system32\cmd.exe                          —    □    ×
    1    2    3    4    5    6    7    8    9   10
계속하려면 아무 키나 누르십시오 . . .
```

14. for( ) 문을 사용하여 $1^2 , 2^2 , 3^2 , \dots , 10^2$을 출력하는 프로그램을 작성하라.

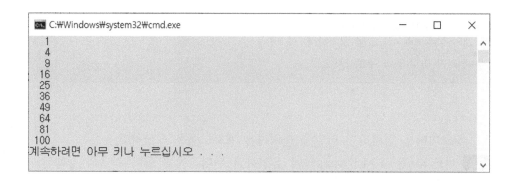

15. for( ) 문을 사용하여 구구단 중의 3단을 다음과 같은 모양으로 출력하는 프로그램을 작성하라.

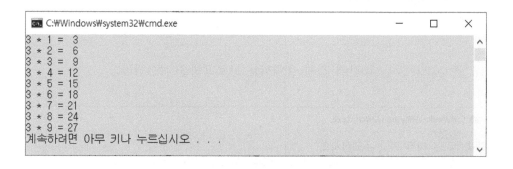

16. $a = 5$, $b = 7$일 때, 두 수의 합을 c라고 하자. 각각의 주소를 출력하는 프로그램을 작성하라.

17. 이름(name)과 학과명(dept)을 입력하여 다음과 같이 출력하는 프로그램을 작성하라.

힌트 : 이름과 학과명은 문자열이다.

```
C:\Windows\system32\cmd.exe                         ─    □    ×
이름과 학과명을 입력하라 : 홍길동  소프트웨어공학
이름 : 홍길동  학과명 : 소프트웨어공학
계속하려면 아무 키나 누르십시오 . . .
```

18. 문자열 "korea"를 입력하여 strlen( )의 인수로 직접 전달하여 문자열의 길이를 구하는 프로그램을 작성하라.

```
C:\Windows\system32\cmd.exe                         ─    □    ×
5
계속하려면 아무 키나 누르십시오 . . .
```

19. 2, 4, 6, 8, 10, 12, …을 출력하는 프로그램을 작성하라.

힌트 : 2씩 증가하는 수를 출력하는 문제이다. 다음 그림을 보면 8에서 멈추어 섰지만 엔터키를 누르면 계속하여 진행된다.

```
C:\Windows\system32\cmd.exe                         ─    □    ×
2
4
6
8
```

20. putchar( ) 함수에 8진수 65에 해당하는 문자를 전달한 결과를 출력하고, 결과를 설명하여라.

힌트 : $(65)_8 = (53)_{10}$임에 주목하라.

```
C:\Windows\system32\cmd.exe                         ─    □    ×
5
계속하려면 아무 키나 누르십시오 . . .
```

21. 영문소문자를 a부터 z까지 한 줄에 7개씩 출력하는 프로그램을 작성하라.
단, 문자간의 간격은 5칸으로 하여라.

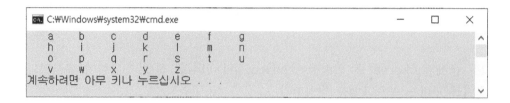

22. gotoxy( ) 함수를 사용하여 다음과 같이 1부터 5까지의 단계별 합을 구하
여 30열부터 출력하는 프로그램을 작성하라.

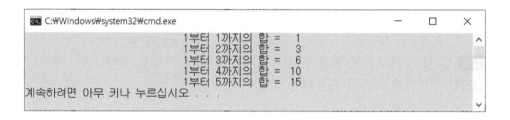

연습문제

1. 다음과 같은 격자를 만드는 프로그램을 작성하라.

```
C:\Windows\system32\cmd.exe                              —    □    ×

 ┌──────┬──────┐
 │      │      │
 ├──────┼──────┤
 │      │      │
 └──────┴──────┘
계속하려면 아무 키나 누르십시오 . . .
```

2. 음식점의 가격표 중의 일부이다. 이러한 결과 값이 나오도록 프로그래밍 하라.

```
C:\Windows\system32\cmd.exe                              —    □    ×

 ┌───────┬───────┐
 │ 김치찌개 │  7000 │
 ├───────┼───────┤
 │ 된장찌개 │  7000 │
 ├───────┼───────┤
 │ 삼 겹 살 │ 15000 │
 └───────┴───────┘
계속하려면 아무 키나 누르십시오 . . .
```

3. 파운드를 입력하여 킬로그램으로 바꾸는 프로그램을 작성하라. 단, 1 파운드 = 0.4536Kg 이다.

```
C:\Windows\system32\cmd.exe                              —    □    ×

파운드를 입력하라 : 150
150.000000 파운드 --> 68.040001 킬로그램
계속하려면 아무 키나 누르십시오 . . .
```

4. 마일을 입력하여 킬로미터로 환산하는 프로그램을 작성하라.
   단, 1 Mile = 1.6Km 의 관계식을 가진다.

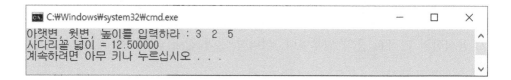

5. 정수형 자료인 아랫변(a), 윗변(b), 높이(h)를 입력하여 사다리꼴의 넓이(s)를 구하는 프로그램을 작성하라. 사다리꼴의 넓이 s는

$$s = (아랫변+윗변)*높이/2$$

6. 공기 중에서의 소리의 속력 v는 $v = 331\left(1 + \dfrac{t}{273} \times \dfrac{1}{2}\right)$ 의 관계가 성립한다. 여기서 t는 공기의 온도이다. 정수형의 온도를 입력하여 소리의 속력($m/\sec$)을 구하는 프로그램을 작성하라.

```
C:\Windows\system32\cmd.exe                              -  □  ×
온도를 입력하라 : 25
소리속도 = 346.155678
계속하려면 아무 키나 누르십시오 . . .
```

7. 광선에 수직인 면의 조명도 Lx는 광원의 광도(Luminous intensity : Li)에 비례하고 광원과 면사이의 거리 r의 제곱에 반비례한다. 즉, $lx = \dfrac{li}{r^2}$의 관계가 성립된다. 광도(빛의 양)가 60칸델라이고 광원까지의 거리가 2미터일 때의 조

명도를 구하는 프로그램을 작성하라.

```
C:₩Windows₩system32₩cmd.exe                          —  □  ×
조명도 = 15.000000 룩스
계속하려면 아무 키나 누르십시오 . . .
```

8. 화씨온도를 입력하여 섭씨온도로 바꾸는 프로그램을 작성하라.

힌트 : 섭씨-화씨의 관계식을 섭씨에 관해 정리하면 C = $\dfrac{5}{9}$(F-32) 이다.

```
C:₩Windows₩system32₩cmd.exe                          —  □  ×
88
화씨 88.000000도 --> 섭씨31.111111도
계속하려면 아무 키나 누르십시오 . . .
```

9. 렌즈의 중심으로부터 물체 및 상까지의 거리를 a, b라 할 때 정수값 a, b를 입력하여 초점거리 f를 구하는 프로그램을 작성하라. 단, a, b, f 사이에는 $\dfrac{1}{a} + \dfrac{1}{b} = \dfrac{1}{f}$ 인 관계가 성립한다.

```
C:₩Windows₩system32₩cmd.exe                          —  □  ×
물체와 상까지의 거리를 입력하라 : 3  1
초점거리 = 0.750000
계속하려면 아무 키나 누르십시오 . . .
```

10. for( ) 문을 사용하여 다음 계산 결과를 출력하는 프로그램을 작성하라.

$$1, \frac{1}{2}, \frac{1}{3}, \frac{1}{4}, \cdots, \frac{1}{10}$$

```
C:\Windows\system32\cmd.exe                              —    □    ×
1.000000
0.500000
0.333333
0.250000
0.200000
0.166667
0.142857
0.125000
0.111111
0.100000
계속하려면 아무 키나 누르십시오 . . .
```

11. 정수 n을 입력하여 $1^2 + 2^2 + 3^2 + 4^2 + \cdots + n^2$의 값을 구하는 프로그램을 작성하라. 단, for( ) 문을 사용할 것.

```
C:\Windows\system32\cmd.exe                              —    □    ×
정수를 입력하라 : 8
1부터 8까지의 제곱합 = 204
계속하려면 아무 키나 누르십시오 . . .
```

12. $s = 1 - \dfrac{1}{2} + \dfrac{1}{3} - \dfrac{1}{4} + \cdots - \dfrac{1}{100}$을 구하는 프로그램

힌트 : 교항수열에 대한 예제를 참고할 것.

```
C:\Windows\system32\cmd.exe                              —    □    ×
합 = 0.688172
계속하려면 아무 키나 누르십시오 . . .
```

13. 임의의 수를 입력하여 소수점 아래 둘째 자리에서 반올림하는 프로그램을 작성하라. (예 : 2.3464 -> 2.35)

힌트 : 주어진 수 x가 2.3464 이라고 하면 ($x*10 + 0.5$)를 계산한 후에 정수부분의 값을 10으로 나누면 된다.

(예 : 3.14 -> 3.1   3.16 -> 3.2)

```
C:\Windows\system32\cmd.exe                              —    □    ×
3.16
소수 첫째자리 반올림 = 3.200000
계속하려면 아무 키나 누르십시오 . . .
```

14. 4321^2 = 18671041 이다. 여기서 밑줄 친 부분인 6710을 출력하는 프로그램을 작성하라. (이것은 중앙제곱법으로 난수를 만드는 방법이다.)

힌트 : 주어진 수를 정수형으로 선언하고, 100으로 나눈 수와 백만(1000000)으로 나눈 수를 출력해본다.

```
C:\Windows\system32\cmd.exe                              —    □    ×
6710
계속하려면 아무 키나 누르십시오 . . .
```

15. putchar( )를 이용하여 영문 소문자인 a, b, c, d를 출력하는 프로그램을 작성하라. 영문 소문자는 ASCII 코드값 97부터 시작된다.

```
C:\Windows\system32\cmd.exe                              —    □    ×
abcd
계속하려면 아무 키나 누르십시오 . . .
```

16. gotoxy( ) 함수를 사용하여 연습문제 2번의 결과를 20열부터 출력되도록 프로그램을 작성하라.

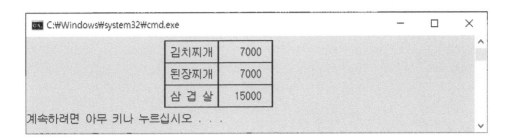

화살표를 이용하여 cursor 이동하기

```c
#include "stdafx.h"
#include "stdio.h"
#include "stdlib.h"
#include "windows.h"
#include "conio.h"

#define LEFT 75
#define RIGHT 77
#define UP 72
#define DOWN 80

int x = 0, y = 0;

void gotoxy(int a, int b)
{
    COORD coord = { a, b };
    SetConsoleCursorPosition(GetStdHandle(STD_OUTPUT_HANDLE), coord);
}

void move(char direction_key)
{
    switch (direction_key)
    {
        case LEFT  : x-- ; break ;
        case RIGHT : x++ ; break ;
        case UP    : y-- ; break ;
        case DOWN  : y++ ; break ;
    }
aa: ;
}

int main( )
{
    char cmd;
    while(1)
    {
        if( x<0 || y<0 ) break ;
        gotoxy(x, y);
        printf("#");
        cmd = getch();
        if (cmd == 'q') break;
        gotoxy(x, y);
        printf(" ");
        move(cmd);
    }
}
```

제4장 데이터형

1. 데이터형

C언어에서는 수의 구분(변수와 상수) 외에도 각각을 정수형, 실수형, 문자형으로 구분을 한다. 아라비아 숫자로 표시되는 상수에는 4.7 또는 2 처럼 소수점을 포함하거나 포함하지 않는 수가 존재함을 알 수 있다. 컴퓨터는 소수점 포함 여부를 엄격하게 구분하여 정수형, 실수형으로 처리한다. 이를 표로 나타내면 다음과 같다.

표-1 수의 구분

수(변수, 상수)	데이터형 선언
정수형	int short unsigned long
실수형	float double long double
문자형	char

정수는 소수점을 포함하지 않으며, 실수는 소수점을 포함한다. 컴퓨터가 처리할 수 있는 정수의 범위는 실수에 비해 좁은 편이다. 이것은 데이터가 컴퓨터에 저장되는 방식과 밀접한 관련을 갖는다.

컴퓨터에서 정보를 저장하는 최소단위는 비트(bit)이고, 8개의 bit가 모여서 바이트(byte)를 만든다. byte는 하나의 문자를 저장하는 단위이다.

컴퓨터에서는 데이터를 여러 byte에 저장시킨다. 다음의 예제는 컴퓨터에서 저장되는 byte 수를 구하는 프로그램이다.

【예제 43】 현재 사용 중인 컴퓨터에서의 정수 및 실수의 byte 수를 구하는 프로그램을 작성하라.

풀이 : sizeof() 함수를 사용하면 된다.

```
int main( )
{
    printf("--------------------\n") ;
    printf("type       byte 수 \n") ;
    printf("--------------------\n") ;
    printf("char       %d\n", sizeof(char )) ;
    printf("short      %d\n",sizeof(_____)) ;
    printf("int        %d\n",sizeof(_____)) ;
    printf("float      %d\n",sizeof(_____)) ;
    printf("double     %d\n",sizeof(_____)) ;
    printf("--------------------\n") ;
}
```

```
C:\Windows\system32\cmd.exe                          —    □    ×
--------------------
type       byte 수
--------------------
char       1
short      2
int        4
float      4
double     8
--------------------
계속하려면 아무 키나 누르십시오 . . . .
```

2. 정수

정수형 변수에 사용 가능한 키워드는 여러 가지가 있다. C언어에 능숙해지기 전까지는 int 하나만 사용하기로 한다.

【예제 44】 길이(a), 너비(b), 깊이(c)를 입력하여 풀장의 용적(d)을 계산하는 프로그램을 작성하라.

풀이 : 입력단계에서는 변수가 3개이므로 포맷도 3개 필요하다.

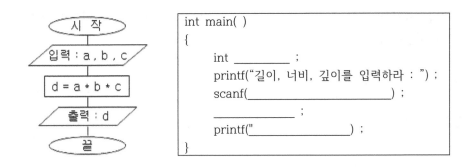

```
int main( )
{
    int _____ ;
    printf("길이, 너비, 깊이를 입력하라 : ") ;
    scanf(_____) ;
    _____ ;
    printf("_____") ;
}
```

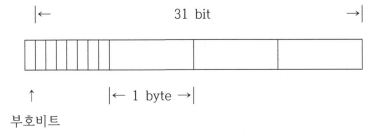

정수는 4 byte(=32 bit)에 값을 저장함을 확인하였다. 이제부터는 컴퓨터가 처리할 수 있는 정수의 크기에 대해 알아보기로 한다.

정수는 32bit 중에서 최초 bit(부호비트)를 제외한 31bit에 2진법의 수 0 또는 1이 채워지게 된다.

31bit가 모두 1로 채워지면 최대정수가 되며 10진법으로 환산하면 $2^{31} - 1 = 2,147,483,647$이 된다. 또한 31bit에 모두 0이 저장되어 있다면 10진법의 수는 0이 된다.

$$|\leftarrow \qquad\qquad 31\ bit \qquad\qquad \rightarrow|$$

```
  ┌─┬─┬─┬─┬─┬─┬─┬─┬────────┬────────┬────────┐
  │ │ │ │ │ │ │ │ │        │        │        │
  └─┴─┴─┴─┴─┴─┴─┴─┴────────┴────────┴────────┘
```

$\uparrow$ $|\leftarrow 1\ byte \rightarrow|$

부호비트

부호 비트의 값이 0이면 양수를, 1이면 음수를 나타낸다. 실제로 최대 정수는 부호 비트가 0으로 시작되며 최소 정수는 음수이므로 부호 비트가 1로 시

작된다. 따라서 최대 정수는 +2,147,483,647이고 최소 정수는 −2,147,483,648
이 된다. 여기서 음의 정수값이 1만큼 큰 이유는 0을 표시하는 방법이 2개 존
재하기 때문이다.

【예제 45】 최대 정수를 출력하는 프로그램을 작성하라.

풀이 : 2^{31}은 pow( ) 함수를 사용하면 된다. 거듭제곱을 계산하는 pow( ) 함수
는 math.h에 정의되어 있고, 실수 값으로 결과를 반환한다. 2^{31}은 pow(2.,31)
로 나타낼 수 있으며 실수 값이다.

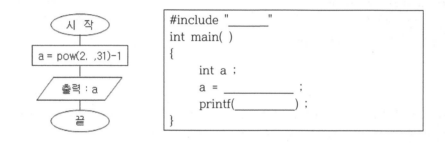

```
#include "_____"
int main( )
{
    int a ;
    a = _____ ;
    printf(_____) ;
}
```

시 작
a = pow(2. ,31)−1
출력 : a
끝

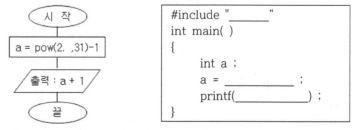

C:\Windows\system32\cmd.exe   —   □   ×
2147483647
계속하려면 아무 키나 누르십시오 . . .

【예제 46】 (최대 정수 + 1) 의 계산을 하는 프로그램을 작성하라.

시 작
a = pow(2. ,31)−1
출력 : a + 1
끝

```
#include "_____"
int main( )
{
    int a ;
    a = _____ ;
    printf(_____) ;
}
```

최대 정수보다 큰 정수는 존재할 수 없으며, 이 경우에는 <u>최소 정수부터 다
시 더하기 시작</u>한다. 프로그램의 실행결과는 다음과 같다.

```
C:\Windows\system32\cmd.exe                        —   □   ×
-2147483648
계속하려면 아무 키나 누르십시오 . . .
```

정수의 진법 변환

8진수의 수 : 정수가 0으로 시작되는 수 (변환문자는 o 를 사용함)

16진수의 수 : 정수가 0x로 시작되는 수 (변환문자는 x 를 사용함)

【예제 47】10진법의 수 123을 변환코드를 이용하여 진법 변환하라.

풀이 : 16진법에서는 나머지가 10을 초과하면 영문자로 나타낸다. 10을 초과하는 나머지는 10, 11, 12, 13, 14, 15이며, 각각 a, b, c, d, e, f가 대응한다.

```
int main( )
{
    int i = 123 ;
    printf("10진법  --> _____ ) ;
    printf(" 8진법  --> _____ ) ;
    printf("16진법  --> _____ ) ;
}
```

```
C:\Windows\system32\cmd.exe                        —   □   ×
10진법  -->  123
 8진법  -->  173
16진법  -->  7b
계속하려면 아무 키나 누르십시오 . . .
```

【예제 48】배열에 3개의 정수를 입력하고, 주소와 값을 출력하는 프로그램을 작성하라.

풀이 : 배열 선언을 하고 번지연산자(&)를 사용하여 주소를 출력한다.

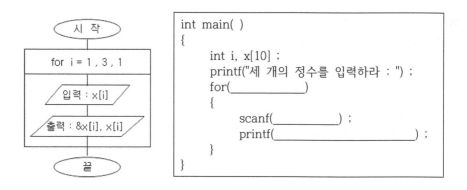

```
int main( )
{
    int i, x[10] ;
    printf("세 개의 정수를 입력하라 : ") ;
    for(_____)
    {
        scanf(_____) ;
        printf(_____) ;
    }
}
```

```
C:\Windows\system32\cmd.exe                          —    □    ×
세 개의 정수를 입력하라 : 7  12  -3
8387120  7
8387124  12
8387128  -3
계속하려면 아무 키나 누르십시오 . . .
```

배열의 주소를 살펴보면 4씩 늘어난 것을 볼 수 있다. 이를 표로 나타내면 다음과 같다.

표-2

변수명	x[1]	x[2]	x[3]
값	7	12	-3
주소	8387120	8387124	8387128

3. 실수

실수형 변수는 세 종류(float, double, long double)가 있으며, 소수점을 포함하는 수이다. 실수는 정수와 비교할 때, 아주 큰 수를 만들 수 있으며 또한 0에 가까운 수를 표현할 수 있다.

【예제 49】 시간당 임금은 6,000원이라고 한다. 근로시간을 입력하여 주급을 구하고, 이 중의 4.5%를 국민연금으로 공제하는 프로그램을 작성하라.

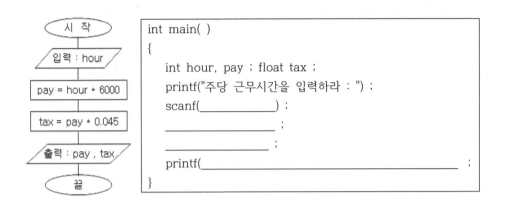

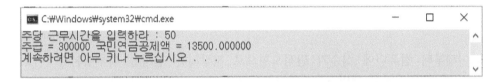

【예제 42】에서 보듯이 실수는 4바이트에 값을 저장한다. 지수는 9bit를 사용하므로 가수부는 22bit가 된다. 따라서 4바이트에 값이 저장되는 방식을 그림으로 나타내면 다음과 같다.

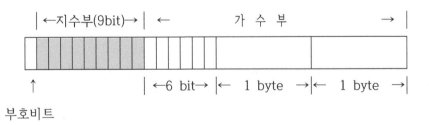

프로그램을 통해 확인한 바로는, Visual Studio 에서는 <u>16진법을 사용하며,</u> <u>지수를 9 bit에 저장하는 방식을</u> 따르고 있음을 알 수 있었다. 비트는 0 과 1 의 값을 가지므로 이를 그림으로 나타내면 다음과 같다.

비트번호	1	2	3	4	5	6	7	8	9		10진법으로 환산한 수
지수의 최솟값	0	0	0	0	0	0	0	0	0	⇒	0
지수의 최댓값	1	1	1	1	1	1	1	1	1	⇒	511

즉, 지수는 0 부터 511 사이의 값을 갖게 됨을 알 수 있다. 하지만 지수의 값도 음수가 존재하므로

컴퓨터의 지수 = 지수 - 256

으로 조정하는 절차가 필요하며, 조정된 지수의 범위는 다음과 같다.

-256 ≦ 조정된 컴퓨터의 지수 ≦ 255

이제부터 컴퓨터에 실수가 단정도형으로 저장되는 절차를 다루어본다. 이로부터 실수값 중에서 제일 큰 수와 제일 작은 수를 찾을 수 있다.
만일 배정도형을 사용한다면 8바이트에 값을 저장하며, 부호비트와 지수부에 총 10bit를 사용하므로 가수부는 54bit가 된다. 배정도형으로 값을 처리하면 정확도를 높일 수 있다.

충분히 크거나 작은 수는 e 포맷으로 나타내는 것이 유리하다. e 포맷은 실수형만 사용가능하다.

【예제 50】 12^{23}을 지수표시법으로 출력하는 프로그램을 작성하라.
풀이 : 거듭제곱을 계산하는 pow( ) 함수를 사용한다.

```
#include "_____"
int main( )
{
    printf("%12.9e\n", _____ ) ;
}
```

```
C:\Windows\system32\cmd.exe                          —    □    ×
6.624737267e+024
계속하려면 아무 키나 누르십시오 . . .
```

실행 결과에서 e+24는 0의 개수가 24개(10^{24}) 존재한다는 의미이다.

4. 최대 실수값

가수부는 22bit가 사용되는 것을 다음 그림에 표시하였다. 만일 22bit가 모두 1로 채워진다면

1	1	1	1	1	1	1	1	1	1	1	1	1	1	1	1	1	1	1	1	1	1

로 나타날 것이다. 이를 십진법으로 환산(부록참조)하면

$$2^{-1}+2^{-2}+2^{-3}+2^{-4}+\cdots+2^{-22}$$

이므로 초항이 0.5이고 공비가 0.5, 항수는 22인 등비수열의 합[1]을 구하면 된다. 실제 계산 결과는 0.99999976158142이다. (실습 5)

비주얼 스튜디오는 16진법을 사용하여 값을 저장하므로 <u>가수의 최댓값은</u> $16^{0.9999997616} = 15.99998942$이다.

조정된 지수의 최댓값이 255이므로 만일 pow( ) 함수의 지수가 256 이상인 수를 넣으면 범람(overflow)이 발생하는데, 다음 예제에서 확인할 수 있다.

【예제 51】 16^{256}의 값을 출력하는 프로그램을 작성하라.

풀이 : 앞의 프로그램을 적용하면 된다.

─────────────────────────

[1] 초항이 a, 공비가 r, 항수가 n인 등비수열의 합 s는 $s = \dfrac{a(1-r^n)}{1-r}$ 이다.

```
#include "_____"
int main( )
{
    printf(_____) ;
}
```

```
선택 C:\Windows\system32\cmd.exe            —    □    ×
1.#INF00000e+000
계속하려면 아무 키나 누르십시오 . . .
```

【예제 52】 단정도형으로 계산된 최대 실수값을 출력하는 프로그램을 작성하라.
풀이 : 16진법을 사용하며, 지수의 최댓값은 255이므로 수의 저장 원리에 따라 최대의 실수는 $\alpha \times 16^{255}$가 되며 α는 가수의 최댓값을 대입하면 된다.

```
#include "_____"
int main( )
{
    printf(_____) ;
}
```

```
C:\Windows\system32\cmd.exe               —    □    ×
1.797691946e+308
계속하려면 아무 키나 누르십시오 . . .
```

5. 실수값 0의 표현

실수형에서는 정확히 0(zero)을 표시하지 못하고 0에 가까운 값으로 대체하여 사용한다. 이러한 오차를 기계 오차(machine error)라고 부른다.
실수형 자료를 주기억장치에 저장할 때는 소수점 밑의 값을 54bit의 가수에 저장하게 된다. 따라서 55bit 이하의 값은 주기억장치에 저장할 수 없으므로 오차가 발생하게 되는 것이다.

실수의 저장 원리에 따르면 0(zero)은 지수가 -309로 예상되지만 가수의 값을 고려하면 Visual Studio에서는 10^{-324} 정도의 작은 값으로 표시된다. 따라서 실수에서는 지수가 취할 수 있는 값의 범위는 -324부터 +308까지이다.

컴퓨터가 사용하는 최소지수는 -256이므로 이 값을 16진법으로 직접 출력해 보면, 즉 pow(16. , -256) 을 계산하면 실수형의 0을 표현한 것으로 생각하기 쉽다. 하지만 <u>지수는 -256까지만 가능하므로</u> 실수형의 0을 나타낸 것으로 볼 수 없다.

```
C:\Windows\system32\cmd.exe                              —    □    ×
0.000000000e+000
계속하려면 아무 키나 누르십시오 . . .
```

【예제 53】 -256 = -255-1의 관계식을 사용하여 다음과 같은 값을 출력하는 프로그램을 작성하라.

```
#include "_____"
int main( )
{
    printf(_____ ) ;
}
```

```
C:\Windows\system32\cmd.exe                              —    □    ×
5.562684646e-309
계속하려면 아무 키나 누르십시오 . . .
```

앞의 계산 결과가 실수값 0을 표현하는 것은 아니다. 이유는 가수의 값이 고려되지 않았기 때문이다.

배정도형일 때는 가수부를 54bit 사용한다. 가수의 최솟값은 앞의 53개 bit가 0으로 채워지고 마지막 54번째 bit가 1인 경우이다. 이것을 10진수로 환산하면 가수의 최솟값은 $2^{-54} = 5.551115123 \times 10^{-17}$ 이 된다. 이 값을 포함시키면 컴퓨터의 기계 오차를 계산할 수 있게 된다.

【예제 54】 0.01을 100번 더하는 프로그램을 작성하라.

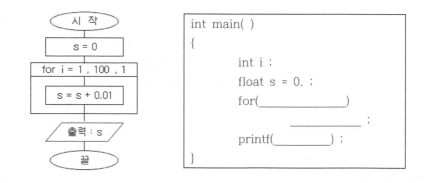

```
int main( )
{
        int i ;
        float s = 0. ;
        for(_____)

                    _____ ;
        printf(_____) ;
}
```

```
C:\Windows\system32\cmd.exe                    —    □    ×
0.999999
계속하려면 아무 키나 누르십시오 . . .
```

　0.01을 100번 더하면 산술적으로는 1이지만 실행 결과가 1 이 아닌 이유는 무엇일까? 답은 간단하다. 단정도형으로 계산을 수행하였기 때문이다.
　이제부터는 0.01이 주기억장치에 어떻게 저장되는가를 알아보기로 한다.

1) 단정도형(float)을 사용하는 경우

　단정도형은 가수가 22bit까지만 주기억장치에 저장되며, 부록의 진법변환 프로그램을 사용하여 값을 출력할 수 있다.

【예제 55】 십진수 0.01을 2진법 변환하여 22자리까지만 출력하여라.
풀이 : 부록의 진법변환 프로그램에서 22bit까지 출력하면 된다.

```
C:\Windows\system32\cmd.exe                    —    □    ×
진법 변환할 수와 진법을 입력하라 : 0.01  2
2진법 변환 : 0000  0010  1000  1111  0101  11
계속하려면 아무 키나 누르십시오 . . .
```

즉, $0.01 = (0000\,0010\,1000\,1111\,0101\,11)_2$ 이다.

【예제 56】2진법의 수 $(0000\,0010\,1000\,1111\,0101\,11)_2$ 를 10진법으로 환산한 값을 출력하여라.

풀이 : 십진법으로 환산하는 프로그램을 사용한다.

이상의 결과는 0.01을 2진법으로 바꾼 것을 다시 십진법으로 환산한 값이다. 단정도형인 경우는 소수점 아래 7자리에서 반올림이 되며, 이 값을 100번 더한 결과 0.999999가 나온 것이다.

2) 배정도형(double)을 사용하는 경우

배정도형은 8byte(=64bit)에 값을 저장하며, 가수는 54bit를 사용하게 된다. 이곳에 2진법으로 변환된 자료가 저장된다.

【예제 57】십진수 0.01을 2진법 변환하여 54자리까지만 출력하여라.

풀이 : 진법변환 프로그램에서 54bit까지 출력하면 된다.

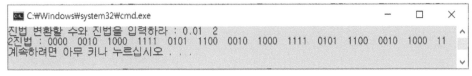

【예제 58】0.01을 2진법 변환한 54bit의 2진수의 값을 10진법의 수로 환산하여라.

풀이 : 진법환산 프로그램을 사용한다.

```
■ C:\Windows\system32\cmd.exe                           —    □    ×
0.009999999999999995534000000
계속하려면 아무 키나 누르십시오 . . .
```

배정도형의 유효자리 수는 16자이므로 17번째에서 반올림이 일어난다.

실습문제

1. 최대정수에 1부터 5까지 덧셈을 하는 프로그램을 작성하라.

힌트 : pow( ) 함수를 사용하면 결과 출력이 되지 않는다.

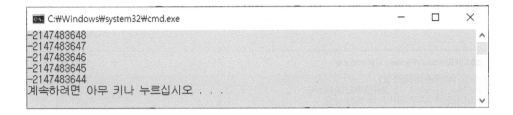

특이한 점은 pow( ) 함수에서 거듭제곱의 수가 32, 33, 34 등으로 바뀌더라도 값은 동일하게 나타난다는 것이다.

2. pow( ) 함수를 사용하여 정수형으로 2^{32}, 2^{33}, 2^{34} 의 계산 결과를 다음 화면과 같이 출력하는 프로그램을 작성하라.

3. 실수값 1억(100,000,000)을 지수표현법으로 출력하는 프로그램을 작성하라.

4. 조정된 지수 중에서 제일 큰 지수값(255)을 16진법의 지수로 하여 결과를 출력하는 프로그램을 작성하라. 단, 소수점 아래 8자리까지 출력하라.

5. 실수형 자료가 저장될 때의 가수 22비트가 모두 1인 값을 x라고 할 때, 16^x의 값을 출력하는 프로그램을 작성하라.

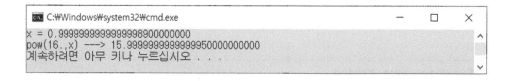

6. 실수형 자료가 저장될 때의 가수 53비트가 모두 1인 값을 x라고 할 때, 16^x의 값을 출력하는 프로그램을 작성하라.

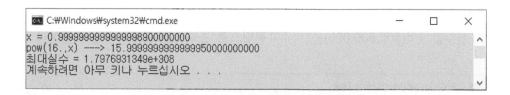

7. 다음과 같은 최대 실수값을 출력하는 프로그램을 작성하라.

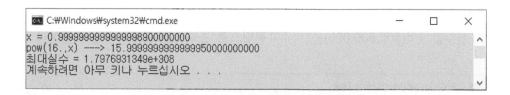

8. 가수의 최솟값을 구하는 프로그램을 작성하라.

힌트 : 가수부의 마지막 부분(54번째 bit)만 1인 16진법의 값을 구하면 된다.

```
C:\Windows\system32\cmd.exe                          —   □   ×
5.5511151231e-017
계속하려면 아무 키나 누르십시오 . . .
```

9. 컴퓨터의 기계 오차를 구하는 프로그램을 작성하라.

힌트 : 기계 오차란 컴퓨터가 인식하는 실수값 0과 실제의 0과의 차를 말한다.

```
C:\Windows\system32\cmd.exe                          —   □   ×
4.9406564584e-324
계속하려면 아무 키나 누르십시오 . . .
```

10. 배정도선언을 하여 0.01을 100번 더하는 프로그램을 작성하라.

```
C:\Windows\system32\cmd.exe                          —   □   ×
1.000000
계속하려면 아무 키나 누르십시오 . . .
```

연습문제

1. 1년은 365.2422일이다. 이것을 다음과 같이 출력하는 프로그램을 작성하라.

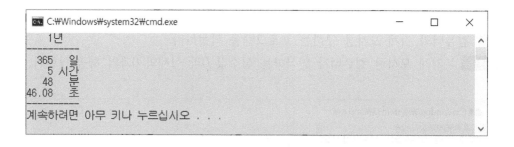

2. 8진수의 수 773을 10진수의 수로 나타내어라.

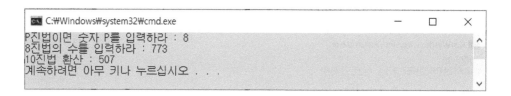

3. 10진법의 수 507을 16진법으로 나타내어라.

4. 반지름 r을 입력하여 다음 그림과 같이 구의 겉넓이(s)와 구의 부피(v)를 구하는 프로그램을 작성하라. 단, 원주율은 $\pi = 3.14$ 로 하라.

$$s = 4\pi r^2 \quad , \quad v = \frac{4}{3}\pi r^3$$

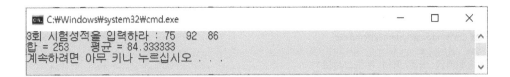

```
C:\Windows\system32\cmd.exe                                    —    □    ×
구의 반지름을 입력하라 : 2.5
겉넓이 = 58.875000   부피 = 65.416667
계속하려면 아무 키나 누르십시오 . . .
```

5. 3차례 실시한 성적(test)을 입력하여 합(hap)과 평균(mean)을 구하는 프로
그램을 작성하라. 단, for( )를 사용하라.

```
C:\Windows\system32\cmd.exe                                    —    □    ×
3회 시험성적을 입력하라 : 75  92  86
합 = 253   평균 = 84.333333
계속하려면 아무 키나 누르십시오 . . .
```

6. (최대정수 + 10억)의 계산결과가 다음과 같다. 프로그램을 작성하고, 이 값
이 어떻게 나온 것인가를 설명하라.

```
C:\Windows\system32\cmd.exe                                    —    □    ×
-1147483649
계속하려면 아무 키나 누르십시오 . . .
```

7. 은행의 대출이율은 연 3.8%라고 한다. 1억원의 대출을 받았다면 매월 얼마
의 이자를 내야 하는가를 구하는 프로그램을 작성하라. 원단위는 반올림하라.

```
C:\Windows\system32\cmd.exe                                    —    □    ×
316670
계속하려면 아무 키나 누르십시오 . . .
```

8. 45명의 학생에게 A 학점을 최고 30%까지 줄 수 있다고 한다. 그렇다면 몇 명이 A 학점을 받을 수 있는가를 구하는 프로그램을 작성하라.

9. 수원 IC부터 천안 IC까지의 거리는 55Km 이다. 자동차로 평균 90Km/h 속도로 달렸다면 소요 시간은 얼마인가? 분초 단위까지 출력하는 프로그램을 작성하라.

10. 키(m)와 몸무게(kg)를 입력하여 체질량계수(BMI)를 구하는 프로그램을 작성하라. 단, BMI = 몸무게 / (키의 제곱) 이다.

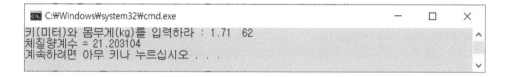

11. 두 개의 정수 a, b(단, a > b)를 입력하여 몫과 나머지를 구하는 프로그램을 작성하라. 나머지(na)를 구하는 방법은 다음과 같다. na = a - a / b * b

12. 월급여가 350만원인 직장인이 내야 하는 4대 보험료의 요율은 다음과 같다고 한다. 국민연금4.5% 건강보험료 3.035% 장기요양보험 0.199% 이고 고용보험의 경우는 직장은 0.65% 본인부담은 0.9%라고 한다. 직장인이 부담하는 4대 보험료는 각각 얼마이고 총액은 얼마인가를 구하는 프로그램을 작성하라.

부록
진법변환

우리가 실생활에서 사용하는 수는 10진법(decimal system)이며, 10진법의 저(底 : base)는 10이다. 예를 들면, 91.718은 다음과 같은 의미를 갖는다.

$$91.718 = 9 \times 10 + 1 + 7 \times 0.1 + 1 \times 0.01 + 8 \times 0.001$$

$$= 9 \times 10^1 + 1 \times 10^0 + 7 \times 10^{-1} + 1 \times 10^{-2} + 8 \times 10^{-3}$$

진법변환 방식은 다음과 같이 세 가지 방식이 있다.

---

1. 10진법을 P진법으로 변환하기
   10진법의 수를 P로 계속하여 나눈 몫이 영이 될 때까지 나머지를 계산하고 나머지를 거꾸로 읽으면 P진법의 수가 된다.

2. P진법을 10진법으로 변환하기
   P진법의 수를 P의 거듭제곱으로 표현하고 이 값을 더하면 된다.

3. P진법을 Q진법으로 변환하기
   P진법을 10진법으로 바꾸고 다시 Q진법으로 변환시키면 된다.

【예제】10진법의 수 208을 6진법으로 나타내라.

풀이 : 먼저 $208 \div 6$ 의 몫과 나머지는 각각 34, 4 이다. 계속하여 몫을 6으로 나눈 몫과 나머지를 구하면 된다. 진법 변환된 수는 나머지를 거꾸로 표시하면 된다. 이를 그림으로 나타내면 다음과 같다.

```
6 ) 208
6 )  34   ··· 4
6 )   5   ··· 4
       0   ··· 5
```

따라서 10진법의 수 208은 6진법으로 계산하면 544가 된다. 즉, $(208)_{10} = (544)_6$ 이다.

【예제】 6진법의 수 $(544)_6$을 10진법의 수로 바꾸어라.

풀이 : 앞의 십진법의 수를 나타낸 것과 같은 방식을 취하면 된다. 즉,

$$(544)_6 = 5{\times}6^2 + 4{\times}6^1 + 4{\times}6^0 \ = 180 + 24 + 4 \ = 208$$

10진법의 수를 P진법의 수로 변환함에 있어 <u>소수점 이하의 부분이 존재하는 경우에는 변환시키려는 진법의 수 P를 계속하여 곱해 줌</u>으로써 진법변환을 할 수 있다.

【예제】 10진법의 수 0.7734375를 4진법의 수로 바꾸어라.

풀이 : 계속하여 4를 곱하고 정수부의 값을 추출하면 된다. 즉,

```
         0.7734375
    × )          4
       ③.093750      <----   0.093750에 4를 곱한다.
    × )          4
       ⓪.375000      <----   0.375000에 4를 곱한다.
    × )          4
       ①.500000      <----   0.500000에 4를 곱한다.
    × )          4
       ②.000000
```

원으로 표시된 정수부를 차례로 옮겨 쓰면 4진법의 수가 된다. 즉,

$$(0.7734375)_{10} = (0.3012)_4$$

【예제】 4진법의 수 $(0.3012)_4$을 10진법의 수로 바꾸어라.

풀이 : 10진수 표시법에 따라 계산하면 된다. 즉,

$$(0.3012)_4 = 3 \times 4^{-1} + 0 \times 4^{-2} + 1 \times 4^{-3} + 2 \times 4^{-4} \quad = 0.7734375$$

십진법을 P진법으로 변환하는 프로그램 (정수부분)

```c
int main( )
{
    int r[100], i, j, base, mok, number, num ;
    printf("진법 변환할 수와 진법을 입력하라 : ") ;
    scanf("%d  %d", &number, &base) ;
    num = number ;
    j = 0 ;
    for(i=1; i<=100; i++)
    {
        mok = number/base ;
        r[i] = number % base ; // %는 나머지 계산 연산자
        number = mok ;
        j++ ;
        if(mok==0) break ;
    }
    printf("10진법 %d  -->  %d진법 ", num, base) ;
    for(i=j; i>0; i--)
        printf("%d", r[i]) ;
    printf("\n") ;
}
```

```
C:\Windows\system32\cmd.exe                          —    □    ×

진법 변환할 수와 진법을 입력하라 : 208  6
10진법 208  -->  6진법 544
계속하려면 아무 키나 누르십시오 . . .
```

정수부분의 진법변환을 함수 itoa( )를 사용할 수도 있다. 하지만 출력결과
는 문자열이다.

【예제】 637을 4진법으로 변환하라.

```
int main( )
{
    int k=637, i ; printf("%d\n", k) ;
    char A[20];
    itoa(k,A,4); // 4진법으로 변환함.
    printf("문자열 : %s\n",A);
}
```

```
■ C:\Windows\system32\cmd.exe                                  —    □    ×
문자열로 변환 : 21331
계속하려면 아무 키나 누르십시오 . . .
```

P진법을 10진법으로 바꾸기 (정수부분)

```
int main( )
{
    int i, j, p, x[100] ; double s=0 ;
    char str[100], ch=NULL, *pt=&ch ; //atoi( )는 포인터를 매개변수로 처리
    printf("P진법이면 숫자 P를 입력하라 : ") ; scanf("%d", &p) ;
    printf("%d진법의 수를 입력하라 : ", p) ; scanf("%s", &str) ;
    j =  strlen(str)-1 ;
    for(i=0; i<=j; i++)
    {
        ch = str[i] ; x[i] = atoi(pt) ;
    }
    for(i=0; i<=j; i++)
        s = s + x[i]*pow( (float)p , j-i) ;
    printf("10진법 환산 : %.lf \n", s) ;
}
```

```
■ C:\Windows\system32\cmd.exe                                  —    □    ×
P진법이면 숫자 P를 입력하라 : 8
8진법의 수를 입력하라 : 173
10진법 환산 : 123
계속하려면 아무 키나 누르십시오 . . .
```

```
소수점 아래 부분을 진법 변환하는 프로그램
int main( )
{
      int i ; double p, x, y, z[100] ;
      printf("진법 변환할 수와 진법을 입력하라 : ") ;
      scanf("%lf %lf", &x, &p) ; //포맷은 엘에프(lf)를 사용
      for(i=1; i<=54; i++)
      {
          y = p*x ;
          if( y >=1 ) z[i] = (int) y ;
          else z[i]=0. ;
          x = y-z[i] ;
      }
      for(i=1; i<=54; i++)
      {
          printf("%.f", z[i]) ;
          if(i%4==0) printf("  ") ;
      }
      printf("\n") ;
}
```

참고로, 선언부에서 배정도형(double)이 아니고 실수형(float)으로 변수선언을 하면 진법변환이 되지 않으며, 편의상 4bit씩 구분하여 출력하였다.

소수점 부분을 2진법으로 변환된 값을 다시 10진법으로 환산하는 것은 만만한 작업이 아니다. 작업은 다음과 같이 진행한다.

1) 2진법의 수를 외부파일에 저장한다.
2) 저장된 값을 문자열로 불러들인다.
3) 문자열의 값을 하나하나 포인터로 저장한다. 개수는 54개로 한다.
4) atoi( ) 함수를 사용하여 문자를 숫자(정수)로 만든다.
5) pow( ) 함수를 이용하여 합을 계산한다.

```
가수부를 10진법으로 변환
int main( )
{
    FILE *pt1 ;
    pt1 = fopen("d:\\temp\\진법.txt","r") ;
    int i, j; double s=0 ;
    char str[100], ch=NULL, *pt2=&ch ; //atoi( )는 포인터를 매개변수로 처리
    fscanf(pt1, "%s", &str) ;
    for(i=0; i<=53; i++)
    {
        ch = str[i] ;
        j = atoi(pt2) ;
        s = s + j*pow(2.,-1-i) ;
    }
    printf("%.25lf \n", s) ;
}
```

제5장 연산자 1

연산자의 종류는 여러 가지 있으므로 연산자를 5장에서 모두 언급하고 다루기에는 분량이 방대해질 것으로 예상된다. 따라서 5장에서는 C프로그래밍을 할 때 사용되는 기본적인 연산자에 대하여 설명하기로 한다.

제일 기본적인 것으로는 4칙 연산자(가감승제)가 있지만 여기서는 특별히 언급하지는 않는다.

1. 거듭제곱

거듭제곱은 4장에서 정수와 실수의 크기를 계산할 때 이미 사용한 바 있다. 여기서 다루는 pow( )는 엄밀한 의미에서는 연산자라고 할 수 없다. 왜냐하면 pow( )는 수학적함수로서 거듭제곱을 하는 함수이기 때문이다.

C언어를 제외한 대부분의 프로그래밍언어에서는 거듭제곱을 전용으로 하는 연산자가 존재한다.

거듭제곱

거듭제곱을 위한 연산자가 지정되어 있지 않으므로 수학적함수인 pow( )를 사용하며, a^b은 pow(a,b)로 계산한다.

여기서 주의할 점은 <u>a는 배정도형 실수</u>이어야 한다는 것이며, 값은 실수형으로 반환된다. 따라서 입출력에서의 포맷은 lf(엘에프)를 사용해야 한다.

수학적함수인 pow( ) 함수는 math.h에 정의되어 있으므로 반드시 선행처리기 에서 호출하여야 한다.

PASCAL 언어는 거듭제곱함수가 아예 존재하지 않는다. 이러한 경우라면 어떻게 거듭제곱을 할 수 있을까? 예를 들면, $x^{1/3}$은 어떻게 계산할까? 다행스럽게 지수함수와 로그함수를 적절히 결합하면 어렵지 않게 계산할 수 있다. 파스칼에서는 $x^{1/3} = \exp(1./3*\log(x))$ 로 계산한다. 그런데 C언어에서는 거듭제곱함수가 따로 존재하므로 이것을 적절히 활용하면 된다.

【예제 59】pow( ) 함수를 사용하여 2^4을 계산하는 프로그램을 작성하라.

풀이 : 연산결과는 실수이므로 %f 포맷을 사용한다.

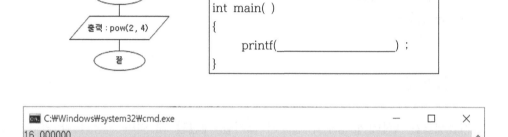

예를 들어, $2.5^{3.4}$의 계산을 필기구를 사용하여 계산하려면 어떻게 해야 할까 하는 질문을 받을 수 있을 것이다. 1945년 이전에는 컴퓨터가 존재하지 않았기 때문에 직접 손으로 푸는 과정을 겪었을 것이다. 실제로, 예전에는 $2.5^{3.4}$의 계산에 로그(logarithm)를 사용하여 계산하였다.

네이피어(Napier)가 만든 로그를 이용하여 $2.5^{3.4}$를 계산하는 방법은 부록에서 다루고 있으므로 참고하기 바란다.

【예제 60】배정도형 실수 x를 입력하여 제곱근을 구하는 프로그램을 작성하라.

풀이 : $\sqrt{x}$ 는 $x^{1/2}$로 계산할 수 있다.

```
#include "_____"
int main( )
{
        _____ ; // 선언부
    scanf(_____) ;
    printf(_____) ;
}
```

```
CA. C:\Windows\system32\cmd.exe                    —   □   ×
7
2.645751
계속하려면 아무 키나 누르십시오 . . .
```

흔하지는 않지만 거듭제곱이 중첩된 경우는 마지막 거듭제곱의 우선순위가 높아 제일 먼저 계산된다.

【예제 61】원금 100만 원을 연 7.5%의 이율로 5년간 복리 식으로 예금하였을 때, 원리합계를 구하여 10원 단위에서 반올림하는 프로그램을 작성하라.

풀이 : 원리합계 = $a(1+r)^n$, 여기서 a는 원금, r은 이율, n은 기간이다.

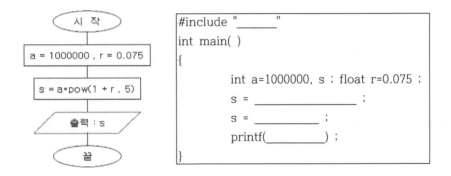

```
#include "_____"
int main( )
{
        int a=1000000, s ; float r=0.075 ;
        s = _____ ;
        s = _____ ;
        printf(_____) ;
}
```

```
CA. C:\Windows\system32\cmd.exe                    —   □   ×
1435630
계속하려면 아무 키나 누르십시오 . . .
```

2. 나머지 계산 연산자

실수와 실수의 나눗셈에서는 나머지를 구하는 수학적함수가 있지만, 정수끼리 나눌 때는 나머지를 계산하는 수학적함수가 없다. 하지만 나머지를 계산하는 연산자가 존재하므로 문제 해결에는 아무런 문제가 없다.

2.1 정수형의 나머지

> **정수형의 나머지**
>
> 두 개의 정수의 나눗셈에서 나머지를 구하는 연산자는 % 이다.

나머지를 계산하는 문제는 C프로그램에서 자주 나타난다. 정수끼리의 연산에 사용되므로 계산된 나머지는 당연히 정수형이 된다.

【예제 62】 11÷7의 나머지를 구하여라.

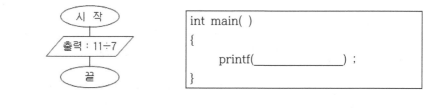

나머지를 구하는 방법은 % 연산자를 사용하는 것 외에도 정수끼리의 연산을 통해서도 구할 수 있다. 예를 들어, 57÷6 의 나머지는 57 - 57 / 6 * 6 으로 도 구할 수 있다.

2.2 실수형의 나눗셈

실수형의 나눗셈에서 몫과 나머지를 계산할 때는 수학적 함수 fmod( )를 사용한다. fmod( )는 math.h에 정의되어 있으므로 선행처리기에서 호출하여야 한다. 수학적 함수는 제8장에서 다룰 예정이다.

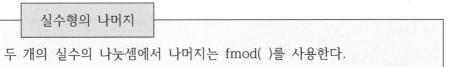

실수형의 나머지

두 개의 실수의 나눗셈에서 나머지는 fmod( )를 사용한다.

【예제 63】 $a = 37.4, b = 4.9$ 라고 하자. 두 수를 나누었을 때의 나머지를 계산하는 프로그램을 작성하라.

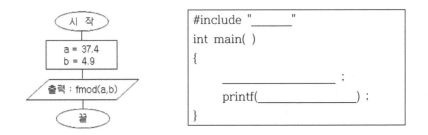

다음 결과를 보면, 실제로 계산된 나머지와는 약간의 차이가 발생하고 있다. 하지만 배정도형으로 처리하면 3.1을 얻게 된다.

```
C:\Windows\system32\cmd.exe                    -    □    ×
3.100001
계속하려면 아무 키나 누르십시오 . . .
```

2.3 다항식의 나눗셈

나머지를 계산하는 문제는 단순히 숫자만 사용되는 것은 아니다. 다항식끼리의 나눗셈도 존재하기 때문이다. 다항식의 나눗셈을 다루기 전에 다항식의 계수를 입력하여 다항식을 표시하여보자.

【예제 64】 3차 다항식 $x^3 - x + 1$ 의 계수를 입력하여 다항식으로 나타내는 프로그램을 작성하라.

풀이 : 입력된 계수는 배열로 저장하며, 거듭제곱의 표시는 **을 사용하였다.

```
int main( )
{
    float a[10] ;
    int i, n=4 ; // 3차 다항식의 계수는 4개 있음.
    printf("3차 다항식의 계수를 입력하라 : ") ;
    for(_____)
        scanf(_____) ;
    for(_____)
        printf("_____) ;
    printf("\n") ;
}
```

```
C:\Windows\system32\cmd.exe                                    —    □    ×
3차 다항식의 계수를 입력하라 : 1  0  -1  1
+(1.00)*x**3 +(0.00)*x**2 +(-1.00)*x**1 +(1.00)*x**0
계속하려면 아무 키나 누르십시오 . . .
```

n차 다항식을 1차식 $(x - c)$ 로 나누었을 때, 다음과 같은 관계식을 얻을 수 있다. 이를 Horner 알고리즘이라고 한다.

$$a_1 x^n + a_2 x^{n-1} + a_3 x^{n-2} + \cdots + a_n x + a_{n+1}$$
$$= (x - c) \cdot (b_1 x^{n-1} + b_2 x^{n-2} + \cdots + b_{n-1} x + b_n) + b_{n+1}$$

일 때, 미지의 $b_i (i = 1, 2, \cdots, n+1)$ 는 다음과 같이 계산된다.

$$\begin{cases} b_1 = a_1 \\ b_{n+1} = a_{n+1} + c \cdot b_n, \ n = 1, 2, 3, \ldots \end{cases}$$

여기서 $b_1x^{n-1} + b_2x^{n-2} + \cdots + b_{n-1}x + b_n$ 은 몫이고, b_{n+1}은 나머지이다. Horner 알고리즘을 증명하는 것은 복잡하므로 생략하기로 한다. Horner의 알고리즘에서 상수 $a_i, b_i, c(i = 1, 2, \ldots)$ 의 관계만을 나타낼 수 있도록 고안한 것이 조립제법이다.

【예제 65】$(x^3 - x + 1)$ 을 $(x - 1.5)$ 로 나눈 몫과 나머지를 구하는 프로그램을 작성하라.

<kbd>풀이</kbd> : 조립제법을 이용하여 계산하면 다음과 같다.

$$
\begin{array}{r|rrrr}
1.5 & 1 & 0 & -1 & 1 \\
& & 1.5 & 2.25 & 1.875 \\
\hline
& 1 & 1.5 & 1.25 & 2.875
\end{array}
$$

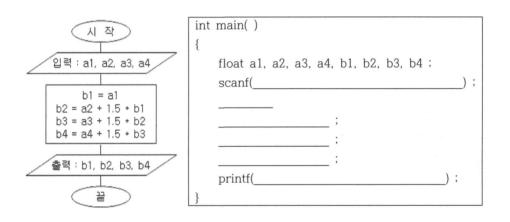

```
int main( )
{
    float a1, a2, a3, a4, b1, b2, b3, b4 ;
    scanf(_____) ;
    _____
    _____ ;
    _____ ;
    _____ ;
    printf(_____) ;
}
```

시 작
입력 : a1, a2, a3, a4
b1 = a1
b2 = a2 + 1.5 * b1
b3 = a3 + 1.5 * b2
b4 = a4 + 1.5 * b3
출력 : b1, b2, b3, b4
끝

```
C:\Windows\system32\cmd.exe                    —    □    ×
1 0 -1 1
1.000000 1.500000 1.250000 2.875000
계속하려면 아무 키나 누르십시오 . . .
```

따라서 다항식의 나눗셈에서의 몫은 $x^2 + 1.5x + 1.25$이고 나머지는 2.875이다.

3. 관계연산자

관계연산자는 조건문과 밀접한 관련을 갖는다. 조건문의 흐름 도는 일반적으로 다음과 같다. 다음 흐름 도는 2개로 분기(나누어짐)하고 있는 모양이지만 3개로 분기할 수도 있다.

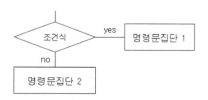

흐름 도를 프로그램으로 바꾸는 방법은 다음과 같다. 조건식이 참이면 if 문의 오른쪽에 프로그램을 넣고, 거짓이면 if 문의 다음 줄에 프로그램을 넣는다.

```
if ( 조건식 ) { 명령문집단 1 ; }
{ 명령문집단 2 ; }
```

여기서 명령문집단이라고 표현한 것은 여러 개의 명령문을 넣어야 하는 경우가 있기 때문이다.
관계연산자는 두 수의 크기를 비교할 때 사용된다. 이때 사용되는 연산자는 다음과 같다.

표-1 관계연산자

연산자	의 미
<	작다
<=	작거나 같다
>	크다
>=	크거나 같다
==	같다
!=	같지 않다

3.1 배수 찾기

【예제 66】1부터 50사이의 7의 배수를 찾아 5칸 간격으로 한 줄에 출력하는
프로그램을 작성하라.

풀이 : 7의 배수는 7로 나누어지는 수이다.

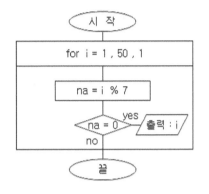

```
int main( )
{
    int i, na ;
    for(_____)
    {
        _____ ;
        if(_____) printf(_____) ;
    }
    printf("\n") ;
}
```

```
C:\Windows\system32\cmd.exe                    —   □   ×
    7    14    21    28    35    42    49
계속하려면 아무 키나 누르십시오 . . .
```

3.2 약수 찾기

【예제 67】6의 약수를 구하여 5칸 간격으로 출력하는 프로그램을 작성하라.

풀이 : 어떤 수의 약수는 나누었을 때 떨어지는, 즉 나머지가 0인 수이다.

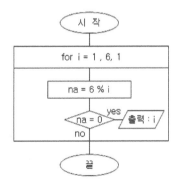

```
int main( )
{
    int i, na ;
    for(_____)
    {
        _____ ;
        if(_____) ;
    }
    printf("\n") ;
}
```

```
C:\Windows\system32\cmd.exe                              —  □  ×
    1  2   3   6
계속하려면 아무 키나 누르십시오 . . .
```

【예제 68】 36의 약수를 모두 구하고, 약수의 개수도 함께 구하는 프로그램을 작성하라.

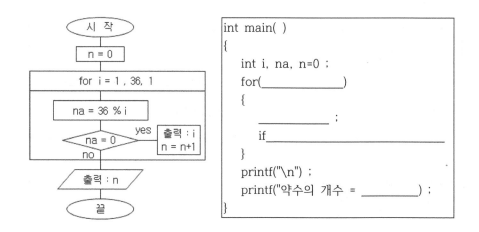

```
int main( )
{
   int i, na, n=0 ;
   for(_____)
   {
      _____ ;
      if_____
   }
   printf("\n") ;
   printf("약수의 개수 = _____) ;
}
```

```
C:\Windows\system32\cmd.exe                              —  □  ×
    1   2   3   4   6   9  12  18  36
약수의 개수 = 9
계속하려면 아무 키나 누르십시오 . . .
```

3.3 소수 찾기

소수(prime number)는 기원전 1,550년경에 써진 파피루스에 처음 등장하였으며, 이후 유클리드(기원전 300년 : 기하학 원본)는 소수가 유한이지 않음을 증명하였다.

서기 1,000년경에는 아랍의 수학자인 알하젠(Alhazen)이 $(n+1)!+1$ 은 소수가 된다고 주장하였고, 독일의 수학자인 오일러가 이를 증명하였다. 1640년에 페르마는 $(2^{2^n}+1)$이 소수라고 주장하였고 후에 라이프니스와 오일러가 증명하였다. 최대소수를 찾기 위한 노력이 아직도 진행 중이며 2019년 12월 현재까지 알려진 최대소수는 $2^{82,589,933} - 1$이다.

　소수는 1과 자신 외에는 약수가 없는 수이다. 따라서 소수 구하기는 약수 구하기와 밀접한 관련을 갖는다.

【예제 69】 $7 \div i\,(i = 1,2,...,7)$의 나머지와 약수 여부를 출력하는 프로그램을 작성하라.

연산	나머지	약수 여부
7%1	0	1은 약수
7%2	1	2는 약수 아님
7%3	1	3은 약수 아님
7%4	3	4는 약수 아님
7%5	2	5는 약수 아님
7%6	1	6은 약수 아님
7%7	0	7은 약수

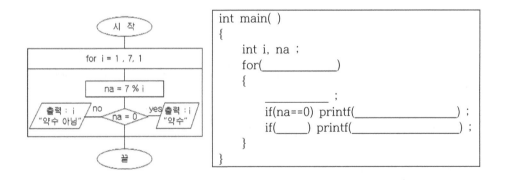

```
int main( )
{
    int i, na ;
    for(_____)
    {
        _____ ;
        if(na==0) printf(_____) ;
        if(_____) printf(_____) ;
    }
}
```

```
C:\Windows\system32\cmd.exe                    —    □    ×
1 약수
2 약수 아님
3 약수 아님
4 약수 아님
5 약수 아님
6 약수 아님
7 약수
계속하려면 아무 키나 누르십시오 . . .
```

【예제 70】임의의 정수 n이 소수인 가를 판별하는 프로그램을 작성하라.

풀이 : 소수는 1과 자기 자신을 제외한 나머지의 수가 약수가 아니면 된다.

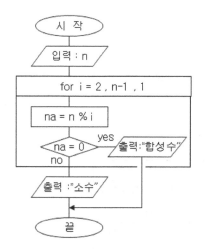

```
int main( )
{
    int i, n, na ;
    scanf(_____) ;
    for(i=2; i<=n-1; i++)
    {
        _____ ;
        if ( _____ ) {
            _____ ;
            goto p ;
        }
    }
    printf("소수 \n") ;
p:  ;
}
```

```
C:\Windows\system32\cmd.exe                    —    □    ×
19
소수
계속하려면 아무 키나 누르십시오 . . .
```

【예제 71】for( ) 문을 사용하여 2부터 7 사이의 소수만 출력하는 프로그램을 작성하라.

```
int main( )
{
    int i, n, na;
    for(n=2; n<=7; n++)
    {
        for(_____) {
            _____ ;
            if _____ ;
        }
    printf("%5d", n) ;
p:  ;
    }
    printf("\n") ;
}
```

```
C:\Windows\system32\cmd.exe                    —    □    ×
    2   3   5   7
계속하려면 아무 키나 누르십시오 . . .
```

일일이 약수가 존재하는 가의 여부를 확인하여 소수를 찾는 것은 시간이 많이 소요된다. 그렇다면 소수를 쉽게 찾는 방법으로 고대에는 어떤 방법을 사용하였을까 하는 궁금증이 생긴다.

다음의 방법은 에라토스테네스가 제시한 소수 찾는 방법이며 2부터 15까지의 수에 적용하여본다.

제일 앞의 숫자 2는 소수이며 밑줄 친 수로 나타낸다. 그리고 2의 배수는 모두 동그라미로 표시하여 삭제한다.

```
2  3  ④  5  ⑥  7  ⑧  9  ⑩  11  ⑫  13  ⑭  15
동그라미 제외한 수 --> 2  3  5  7  9  11  13  15
```

소수 2를 제외하고 남은 숫자 중의 첫째 수인 3은 소수이며(밑줄로 표시) 3의 배수는 동그라미로 표시하고 삭제한다.

```
2  3  5  7  ⑨  11  13  ⑮
동그라미 제외한 수 --> 2  3  5  7  11  13
```

남은 숫자에 동일한 방법을 적용하더라도 삭제되는 수는 존재하지 않으므로 소수 2, 3, 5, 7, 11, 13이 얻어진다.

【예제 72】에라토스테네스의 방법을 사용하여 2부터 100까지의 소수를 구하여 한 줄에 8개씩 출력하는 프로그램을 작성하라.

풀이 : 발견된 소수의 n배인 수는 합성수가 된다는 원리를 사용한 것이다.

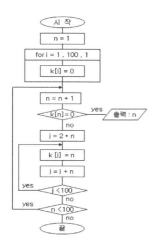

```
int main( )
{
    int i, j, k[300], n=1 ;
    for(_____)
        k[i] = 0 ;
a:  n = n+1 ;
    if(_____) printf("%8d", n) ;
    j = 2 * n ;
b:  k[j] = n ;
    j = j + n ;
    _____ ;
    _____ ;
    printf("\n") ;
}
```

```
C:\Windows\system32\cmd.exe                    —    □    ×
       2        3        5        7       11       13       17       19
      23       29       31       37       41       43       47       53
      59       61       67       71       73       79       83       89
      97
계속하려면 아무 키나 누르십시오 . . .
```

【예제 73】 6 이상의 짝수는 2개의 서로 다른 소수의 합으로 나타난다. 이를 "코르도바의 예상"이라고 하는데, 흐름 도는 다음과 같다. 프로그래밍 하라.

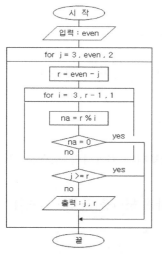

```
int main( )
{
    int even, i, j, na, r ;
    printf("6 이상의 짝수를 입력하라 : ") ;
    scanf(_____) ;
    for(_____)
    {
        _____ ;
        for(_____)
        {
            _____ ;
            if_____ ;
        }
        _____ ;
        printf(_____) ;
p: ; }
}
```

3.4 최대공약수 찾기

약수를 알고 있는 두 수의 최대공약수(G.C.D.)를 구하는 방법을 연제법이라고 한다. 하지만 두 수의 약수를 짐작할 수 없는 경우(예 : 218799, 19159)에는 연제법으로 최대공약수를 구할 수가 없다. 이때 사용되는 방법으로 유클리드의 호제법이 있다. 이를 간단히 소개하면 다음과 같다.

예를 들어 두 수를 165와 44라고 할 때, 두 수의 최대공약수를 구하는 과정은 다음과 같다.

(1) 165 ÷ 44의 계산을 수행한다. 몫은 3이고 나머지는 33이다.
(2) 44 ÷ 33의 계산을 수행한다. 몫은 1이고 나머지는 11이 된다.
(3) 33 ÷ 11의 계산을 수행한다. 몫은 3이고 나머지는 0이다.

(1)부터 (3)까지의 계산 절차를 그림으로 나타내면 다음과 같다.

```
3 | 165  | 44          3 | 165  | 44 | 1        3 | 165  | 44 | 1
  | 132  |               | 132  | 33           | 132  | 33
  |------|               |------|------        |------|------
  |  33  |               |  33  | 11         3 |  33  | 11
                                                |  33  |
                                                |------|
                                                |   0  |

      (1)                     (2)                     (3)
```

(3)번에서 마지막으로 남아 있는 11은 두 수의 최대공약수이다. 유클리드 호제법으로 최대공약수를 구하는 그림을 우리에게 친근한 나눗셈으로 나타내면 다음과 같다.

```
        3                          1                          3
 44 ) 165                   33 ) 44                    11 ) 33
      132                         33                         33
 -------                    ------                     ------
       33                         11                          0

      (1)'                        (2)'                        (3)'
```

이상의 내용을 정리하면 유클리드 호제법의 원리는 다음과 같다.

유클리드 호제법

현 단계의 제수는 다음 단계의 피제수가 되고,
현 단계의 나머지는 다음 단계의 제수가 된다.

【예제 74】 유클리드 호제법을 사용하여 두 개의 정수 165와 44의 최대공약수를 구하는 흐름도가 다음과 같을 때, 이를 프로그램으로 작성하라.

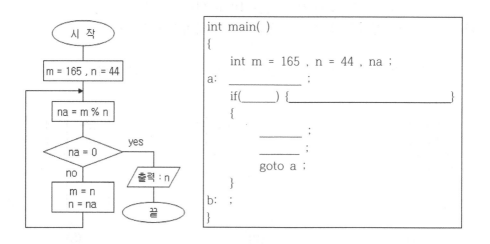

4. 논리연산자

"3이 4보다 더 크다"라고 하면 "그것은 틀렸다"라는 답을 한다. 명제가 "맞다" 또는 "틀리다"라고 답을 한다면 그것은 논리의 문제이다.

논리연산자도 관계연산자와 마찬가지로 조건문과 밀접한 연관을 갖는다. 논리연산자는 논리의 옳고 그름을 판단할 때 사용된다.

표-2 논리연산자

연산자	논리	명칭	의 미
!	not	논리부정	부정
&&	and	논리곱	둘 다 참인 경우만 참
||	or	논리합	둘 중의 하나라도 참이면 참

【예제 75】참인 경우와 거짓인 경우의 값을 출력하는 프로그램을 작성하라.

풀이 : 참과 거짓인 실제 조건을 만들어보면 된다.

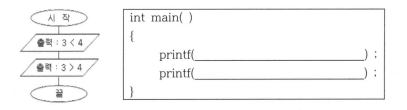

```
참인 경우   : 1
거짓인 경우  : 0
계속하려면 아무 키나 누르십시오 . . .
```

참인 경우에 반환된 값 1을 반복문의 일종인 while( )의 인수로 사용하면 특별한 제약조건을 두지 않는 한 무한루프를 생성한다. while( ) 문은 7장에서 다룰 예정이다.

【예제 76】 for( ) 문을 사용하여 10개의 수를 입력하고, 3부터 8사이의 수를 출력하는 프로그램을 작성하라.

풀이 : 흐름도 상의 부등호를 직접 사용할 수 없다.

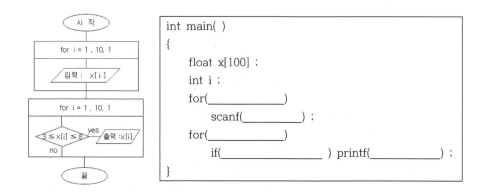

```
int main( )
{
    float x[100] ;
    int i ;
    for(_____)
        scanf(_____) ;
    for(_____)
        if(_____ ) printf(_____) ;
}
```

```
C:\Windows\system32\cmd.exe                              —    □    ×
2.4  3.1  10  1.9  6.8  11.5  7  4.2  9.5  8.1
3.100000
6.800000
7.000000
4.200000
계속하려면 아무 키나 누르십시오 . . .
```

【예제 77】 율리우스력에서는 윤년에 대한 기준을 정하였다. 연도를 입력하여 윤년, 평년을 판단하여 출력하는 프로그램을 작성하라.

풀이 : 율리우스력의 윤년은 다음 두 가지 조건 중에서 하나를 만족해야 한다.
    1. 4로 나누어지면서 100으로는 나누어지지 않는 해
    2. 400으로 나누어지는 해

```
int main( )
{
    int year ;
    scanf(_____) ;
    if( ( _____ && _____ ) || _____ )
        printf(_____) ;
    else printf(_____) ;
}
```

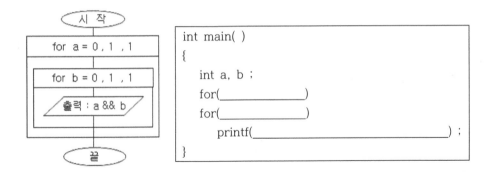

논리연산자는 아두이노(arduino) 키트로 회로구성을 할 때 응용되는 연산자라고 할 수 있다.

【예제 78】디지털신호가 입력되지 않으면 0, 입력되면 1로 작동한다고 하자. 두 개의 디지털신호 a, b를 입력하여 디지털출력을 하는 프로그램을 작성하라.

풀이 : 스위치를 누른 것이 신호입력이다. 따라서 a, b의 값은 각각 0, 1이 된다. 디지털신호는 보통 LED를 켜고 끄는데 사용된다.

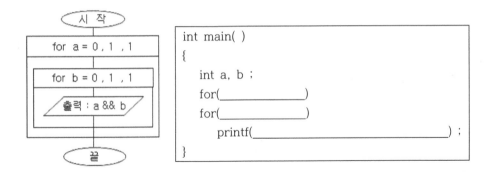

```
int main( )
{
    int a, b ;
    for(_____)
    for(_____)
        printf(_____) ;
}
```

이것은 a, b의 스위치를 동시에 누를 때 LED의 불이 들어온다는 의미이다.

실습문제

1. $2.5^{3.4}$ 를 계산하라.

2. 두 개의 배정도형 실수 a, b 를 입력하여 a^b를 계산하고 소수점 아래 10자리까지 출력하는 프로그램을 작성하라.

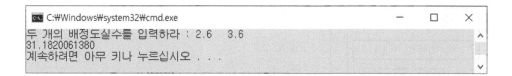

3. 세 개의 실수 a, b, c를 입력하여 a^{b^c} 를 계산하는 프로그램을 작성하라. 여기서 a, b, c가 각각 2, 3, 4인 경우에는 3^4=81이 제일 먼저 계산되고 다음에 2^{81}이 계산된다.

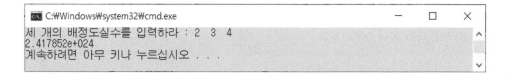

4. 지금의 뉴욕 맨해튼(당시 뉴 암스테르담)은 네덜란드 상인이 1625년에 인디언들로부터 24달러에 땅을 매입하였다. 만일 1625년에 24달러를 8% 복리이자로 저금하였을 때, 2024년도의 원리합계액을 구하는 프로그램을 작성하라.

5. 두 개의 정수 $a = 27, b = 4$ 의 몫과 나머지를 구하여 다음과 같이 출력하는
프로그램을 작성하라.

```
C:\Windows\system32\cmd.exe                              -    □    ×
─────────────
   몫    6
나머지   3
─────────────
계속하려면 아무 키나 누르십시오 . . .
```

6. 하나의 정수를 입력하였을 때, 계산된 나머지가 0 또는 1이 나타나도록 프
로그램을 작성하라.

```
C:\Windows\system32\cmd.exe                              -    □    ×
하나의 수를 입력하라 : 15
나머지 1
계속하려면 아무 키나 누르십시오 . . .
```

7. $a = 37.4, b = 4.9$ 일 때, $a \div b$ 의 나머지는 3.1이다. 다음과 같이 실행결과
가 올바르게 나오도록 프로그래밍 하라.

```
C:\Windows\system32\cmd.exe                              -    □    ×
3.100000
계속하려면 아무 키나 누르십시오 . . .
```

8. $a = 37.4, b = 4.9$ 일 때 $a \div b$ 의 몫을 소수점 아래 첫째 자리까지 출력하는
프로그램을 작성하라. 단, 포맷에서 출력 지정하는 방식을 사용하지 말 것.

```
C:\Windows\system32\cmd.exe                          —    □    ×
7.600000
계속하려면 아무 키나 누르십시오 . . .
```

9. 다항식 $x^3 - x + 1$의 계수를 입력하여 다항식으로 나타내고, $(x - 1.5)$로 나눈 몫과 나머지가 $x^2 + 1.5x + 1.25$, 2.875가 되는지 확인하라.

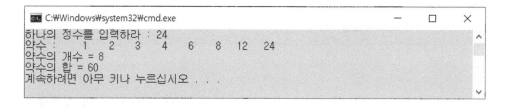

```
C:\Windows\system32\cmd.exe                          —    □    ×
3차 다항식의 계수를 입력하라 : 1  0  -1  1
다항식 : + (1.00)*x**3 + (0.00)*x**2 + (-1.00)*x**1 + (1.00)*x**0
(x-c)의 c 값을 입력하라 : 1.5
나눌 다항식 : (x - 1.50)
  몫   : + (1.00)*x**2 + (1.50)*x**1 + (1.25)*x**0
나머지 : 2.875000
계속하려면 아무 키나 누르십시오 . . .
```

10. 임의의 정수를 입력하여 약수, 약수의 개수, 약수의 총합을 구하는 프로그램을 작성하라.

```
C:\Windows\system32\cmd.exe                          —    □    ×
하나의 정수를 입력하라 : 24
약수 :    1    2    3    4    6    8   12   24
약수의 개수 = 8
약수의 합 = 60
계속하려면 아무 키나 누르십시오 . . .
```

11. 2부터 7까지의 수를 소수와 합성수로 구분하여 출력하라.

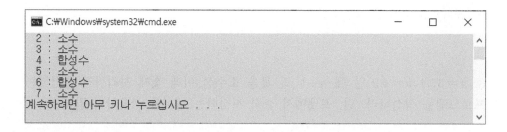

```
C:\Windows\system32\cmd.exe                          —    □    ×
 2 : 소수
 3 : 소수
 4 : 합성수
 5 : 소수
 6 : 합성수
 7 : 소수
계속하려면 아무 키나 누르십시오 . . .
```

12. for( ) 문을 사용하여 2부터 50사이의 소수를 구하는 프로그램을 작성하라.

```
C:\Windows\system32\cmd.exe                                        –    □    ×
   2    3    5    7    11    13    17    19    23    29    31    37    41    43    47
계속하려면 아무 키나 누르십시오 . . .
```

13. for( ) 문을 사용하여 에라토스테네스 방법으로 2부터 100사이의 소수를 출력하는 프로그램을 작성하라. 단, 한 줄에 7개씩 출력하기로 한다.

```
C:\Windows\system32\cmd.exe                                        –    □    ×
    2        3        5        7       11       13       17
   19       23       29       31       37       41       43
   47       53       59       61       67       71       73
   79       83       89       97
계속하려면 아무 키나 누르십시오 . . .
```

14. 임의의 정수 m, n을 입력하여 두 수의 최대공약수를 구하는 프로그램을 작성하라.

```
C:\Windows\system32\cmd.exe                                        –    □    ×
두 수를 입력하라 : 218799   19159
최대공약수 : 161
계속하려면 아무 키나 누르십시오 . . .
```

연습문제

1. 1부터 5까지의 제곱근, 세제곱근을 구하는 프로그램을 작성하라.

2. $(2x^4 - 3x^2 + x - 4)$를 $(x-1)$로 나누었을 때 몫과 나머지를 구하여라.

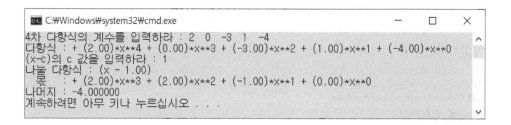

3. 두 개의 정수를 입력하여 최소공배수를 구하는 프로그램을 작성하라.

힌트 : 두 수의 곱 = 최대공약수 * 최소공배수

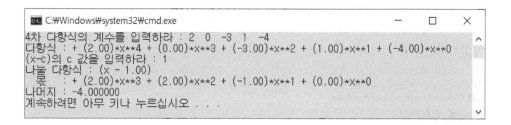

4. p가 소수일 때 p+2도 소수인 수를 쌍자소수라 한다. 2부터 100사이의 쌍자소수를 모두 구하는 프로그램을 만들어라.

힌트 : 100보다 작은 소수를 모두 구하여 배열에 저장하고, 두 수의 차가 2인 배열의 값을 찾으면 된다.

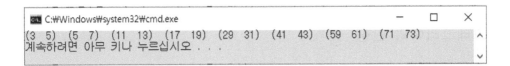

5. 논리곱(OR)을 구하는 프로그램을 작성하고, 아두이노 키트에 적용시킨 결과를 설명하라.

부록

그레고리력의 탄생

325년 로마 황제 콘스탄티누스 1세에 의해 소집된 제1차 니케아 공의회에서는 부활절을 춘분 이후 첫 보름 다음의 일요일로 정하였고, 춘분을 그 해 율리우스력에 따라 3월 21일로 확정하였다.

율리우스력의 한 해의 길이는 정확히 365.25일이며, 이는 천문학적으로 계산한 1년의 길이인 365.2422일과는 약간의 차이가 발생하게 된다. 계산해보면 율리우스력이 1년에 약 11분 14초가 길다. 이 편차가 제1차 니케아 공의회로부터 1,250여 년 동안 누적된 16세기 후반에 이르러서는 춘분일이 325년 당시보다 열흘이 빨라진 3월 11일 즈음이 되어 달력에 큰 오차가 생겼다.

트리엔트 공의회(1545~1563)에서 교황에게 역법 개정에 대한 권한이 부여되고 이 오차를 줄이기 위하여 1582년 10월 4일 교황 그레고리오 13세가 율리우스력을 개정하였고, 개정한 달력은 그의 이름을 따서 그레고리력으로 부르게 되었다.

따라서 1582년 10월 달력을 보면 중간에 10일 없음을 볼 수 있다. 즉, 10월 5일부터 10월 14일까지는 달력에서 찾아볼 수 없다.

제6장 연산자2

앞서 언급한 것처럼 연산자의 종류는 여러 가지가 있으므로 앞에서 다루지 못한 연산자를 이곳에서 다루고자 한다.

1. 증감연산자

1씩 증가하는 $i = i + 1$; 인 명령문은 $i++$;로 표시할 수 있다. 이러한 증감연산자인 ++(1씩 증가), --(1씩 감소)는 앞에서 여러 차례 다룬 바 있으며 변수의 값을 1씩 증가 또는 감소시키는 역할을 한다. 증감연산자는 변수의 좌우에 사용될 수 있으며 의미는 약간 다르다.

연산방식		처리 방법	
$i++$	후방형	i를 처리한 다음에 1 이 증가	사용 후 증가
$++i$	전방형	1 이 증가한 다음에 i를 처리	증가 후 사용

【예제 79】 $i = 5$, $j = 5$일 때, 증가연산자 ++를 전방형과 후방형으로 사용한 값을 출력하는 프로그램을 작성하라.

```
int main( )
{
        int i=5, j=5 ;
        printf(_____) ; // 후방형
        printf(_____) ; // 전방형
}
```

```
■ C:₩Windows₩system32₩cmd.exe                          —    □    ×
5
6
계속하려면 아무 키나 누르십시오 . . .
```

출력결과를 보면 증가연산자를 사용하였음에도 불구하고 후방형인 경우는 값이 증가하지 않았으며, 반면에 전방형인 경우는 값이 1만큼 증가한 것을 알 수 있다.

【예제 80】 $j = 1$, $k = 1$일 때 증가연산자 ++를 사용하여 5회 연산한 결과가 다음과 같도록 프로그램을 작성하여라.

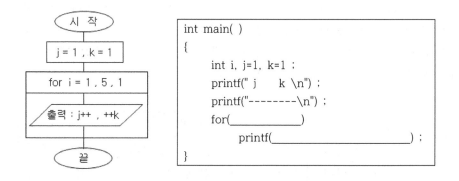

```c
int main( )
{
    int i, j=1, k=1 ;
    printf(" j    k \n") ;
    printf("--------\n") ;
    for(_____)
        printf(_____) ;
}
```

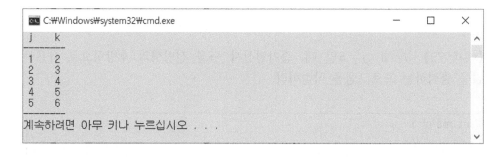

```
■ C:₩Windows₩system32₩cmd.exe                          —    □    ×
j    k
─────
1    2
2    3
3    4
4    5
5    6
계속하려면 아무 키나 누르십시오 . . .
```

이상의 결과를 살펴보았을 때, 후방형이 이해하기 수월하다. 따라서 이후로는 증가연산자를 후방형만 사용할 것이다. 후방형은 반복수행 루프를 벗어날 때 1이 증가한 채로 벗어나는 것에 주의해야 한다.

2. 비트연산자

2.1 비트연산

컴퓨터에서 사용되는 모든 데이터는 2진수로 처리된다. 다음 표에 나와 있는 비트 연산자를 사용하면 여러 종류의 2진수 비트 연산을 할 수 있다. 이 중의 일부는 앞 장의 논리연산자에서 다룬 바 있으므로 참고하기 바란다.

표-1   비트 연산자의 종류

연산자	내 용
&	비트 and
|	비트 or
^	비트 xor
~	비트 보수
<<	비트 이동(좌)
>>	비트 이동(우)

【예제 81】 a, b의 값을 0과 1로 변화시키면서 비트 and, or, xor을 하는 프로그램을 작성하라.

```c
int main( )
{
    int a, b ;
    printf("a  b    a&b    a|b    a^b \n") ;
    printf("-------------------------\n") ;
    for(_____)
    for(_____)
        printf(_____) ;
    printf("-------------------------\n") ;
}
```

```
C:\Windows\system32\cmd.exe                          —    □    ×
a  b     a&b    a|b    a^b
0  0      0      0      0
0  1      0      1      1
1  0      0      1      1
1  1      1      1      0
계속하려면 아무 키나 누르십시오 . . .
```

0에 대한 비트 보수는 1이고, 1에 대한 비트 보수는 0이다. 하지만 비트 보수가 일반 정수에 적용되지는 않는다.

일반적으로 십진법에서 정수 n의 보수는 $-(n+1)$ 이 된다. 예를 들어, 7의 보수는 -8이 된다. (확인해보라)

【예제 82】 $a = 5$, $b = 12$일 때 a^b, ~a의 값을 출력하는 프로그램을 작성하라.
풀이 : 5와 12를 2진법으로 표시(자릿수 맞힘)하고 XOR 연산을 수행하면 다음과 같으며, 이진법의 수 $(1001)_2$를 10진법으로 환산하면 9가 된다.

$$
\begin{array}{r}
5 \quad\ 0\ 1\ 0\ 1 \\
12 \quad\ 1\ 1\ 0\ 0 \\
\hline
\text{XOR} \quad 1\ 0\ 0\ 1
\end{array}
$$

```
int main( )
{
        int a=5, b=12 ;
        printf(_____) ;
        printf(_____) ;
}
```

```
C:\Windows\system32\cmd.exe                          —    □    ×
9
-6
계속하려면 아무 키나 누르십시오 . . .
```

2.2 shift 연산

이제부터는 비트 이동에 대해 다루어본다. a>>1 은 변수 a에 저장된 비트 값을 오른쪽으로 1비트 이동시킨다는 명령이다. 이러한 shift 연산자를 사용하면 유용한 연산을 할 수 있다.

표-2 shift 연산

shift 연산	연산결과	반환값
a>>b	$a / 2^b$	정수형
a<<b	$a * 2^b$	정수형

【예제 83】 $a = 35$, $b = 2$일 때 $(a \times 2^b)$의 값을 구하는 프로그램을 작성하라.

풀이 : pow( ) 함수를 사용한 계산과 shift 연산자를 사용한 계산을 같이 출력해본다.

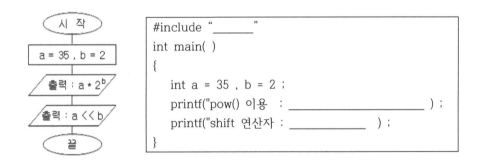

```
#include "_____"
int main( )
{
    int a = 35 , b = 2 ;
    printf("pow() 이용  : _____ ) ;
    printf("shift 연산자 : _____  ) ;
}
```

```
C:\Windows\system32\cmd.exe                    —  □  ×
pow() 이용  : 140
shift 연산자 : 140
계속하려면 아무 키나 누르십시오 . . .
```

【예제 84】 shift 연산자를 사용하여 10진법의 수 26을 2진법으로 나타내는 프로그램을 작성하라.

풀이 : 다음 프로그램은 bit로 저장된 값을 1 비트씩 오른쪽으로 이동시키면서 1과의 비트 and(&) 연산을 실시하여 2진수의 값을 계산해내는 방법이다.

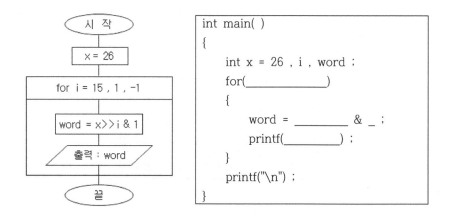

```
0000000000011010
계속하려면 아무 키나 누르십시오 . . .
```

3. comma 연산자

콤마 연산자는 여러 개의 명령문을 하나의 명령문처럼 나타낼 수 있다.

콤마 연산자
수식1 , 수식2 , 수식3 ... ;

콤마 연산자를 사용하면 프로그램을 간결하게 만들 수 있다. 예를 들어, 세미콜론(;)으로 분리된 다음의 명령문을 고려해보자.

```
{
    temp = x ; x = y ; y = temp ;
}
```

이것을 다음과 같이 프로그래밍 하여도 된다.

```
{ temp = x , x = y , y = temp ; }
```

for( ) 함수의 인수가 세미콜론으로 분리되어 있으므로 콤마로 대체할 수 있다고 생각하면 안 된다. 왜냐하면 콤마 연산자는 명령문에 국한하여 사용할 수 있기 때문이다.

【예제 85】 실수형의 수 x, y를 입력하고 콤마 연산자를 사용하여 교환된 값이 출력되도록 프로그램을 작성하라.

[풀이] : 흐름도 에서의 수식은 두 수를 교환할 때 사용되는 방식이다.

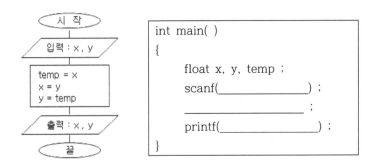

```
int main( )
{
    float x, y, temp ;
    scanf(_____) ;
    _____ ;
    printf(_____) ;
}
```

```
C:\Windows\system32\cmd.exe                                  —   □   ×
3  4
4.000000  3.000000
계속하려면 아무 키나 누르십시오 . . .
```

4. 조건연산자

조건 연산자는 조건문의 사용법과 동일하며, 형식은 다음과 같다. 조건식이 참이면 식 1을 수행하고 조건식이 거짓이면 식 2를 수행한다.

```
┌─ 조건연산자 ──────────────────────────────┐
│                                          │
│ 조건식 ?  식 1 : 식 2 ;                   │
│                                          │
└──────────────────────────────────────────┘
```

조건 연산자를 사용할 때, 주의할 점은 <u>식 1 또는 식 2에서 사용할 수 없는 명령문은 goto</u> 이다.

【예제 86】 조건 연산자를 사용하여 1부터 50까지의 수를 한 라인에 10 개씩 출력하는 프로그램을 작성하라.

풀이 : 먼저 n을 출력한 다음, 조건식 (n%10)의 결과가 0이면 줄 바꾸기를 하고 결과가 0이 아니면 공백문자를 출력한다.

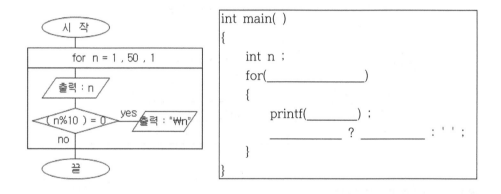

```
int main( )
{
    int n ;
    for(_____)
    {
        printf(_____) ;
        _____ ? _____ : ' ' ;
    }
}
```

```
C:\Windows\system32\cmd.exe                      ─   □   ×
     1     2     3     4     5     6     7     8     9    10
    11    12    13    14    15    16    17    18    19    20
    21    22    23    24    25    26    27    28    29    30
    31    32    33    34    35    36    37    38    39    40
    41    42    43    44    45    46    47    48    49    50
계속하려면 아무 키나 누르십시오 . . .
```

【예제 87】 조건연산자를 사용하여 임의의 정수 n을 읽고 홀수, 짝수를 판별하여 출력하는 프로그램을 작성하라.

풀이 : 2로 나눈 나머지가 0 인가의 여부로 홀짝을 판별한다.

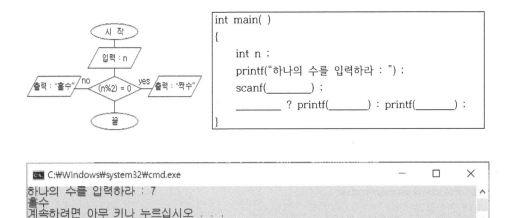

```
int main( )
{
    int n ;
    printf("하나의 수를 입력하라 : ") ;
    scanf(_____) ;
    _____ ? printf(_____) : printf(_____) ;
}
```

```
C:\Windows\system32\cmd.exe                    —   □   ×
하나의 수를 입력하라 : 7
홀수
계속하려면 아무 키나 누르십시오 . . .
```

5. 캐스트 연산자

뒤에 나오는 값 또는 변수를 괄호 안에 지정한 수형으로 강제로 변환시켜 준다. 예를 들어, pow( ) 함수는 실수형으로 값을 반환하는 데, (int) pow( ) 라고 캐스트 연산자를 붙이면 거듭제곱의 값이 정수형으로 처리된다.

【예제 88】캐스트 연산자를 사용하여 7/4의 값을 실수형으로 출력하는 프로그램을 작성하라.

```
int main( )
{
    printf(_____ 7/4 ) ;
}
```

```
C:\Windows\system32\cmd.exe                    —   □   ×
1.750000
계속하려면 아무 키나 누르십시오 . . .
```

실습문제

1. $a = 35$, $b = 2$일 때, shift 연산자를 사용하여 $(a \div 2^b)$의 값을 구하는 프로그램을 작성하라.
힌트: 35/4 계산의 계산 결과와 동일하다.

2. 임의의 정수 x를 입력하여 절대값을 계산하는 프로그램을 작성하라. 단, 조건연산자를 사용하라.
힌트 : (x<0) ? -x : x

3. pow( ) 함수를 사용하여 3^5을 정수로 출력하라.

연습문제

1. 감소연산자를 사용하여 a=1, b=3에 대하여 a-- 와 --b의 값을 구하는 프로그램을 작성하고, 출력결과에 대한 해석을 하여라.

```
C:\Windows\system32\cmd.exe                                    —    □    ×
두 개의 수를 입력하라 : 1  3
a-- : 1
--b : 2
계속하려면 아무 키나 누르십시오 . . .
```

2. 임의의 정수를 입력하여 약수를 구하는 프로그램을 작성하라. 약수인가의 여부를 판단하는 곳에는 조건연산자를 사용하기로 한다.

```
C:\Windows\system32\cmd.exe                                    —    □    ×
정수를 입력하라 : 24
약수 :    1   2   3   4   6   8  12  24
계속하려면 아무 키나 누르십시오 . . .
```

3. 2부터 100 사이의 소수를 구하여 한 줄에 7개씩 출력하는 프로그램을 작성하라. 단, 7개의 수에 대한 판단은 조건연산자를 사용하기로 한다.

```
C:\Windows\system32\cmd.exe                                    —    □    ×
     2    3    5    7   11   13   17
    19   23   29   31   37   41   43
    47   53   59   61   67   71   73
    79   83   89   97
계속하려면 아무 키나 누르십시오 . . .
```

4. 임의의 실수 x를 입력하여 10보다 큰 수가 입력되면 x^2을 출력하고, 그렇지 않을 때는 $\sqrt[3]{x}$ 를 출력하는 프로그램을 작성하라. 단, 조건연산자를 사용하여야 한다.

5. 26의 2진법의 수에 대한 보수를 32bit까지 출력하는 프로그램을 작성하라.
힌트 : shift 연산자로 계산된 2진법의 수 각각에 대하여 보수를 구하고, 이를 배열에 저장시켜야 한다.

부록

1. 보수(complement)에 의한 연산

　컴퓨터에서는 4칙 연산(+,−,×,÷) 을 위해 네 종류의 연산 장치를 두지 않고 있다. 단순히 덧셈을 하는 가산기만 있다 하더라도 4칙 연산이 가능하기 때문이다.

　곱셈인 경우는 덧셈으로 처리가 가능하고, 나눗셈인 경우는 뺄셈으로 처리할 수 있다. 그렇다면 뺄셈은 어떻게 하는 것일까? 답은 의외로 간단하다. 뺄셈은 "보수에 의한 덧셈"으로 처리할 수 있다는 것이다. 결국은 모든 4칙 연산이 덧셈으로 가능하다는 것이다.

　보수라고 함은 각각의 자릿수 별로 해당 진법의 최대수를 만드는 두 수의 합이라고 할 수 있다. 예컨대, 10진법의 수인 35의 보수는 64가 된다. 왜냐하면 <u>35 + 64 = 99</u> 이기 때문이다.

　이제부터는 276 − 48 의 계산을 보수에 의한 덧셈으로 처리하여 보자. 먼저 뺄셈부분의 48의 보수는 951이 될 것이다. 이유는 앞의 수 276이 세 자리의 수이므로 48도 세 자리 수 048로 만들어야하기 때문이다.

```
    276
  + 951
　----
   1227
```

여기서 자리수를 초과한 1(carry라고 부름)을 이동하여 다시 더하면

```
    227
  +   1
　-----
    228
```

을 얻게 되는데, 이 값이 276 − 48 의 계산 결과이다.

2. 삼각함수를 이용한 곱셈(수학산책, 정경훈, 2016)

코사인 함수의 가법정리는

$$\cos(\alpha + \beta) = \cos\alpha \cdot \cos\beta - \sin\alpha \cdot \sin\beta$$

$$\cos(\alpha - \beta) = \cos\alpha \cdot \cos\beta + \sin\alpha \cdot \sin\beta$$

이다. 이제 두 식을 더하면 다음과 같은 식을 얻게 된다.

$$\cos\alpha \cdot \cos\beta = \frac{1}{2}[\cos(\alpha + \beta) + \cos(\alpha - \beta)]$$

이 식을 이용하여 곱셈 계산을 할 수 있다. 예를 들어, a=57.36, b=292.4의 곱셈은

$$57.36 \times 292.4 = 0.5736 \times 0.2924 \times 100000$$

가 된다. 그런데 $0.5736 = \cos55^o$ 이고 $0.2924 = \cos73^o$ 이므로 결국

$$
\begin{aligned}
57.36 \times 292.4 &= \cos55^o \times \cos73^o \times 100000 \\
&= \frac{1}{2}[\cos128^o + \cos(-18^0)] \times 100000 \\
&= \frac{1}{2}[-\cos52^o + \cos18^o] \times 100000 \\
&= \frac{1}{2}[-0.6157 + 0.9511] \times 100000 \\
&= 16770
\end{aligned}
$$

실제 계산결과는 16772.064 이다.

3. 삼각함수를 이용한 나눗셈 ($57.36 \div 292.4$)

앞서 구한 삼각함수의 값으로부터 $0.5736 = \cos 55^{o}$ 이고 $0.2924 = \cos 73^{o}$
이므로 $\dfrac{\cos 55^{o}}{\cos 73^{o}} \times 0.1$ 을 계산하면 된다. 여기서 $\dfrac{\cos 55^{o}}{\cos 73^{o}} = A$ 라고 하면

$$
\begin{aligned}
A &= \frac{\cos 55^{o}}{\cos 73^{o}} \\
&= \frac{\cos (73^{o} - 18^{o})}{\cos 73^{o}} \\
&= \frac{\cos 73^{o} \cos (-18^{o}) - \sin 73^{o} \sin (-18^{o})}{\cos 73^{o}} \\
&= \cos 18^{o} - \tan 73^{o} \cdot \sin (-18^{o})
\end{aligned}
$$

그런데, $\tan 73^{o} = 3.2706$, $\cos 18^{o} = 0.9511$, $\sin (-18^{o}) = -0.3090$ 를 대입하
면

$$
\begin{aligned}
A &= 0.9511 + 3.2706 \times 0.3090 \\
&= 0.9511 + 0.32706 \times 0.3090 \times 10
\end{aligned}
$$

여기서 $0.32706 = \cos 71^{o}$, $0.3090 = \cos 72^{o}$ 인 값을 사용하면 곱셈에 의한
계산이 가능하다.

$$
\begin{aligned}
\cos 71^{o} \cos 72^{o} &= \frac{1}{2}[\cos 143^{o} + \cos (-1^{o})] \\
&= \frac{1}{2}[-0.7986 + 0.9998] = 0.1006
\end{aligned}
$$

따라서 $A = 0.9511 + 0.1006 \times 10 = 1.9571$ 이므로 계산결과는 0.19571이다.
실제로 계산한 결과는 0.19617 이다.

4. 로그를 이용하여 $2.5^{3.4}$를 계산하기

$x = 2.5^{3.4}$ 라고 놓은 뒤, 양변에 상용로그를 취하면 $\log_{10} x = 3.4 \cdot \log_{19} 2.5$ 가 된다. 그런데 $\log_{10} 2.5 = 0.3979$ 이므로 우변을 계산하면 1.35286 이 된다. 따라서

$$\log_{10} x = 1 + 0.35286$$

$$= \log_{10} 10 + \log_{10} 2.2535$$

$$= \log_{10} 22.535$$

양변의 진수가 같아야 하므로 $2.5^{3.4} = x = 22.535$ 이다.

제7장   제어문

프로그램의 흐름을 제어하는 명령문을 제어문 이라고 한다. 제어문에서 흔히 나타나는 명령어로는 goto 문이다. 또한 제어문하면 연상되는 명령어가 if 문 이다. 그 밖에도 여러 종류의 제어문이 이곳에서 다루어질 예정이다.

1. goto 문

goto 문은 제어를 원하는 명령문으로 보내는 분기 명령문이다. 형식은 다음 과 같으며, 다른 어떠한 명령문보다 우선적이므로 <u>무조건 goto 문</u> 이라고 부르 기도 한다.

---

goto 문 형식

goto 레벨 ;

여기서 주의할 것은 <u>레벨은 변수명과 같은 형식</u>(예를 들면, ab)으로 해야 한 다. 일반 프로그래밍 언어에서 사용하는 것처럼 문번호(정수형 숫자)는 사용할 수 없다. goto 문은 홀로 작동하는 경우가 거의 없으며 대부분은 다른 제어문 과 함께 사용된다.

프로그램을 작성할 때, goto 문이 많으면 조잡해 보이고 프로그램의 흐름이 꼬일 수 있으므로 가급적이면 goto 문은 줄이는 것이 필요하다.
다음 프로그램처럼 for( ) 문 안에서 상방향으로 진행하는 goto 문을 사용하 면 무한 루프(loop)를 생성할 수 있으므로 주의해야 한다.

```
a:    ;
    for(i=1; i<=5; i++)
```

```
    {
        printf("%d", i) ;
        goto a ;
    }
```

2. if 문

　대표적인 제어문이며 이미 앞에서 if 문이 포함된 프로그램을 몇 가지 소개한 바 있다. 여기서는 좀 더 자세한 설명과 함께 다양한 【예제】를 소개한다.

2.1 단순 if 문

　제일 단순한 if 문의 흐름 도는 다음과 같다. 조건식이 참이면 명령문집단 1을 수행하고, 거짓이면 명령문집단 2를 수행한다.

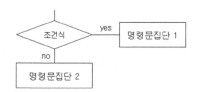

　이상의 흐름 도를 if 문으로 프로그래밍 하는 방식은 다음과 같다.

if 문형식
if (조건식) { 명령문집단 1 ; }   { 명령문집단 2 ; }

　조건식에는 관계연산자를 사용하며, 여기서 "명령문집단"이라고 한 것은 여러 개의 명령문이 올 수 있기 때문이다. 명령문이 1개라면 중괄호 { }는 필요 없다. 하지만 여러 개의 명령문을 제어하려면 중괄호 { }를 사용해야 한다.

【예제 89】 if 문을 사용하여 1부터 10까지의 수를 5칸 간격으로 출력하는 프로그램을 작성하라.

풀이 : 1씩 증가하는 수이고, 조건문에는 증가된 수가 10보다 작은 경우(참인 경우)는 레벨 aa로 진행시킴으로써 i의 값을 계속하여 증가시키고 그렇지 않은 경우(거짓인 경우)는 실행을 중지시켜야 한다.

```
int main( )
{
        int i = 0 ;
aa:     _____ ;
        printf(_____) ;
        if ( _____ ) _____ ;
        printf("\n") ;
}
```

```
C:\Windows\system32\cmd.exe                    —    □    ×
   1    2    3    4    5    6    7    8    9    10
계속하려면 아무 키나 누르십시오 . . .
```

【예제 90】 if 문을 사용하여 1부터 10까지의 합을 단계별로 출력하는 프로그램을 작성하라.

풀이 : 조건문으로 반복수행하는 곳에 합(누적)을 하여야 한다.

```
int main( )
{
        int i = 0, s = 0 ;
aa:     _____ ;
        _____ ;
        printf(_____) ;
        if ( ___ ) _____ ;
}
```

```
C:\Windows\system32\cmd.exe                    —    □    ×
 1      1
 2      3
 3      6
 4     10
 5     15
 6     21
 7     28
 8     36
 9     45
10     55
계속하려면 아무 키나 누르십시오 . . .
```

앞에서 소개한 두 개의 예제는 no(거짓인 조건)에 해당하는 명령문은 단순종료인 경우이다. 만일 no 에 해당하는 명령문집단 2가 단순종료가 아니고 명령문을 포함하고 있으면 프로그램을 다음 형식으로 구성할 수 있다. 다음과 같은 형태의 프로그램으로 작성하면 goto 문이 필요없다.

기억 합시다

if (참인 조건식) 명령문집단 1 ;
if (거짓 조건식) 명령문집단 2 ; // 또는 else 명령문집단2 ;

【예제 91】임의의 정수를 입력하여 홀수, 짝수 출력하는 프로그램을 작성하라.

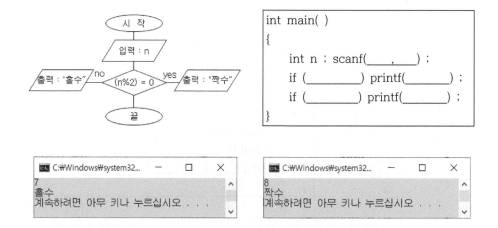

```
int main( )
{
    int n ; scanf(____,____) ;
    if (_____) printf(_____) ;
    if (_____) printf(_____) ;
}
```

```
C:\Windows\system32...    —    □    ×
홀수
계속하려면 아무 키나 누르십시오 . . .
```

```
C:\Windows\system32...    —    □    ×
8
짝수
계속하려면 아무 키나 누르십시오 . . .
```

【예제 92】어떤 수를 읽어서 부호 판별하는 프로그램을 작성하라.

풀이 : 세 개로 분기하는 흐름도이다. 가능한 모든 조건을 넣었으므로 goto 문은 불필요하다.

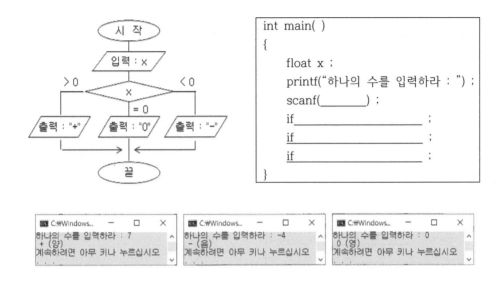

```
int main( )
{
    float x ;
    printf("하나의 수를 입력하라 : ") ;
    scanf(_____) ;
    if_____ ;
    if_____ ;
    if_____ ;
}
```

세 곳으로 분기하는 예제로는 2차 방정식의 근의 판별을 꼽을 수 있다. 2차 방정식에서 근의 판별을 위해선 판별식 계산이 선행되어야 한다.

【예제 93】이차방정식 $ax^2 + bx + c = 0$ 의 판별식을 출력하는 프로그램을 작성하라.

풀이 : 2차 방정식의 판별식은 $d = b^2 - 4ac$이다.

```
int main( )
{
    float a, b, c, d ;
    printf("계수 a, b, c를 입력하라 : ") ;
    scanf(_____) ;
    d = _____ ;
    printf(_____) ;
}
```

```
C:\Windows\system3...   —   □   ×
계수 a, b, c를 입력하라 : 1  5  2
판별식 = 17.000000
계속하려면 아무 키나 누르십시오 . . .
```

```
C:\Windows\system3...   —   □   ×
계수 a, b, c를 입력하라 : 2  -3  2
판별식 = -7.000000
계속하려면 아무 키나 누르십시오 . . .
```

$2x^2 - 3x + 2 = 0$의 판별식의 값은 -7이라는 의미이다.

【예제 94】 이차방정식 $ax^2 + bx + c = 0$의 판별식 d를 구한 후, d의 값이 0이상이면 "실근", 0보다 작으면 "허근"을 출력하는 프로그램을 작성하라.

풀이 : 판별식의 값은 세 종류(음수, 영, 양수)가 존재하지만, 이 중에서 0을 기준으로 하여 두 군데로 분기하면 된다.

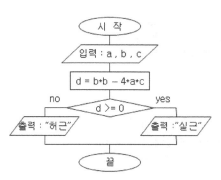

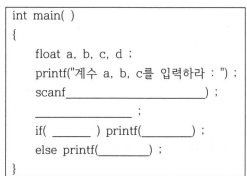

```c
int main( )
{
    float a, b, c, d ;
    printf("계수 a, b, c를 입력하라 : ") ;
    scanf_____ ) ;
    _____ ;
    if( _____ ) printf(_____) ;
    else printf(_____) ;
}
```

```
C:\Windows\system32...   —   □   ×
계수 a, b, c를 입력하라 : 1  3  2
실근
계속하려면 아무 키나 누르십시오 . . .
```

```
C:\Windows\system32...   —   □   ×
계수 a, b, c를 입력하라 : 1  2  3
허근
계속하려면 아무 키나 누르십시오 . . .
```

【예제 95】 이차방정식 $ax^2 + bx + c = 0$ 의 실근을 모두 출력하는 프로그램을 작성하라.

풀이 : 이차방정식의 근의 공식은 $x = \dfrac{-b \pm \sqrt{b^2 - 4ac}}{2a}$ 이므로 2개의 값을 출력해야 한다.

```
#include _____"
int main( )
{
    float a, b, c, d, x1, x2 ;
    scanf(_____) ;
    d = _____ ;
    if(d<0) printf("허근\n") ;
    if(d>=0)
    {
        x1 = _____ ;
        x2 = _____ ;
        printf(_____) ;
    }
}
```

시 작

입력 : a , b , c

d = b*b − 4*a*c

d < 0 ──yes──→ 출력 : "허근"

no

$x1 = (- b + \sqrt{d}) / (2*a)$
$x2 = (- b - \sqrt{d}) / (2*a)$

출력 : x1, x2

끝

```
C:\Windows\system32\cmd.exe              —  □  ×
계수 a, b, c를 입력하라 : 1  -3  2
2.000000   1.000000
계속하려면 아무 키나 누르십시오 . . .
```

【예제 96】 임의의 수를 n개 입력하여 평균을 구하는 프로그램을 작성하라. 단 입력된 수가 음수이면 프로그램을 종료하라.

풀이 : 평균을 구하려면 양수가 몇 개 입력되었는가를 파악해야 한다. 따라서 개수를 파악하기 위해 $n = n + 1$; 이라는 명령문을 넣었다.

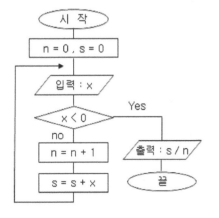

```
int main( )
{
    int n = 0 ; float x , s = 0 ;
bb:  scanf(_____) ;
     if(x<0) _____ ;
     _____ ;
     _____ ;
     _____ ;
aa:  printf(_____) ;
}
```

만일 3, 4, 7, 3을 입력한 후, 음수인 -5를 입력하면 이전에 입력된 4개의 수의 평균을 구하게 된다. 3+4+7+3=17 이므로 평균은 17÷4=4.25가 된다. 처리결과에 대한 그림은 다음과 같다.

【예제 97】 근무시간을 입력하여 일당을 계산하는 프로그램을 작성하라. 단, 시간당 임금은 9,000원이다.

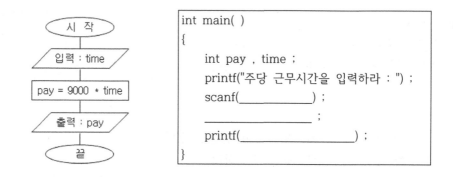

C:\Windows\system32\cmd.exe

주당 근무시간을 입력하라 : 20
주급 = 180000
계속하려면 아무 키나 누르십시오 . . .

【예제 98】 다음 함수에 대해 임의의 x값을 입력하여 $f(x) = \begin{cases} 4-x & , \ x \leq 4 \\ x-4 & , \ x > 4 \end{cases}$

의 값을 계산하려고 한다. 다음 그림과 같이 함수값 $f(x)$가 출력되도록 프로그램을 작성하라.

풀이 : if 문에 조건식을 모두 넣으면 프로그램이 단순해진다.

```
int main( )
{
    float x ;
    printf("x = ") ;   scanf(_____) ;
    if(x<= 4) printf(_____) ;
    if(x > 4) printf(_____) ;
}
```

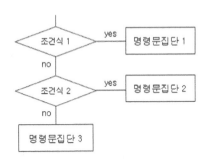

```
C:\Windows\system32...    —    □    ×
x = 4.6
f(4.60) = 0.60
계속하려면 아무 키나 누르십시오 . . .
```

```
C:\Windows\system32...    —    □    ×
x = 2.5
f(2.50) = 1.50
계속하려면 아무 키나 누르십시오 . . .
```

2.2 다중 if 문

프로그램을 작성하다 보면 의외로 if 문이 많이 사용된다. 이제 다음과 같이 조건문이 연속적으로 여러 개가 나타나는 경우를 고려해보자. 물론 조건식은 개수가 2개를 넘을 수도 있다.

if ~ else문형식

if (조건식 1) { 명령문집단 1 ; }
else if (조건식 2) { 명령문집단 2 ; }
else { 명령문집단 3 ; }

【예제 99】 임의의 실수를 입력하여 부호 판정을 하는 프로그램을 작성하라.

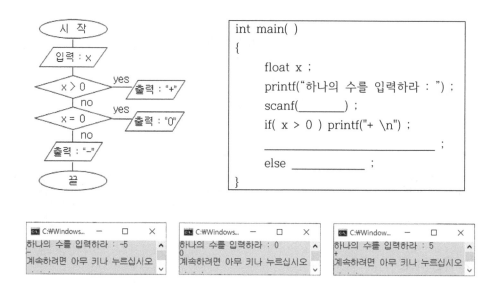

3. switch ~ case 문

switch~case 문은 조건식에 맞는 레벨로 무조건 진행되는 다중 분기문이다.
하지만 <u>switch( ) 문은 조건식이 범위로 표시될 때는 사용할 수 없다.</u> 예를 들
어, 2차 방정식의 근의 판별하는 프로그램에서는 사용할 수 없다는 것이다.

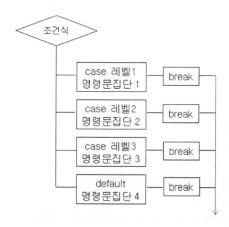

```
┌─────────────────────────┐
│ switch~case 문의 형식     │
└─────────────────────────┘
switch(조건식) {
            case 레벨 1 : 명령문집단 1 ; break ;
            case 레벨 2 : 명령문집단 2 ; break ;
            case 레벨 3 : 명령문집단 3 ; break ;
            default      : 명령문집단 4 ; break ;
        }
```

switch( ) 조건식의 결과값(정수 또는 문자)을 계산하여 값이 일치하는 case 문으로 분기하여 해당 명령문을 실행한다. 해당 명령문을 처리한 후, break 문을 만나면 switch 문을 벗어난다. 만일 일치하는 값이 없는 경우에는 일괄적으로 default 에서 처리한다.

【예제 100】 성적을 입력하여 다음과 같은 기준으로 학점으로 환산하는 프로그램을 작성하라.

```
┌────────────────────────────────────────┐
│ 90점 이상 → A      80 ~ 89  → B         │
│ 70 ~ 79  → C      60 ~ 69  → D         │
│ 59점 이하 → F                           │
└────────────────────────────────────────┘
```

```c
int main( )
{
    int score;
    printf("성적 = ");scanf(_____) ;
    switch( _____ )
    {
        case 10 : printf("A\n") ; break ;
        case 9  : printf("A\n") ; break ;
        case 8  : printf("B\n") ; break ;
        case 7  : printf("C\n") ; break ;
        case 6  : printf("D\n") ; break ;
        _____ : printf("F\n") ; break ;
    }
}
```

성적은 100점부터 0점까지이며 이것을 switch 문으로 만들면 case가 101개 필요하다. 하지만 (성적/10) 이라고 놓으면 case가 11개로 줄어든다. 예를 들어, 성적이 87점이면 87/10=8(정수끼리의 연산)이므로 case 8: 로 분기한다.

```
C:\Windows\system32\cmd.exe                              -   □   ×
성적 = 87
B
계속하려면 아무 키나 누르십시오 . . .
```

【예제 101】 두 개의 정수 $a = 5$, $b = 2$일 때, 연산자 *, / 를 입력하여 곱셈과 나눗셈을 하는 프로그램을 작성하라.

풀이 : switch 문의 조건식을 문자형으로 처리하고, 사칙연산 문자로 분기한다.

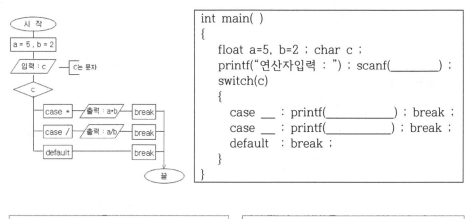

```
int main( )
{
    float a=5, b=2 ; char c ;
    printf("연산자입력 : ") ; scanf(_____) ;
    switch(c)
    {
      case __ : printf(_____) ; break ;
      case __ : printf(_____) ; break ;
      default  : break ;
    }
}
```

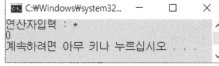

```
C:\Windows\system32...   -   □   ×
연산자입력 : *
0
계속하려면 아무 키나 누르십시오 . . .
```

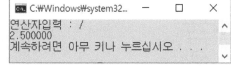

```
C:\Windows\system32...   -   □   ×
연산자입력 : /
2.500000
계속하려면 아무 키나 누르십시오 . . .
```

4. while 문

while 문은 조건문의 일종이면서 동시에 반복문의 성격을 띠고 있다. while 문은 조건식이 참인 경우만 반복시킨다. while 루프를 강제로 벗어날 때는 break, 또는 goto 문을 사용한다.

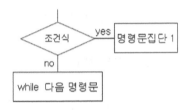

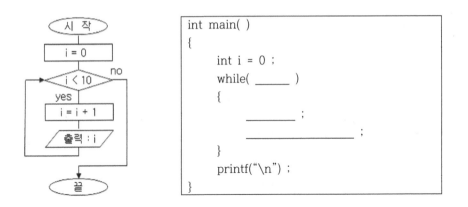

while( ) 문의 형식

while(조건식) { 명령문집단 ; }
while 다음 명령문 ;

【예제 102】 while( ) 문을 사용하여 1부터 10까지의 수를 5칸 간격으로 출력하는 프로그램을 작성하라.

```c
int main( )
{
    int i = 0 ;
    while( _____ )
    {
        _____ ;
        _____ ;
    }
    printf("\n") ;
}
```

```
C:\Windows\system32\cmd.exe                          —    □    ×
   1    2    3    4    5    6    7    8    9    10
계속하려면 아무 키나 누르십시오 . . .
```

    while( )의 조건식에 숫자를 입력하여 사용하는 경우는 무한루프(loop)를 생성하므로 중간에 루프를 벗어날 수 있는 명령문을 넣어야 한다.
    while( )의 조건식에서 사용할 수 있는 숫자는 정수, 실수 모두 가능하다. 물론 문자도 정수로 처리되기 때문에 사용 가능하며 무한루프를 생성시킨다.

【예제 103】 조건식에 영문자 'a'를 넣어 1부터 10까지 출력하는 프로그램을 작성하라.

풀이 : 루프를 벗어나는 명령문이 필요하다.

```
int main( )
{
    int i = 0 ;
    while(____)
    {
        ____ ;
        printf(_____) ;
        _____ ;
    }
    printf("\n") ;
}
```

시 작
i = 0
'a'
i = i + 1
출력 : i
Yes
i = 10
no
끝

```
C:\Windows\system32\cmd.exe                    —   □   ×

   1    2    3    4    5    6    7    8    9   10
계속하려면 아무 키나 누르십시오 . . .
```

【예제 104】 어떤 수를 입력하여 x^2, x^3 을 구하는 프로그램을 작성하라. 단, 입력된 수가 음수이면 실행을 중지한다.

시 작
1
입력 : x
출력 : x^2, x^3
no
x < 0
Yes
끝

```
int main( )
{
    float x ;
    while(1)
    {
        scanf(_____) ;
        if ( x < 0 ) ____ ;
        printf(_____) ;
    }
}
```

```
■ C:\Windows\system32\cmd.exe                              —    □    ×

3.6
12.959999   46.655996
8
64.000000   512.000000
-4
계속하려면 아무 키나 누르십시오 . . .
```

실습문제

1. goto 문으로 1, 3, 5, 7, 9, 11, ...를 출력하는 프로그램을 작성하라.

   힌트 : 결과가 제대로 출력되는가를 보기 위해 일시 정지시키는 것이 필요하다.

2. if 문을 사용하여 1부터 10까지의 수에서 홀수와 짝수를 구분하여 다음과 같이 출력하는 프로그램을 작성하라.

3. 두 개의 정수 a, b를 입력하여 $a > b$ 이면 $b^2 + 1$을, 그렇지 않을 때는 $b \div a$의 값을 else를 사용하여 다음처럼 출력하는 프로그램을 작성하라.

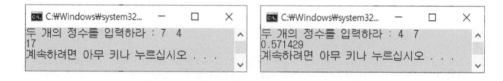

4. 2차 방정식의 판별식으로 계산된 값과 판별식의 제곱근을 구하는 프로그램을 작성하라. 단, 허수인 경우는 i 를 넣어 출력하기로 한다.

힌트 : 제곱근을 구하는 수학적 함수는 sqrt( ) 이다. 여기서 sqrt( )의 인수에는 0 이상인 값만 전달할 수 있다.

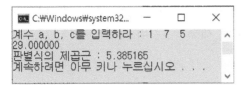
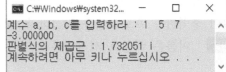

5. 주당 근무시간이 40시간 이하면 시간당 9,000원씩을 지급하고, 그 이상 근무하면 초과 시간당 1.5배의 임금을 지급한다고 할 때 주급을 계산하는 흐름도는 다음과 같다. 주당 근무시간을 입력하여 주급을 계산하는 프로그램을 작성하라.

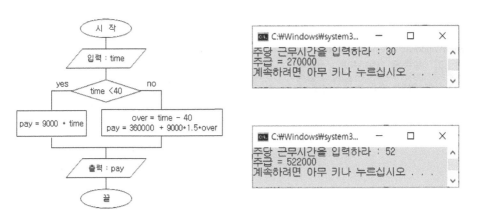

6. 다음 함수에 대해 임의의 x값을 입력하여 함수값 $f(x)$를 출력하는 프로그램을 작성하라.

$$f(x) = \begin{cases} 2-x \, , & x \leq -1 \\ 3 \, , & -1 < x < 2 \\ 1+x \, , & x \geq 2 \end{cases}$$

7. 이름, 키(미터)와 체중(kg)을 입력하여 BMI(체질량지수)를 구한 뒤, 다음과 같이 출력하는 프로그램을 작성하라. BMI = 체중 ÷ (키의 제곱)

[힌트] : 이름은 배열로 처리해야 한다.

BMI 의 범위	판정
18.6 이하	저 체 중
18.6~22.9 이하	정 상
22.9~24.9 이하	과 체 중
24.9~30 이하	비 만
30 ~	고도비만

```
C:\Windows\system32\cmd.exe                                        —   □   ×
이름, 키, 체중을 입력하라 : 신길동  1.72  66
BMI = 22.309355 ---> 신길동 : 정상
계속하려면 아무 키나 누르십시오 . . .
```

연습문제

1. 세 개의 정수를 입력하여 최대수를 구하는 프로그램을 작성하라. 단, if ~ else if 문을 사용하여라.

2. 이차방정식 $ax^2 + bx + c = 0$의 근(실근, 허근 모두 포함)을 구하는 프로그램을 작성하라.

힌트 : 허근은 판별식의 값이 음수일 때이므로 판별식을 양수로 바꾸는 과정이 필요하다. 또한 허근은 실수부와 허수부로 나누어서 처리해야 한다.

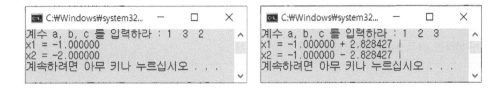

3. 택시요금은 2,000m까지는 3,500원이고 190m당 100원씩 요금이 늘어난다고 할 때, 주행거리(m)를 입력하여 요금을 계산하는 프로그램을 작성하라.

4. 오후 1시(13시) 정각에 출발한 시침과 분침이 오후 5시까지 만나는 시각을 출력하는 프로그램을 작성하라.

힌트 : 시침은 다음 만나는 t 분 동안에 $\frac{1}{12}+\frac{1}{12}\times\frac{1}{60}\times t$ 만큼 움직이고, 분 침은 t 분 동안에 $\frac{1}{60}\times t$ 만큼 이동한다. 따라서 두 개의 식을 연립하여 풀면 $t=\frac{60}{11}$ 이 된다.

5. 이름과 중간고사, 기말고사 성적을 입력받아 if ~ else if문을 이용하여 학점 환산을 하고, 이름과 같이 출력하는 프로그램을 작성하라. 단, 성적은 A, B, F 학점으로 구분하기로 한다.

6. 두 정수 $a=5$, $b=2$에 대하여 사칙연산을 하려고 한다. 만일 입력된 문자가 '+' 이면 덧셈을, '-' 이면 뺄셈을, '*' 이면 곱셈을, 그리고 '/' 이면 나눗셈을 하는 프로그램을 switch 문으로 작성하라. 만일 해당된 문자가 없으면 end 를 출력하라.

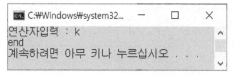

7. Switch 문을 사용하여 다음 프로그램을 작성하라. 1개의 문자를 입력하여 "a"일 때는 America, "b"일 때는 Britain, "c"일 때는 China을 출력하고 그 밖의 문자가 입력되면 Korea를 출력하는 프로그램을 작성하라.

8. while(1) 문을 사용하여 165와 44의 최대공약수를 구하는 프로그램을 작성하라.

9. while(i++ < 10)문을 사용하여 1부터 10까지의 계승(factorial)을 출력하는 프로그램을 작성하라.

힌트 : 연속된 숫자의 곱은 다음과 같이 처리한다. 변수1 = 변수1 * 변수2

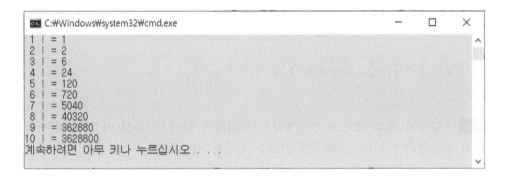

10. while(1) 문은 사용하여 $1 + 2 + \cdots + n \geq 1000$ 을 초과하는 n을 찾는 프로그램을 작성하라.

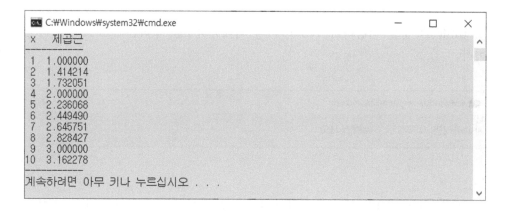

11. while(i<10) 문을 사용하여 1부터 10까지의 제곱근을 구하여라.

힌트 : i의 제곱근은 pow(i, 0.5)로 나타낼 수 있으며, i는 실수형 이어야 하며 반환되는 값은 배정도형으로 반환된다.

```
C:\Windows\system32\cmd.exe                              —   □   ×
x    제곱근
1   1.000000
2   1.414214
3   1.732051
4   2.000000
5   2.236068
6   2.449490
7   2.645751
8   2.828427
9   3.000000
10  3.162278
------------
계속하려면 아무 키나 누르십시오 . . .
```

12. π는 다음과 같은 수열의 합으로 계산되며 3.1415926536... 이다. 소수점 아래 9째 자리까지의 근사값을 구하려고 한다. 다음 수열의 합에서 몇 항까지 계산하여야 근사값을 얻을 수 있는가를 확인하는 프로그램을 작성하라.

$$\pi = \frac{4}{1} - \frac{4}{3} + \frac{4}{5} - \frac{4}{7} + \cdots = \sum_{n=1}^{\infty} (-1)^{n-1} \frac{4}{(2n-1)}$$

힌트 : 항수가 매우 크므로 실수형으로 처리해야 하며, 소수점 아래 10째 자리에서 반올림하면 되며, 교항수열 만드는 방법을 사용한다.

```
C:\Windows\system32\cmd.exe                              —   □   ×
항  수 : 1953328741
파이값 : 3.141592654
계속하려면 아무 키나 누르십시오 . . .
```

제8장 수학적 함수

C언어를 비롯하여 대부분의 프로그래밍 언어는 수학계산과 관련된 함수를 제공하고 있다. 이를 잘 활용해야만 프로그래밍을 수월하게 할 수 있다.

수학적 함수(library function)가 어떠한 방식의 알고리즘을 통해 만들어졌는가를 이해할 필요는 없으며 적재적소에 활용을 잘하는 것이 중요하다.

C언어는 복잡한 함수 계산을 처리하기 위해 내장(embedded)된 함수를 갖고 있다는 것이다. 따라서 제곱근을 구하는 알고리즘을 모르더라도 수학적함수인 sqrt( )를 사용하여 제곱근을 계산할 수 있으면 되는 것이다.

수학적 함수는 math.h에 정의되어 있으므로 프로그램을 작성할 때는 반드시 호출해야 한다.

다음은 Newton-Raphson 알고리즘에 따른 제곱근 계산의 예이다.

【예제 105】임의의 수 a의 제곱근을 구하는 프로그램을 작성하라.

풀이 : 제곱근을 구하는 알고리즘에 따른 반복식은 $x_{n+1} = \dfrac{1}{2}\left(x_n + \dfrac{a}{x_n}\right)$ 이다.

```
int main( )
{
    int i ; float a, x ;
    printf("임의의 수 a와 초기치 x를 입력하라 : ") ;
    scanf(_____) ;
    printf("%6.2f 의 근사값\n", a) ;
    for(i=1; i<=10; i++)
    {
        x = _____ ;
        printf(_____) ;
    }
}
```

프로그램을 실행시키면 위의 그림처럼 출력된 값이 2.6457512 로 수렴함을 알 수 있는데, 이 값이 7의 제곱근이다.

다음은 C프로그래밍에서 많이 사용되는 수학적함수를 모아 놓은 것이다. 이 외에도 많은 수학적함수가 있으나 여기에 누락된 수학적 함수는 다루지 않는다.

표-1 수학적 함수

수학적 함수	적용시킬 함수
sin( ) , cos( ) ,tan( )	삼각함수
asin( ), acos( ), atan( )	역삼각함수
sinh( ) , cosh( ) ,tanh( )	초월삼각함수
pow( )	거듭제곱함수
exp( )	지수함수
log10( ), log( )	상용로그, 자연로그함수
sqrt( )	제곱근
abs( ), fabs( )	정수, 실수 절대값 구하기
ceil( ), floor( )	무조건 올림, 무조건 내림
fmod( )	실수 나눗셈의 나머지
modf( )	실수의 정수부, 소수부 분리

1. sqrt( )

sqrt( )는 제곱근을 구하는 함수이다. 인수는 0보타 큰 실수여야 하며 반환되는 값은 배정도형이다. 참고로, 배정도형은 소수점 아래 16자리까지는 참값으로 표시된다.

【예제 106】 7의 제곱근을 소수점 아래 15자리까지 수학적함수로 구하는 프로그램을 작성하라.

풀이 : 배정도형은 소수점 아래 16자리까지 정밀도가 보장된다.

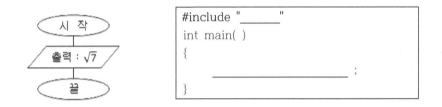

```
#include "_____"
int main( )
{
    _____ ;

}
```

```
C:\Windows\system32\cmd.exe                    —    □    ×
 2.6457513110645591
계속하려면 아무 키나 누르십시오 . . .
```

계산된 값과 계산기의 $\sqrt{7}$ 의 값을 소수점아래 15자리까지 비교하기 바란다.

【예제 107】직각삼각형의 밑변(a)과 높이(b)를 입력하여 빗변(c)의 길이를 구하는 프로그램을 작성하라.

풀이 : 이것은 피타고라스의 정리이며, $a^2 + b^2 = c^2$ 의 관계를 갖는다.

```
#include "_____"
int  main( )
{
      float a, b, c ;
      printf("밑변과 높이를 입력하라 : ") ;
      scanf(_____) ;
      c = _____ ;
      printf("빗변의 길이 = _____) ;
}
```

시 작

입력 : a , b

$c = \sqrt{a^2 + b^2}$

출력 : c

끝

```
C:\Windows\system32\cmd.exe                              —    □    ×

밑변과 높이를 입력하라 : 12  5
빗변의 길이 = 13.000000
계속하려면 아무 키나 누르십시오 . . .
```

2. pow( ) 함수

제5장의 연산자에서 이미 소개한 바와 같이, 거듭제곱을 구하는 수학적함수이다.

x의 제곱근은 $\sqrt{x} = x^{0.5}$ 로 표현할 수 있으므로 pow(x , 0.5)를 사용할 수 있다. 여기서 주의할 점은 x와 반환되는 pow( ) 의 값은 배정도형(double)이라는 것이다. 따라서 입출력형식에 주의하여야 한다.

다음 예제에서는 배정도형으로 값을 입력해야 하며, 이때의 입력형식에는 lf (엘에프)를 사용하여야 한다.

【예제 108】임의의 수 x를 입력하여 세제곱근 $\sqrt[3]{x}$ 의 값을 소수점 아래 8자리까지 구하는 프로그램을 작성하라.

풀이 : $\sqrt[3]{x} = x^{1/3}$ 으로 표현할 수 있다.

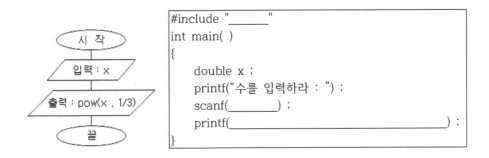

```
#include "_____"
int main( )
{
    double x ;
    printf("수를 입력하라 : ") ;
    scanf(_____) ;
    printf(_____) ;
}
```

```
■ C:\Windows\system32\cmd.exe                    —   □   ×
수를 입력하라 : 5.7
5.700000의 세제곱근 = 1.786316
계속하려면 아무 키나 누르십시오 . . .
```

세제곱근이므로 출력된 값을 연속적으로 3회 곱하면 5.7이 된다.

【예제 109】 감가상각률은 다음과 같은 식으로 주어진다. 3년 전에 25만원에 구입한 물건을 팔면 12만원 받는다고 한다. 실질 감가상각률은 얼마인가를 구하는 프로그램을 작성하라.

$$감가상각률 = 1 - (\frac{재판매가}{원가})^{\frac{1}{사용연수}}$$ 이다.

```
#include "_____"
int main( )
{
    int year = 3 ; double cost=250000, rate, res=120000 ;
    rate = _____ ;
    printf(_____) ;
}
```

```
■ C:\Windows\system32\cmd.exe                    —   □   ×
0.217026
계속하려면 아무 키나 누르십시오 . . .
```

실행 결과를 보면 해마다 감가상각이 21.7% 발생한다는 것이다. 즉, 물건 값이 매년 21%가량 떨어진다는 의미이다.

3. 역삼각함수와 π 계산

수학적 함수에 있는 삼각함수는 인수를 라디안(radian)으로 처리하고 있다. 라디안은 호도(弧度)라고 부르며 각도에 대한 호의 길이라는 의미를 갖는다.

반지름이 1인 원을 고려해보자. 이제 원의 둘레를 따라 반지름의 길이만큼 부채꼴을 만들면 중심각이 대략 $57°17'44.8''$의 값을 갖게 되는데, 이를 1라디안이라고 부른다. 이로부터 중심각 $180°$는 3.1415... (라디안)라는 값을 갖게 되며 <u>$180° = 3.1415... = \pi$</u> 의 관계식을 얻을 수 있다.

지금까지는 각도를 이용하여 삼각함수를 구하였는데, 역으로 삼각함수의 값으로부터 각도를 구하는 것을 역삼각함수라고 부른다. 예를 들어,

$$\sin\theta = a \ \longleftrightarrow \ Sin^{-1}a = \theta$$

인 관계식을 얻을 수 있으며 Sin^{-1} 은 sin의 역삼각함수이다.

> **탄젠트의 역삼각함수**
>
> $\tan 45° = \tan\dfrac{\pi}{4} = 1$ 이므로 $Tan^{-1}(1) = \dfrac{\pi}{4}$ 의 관계식이 얻어진다.

【예제 110】 $Tan^{-1}(1) = 45°$ 임을 이용하여 π 를 소수점 아래 10자리까지 계산하는 프로그램을 작성하라.

풀이 : 탄젠트함수의 역삼각함수는 atan( )으로 계산되며, 인수는 실수여야 한다. $45°$ 를 4배하면, 즉 $45° × 4 = 180° = \pi$ 라는 관계식이 성립한다.

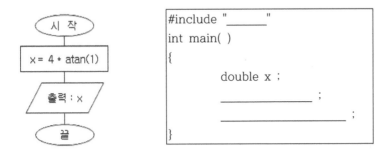

【예제 111】 $Tan^{-1}(x)$를 매클로린 급수전개하고, $Tan^{-1}(1)$을 계산하는 프로그램을 작성하라. 매클로린의 정리는 이 장의 부록에서 설명하였으므로 참고하기 바란다. 계산된 참값은 0.785398이다.

풀이 : 함수의 나눗셈인 $\dfrac{1}{1+x^2} = 1 - x^2 + x^4 - x^6 + \cdots$ 이다. 그런데, 좌변을 적분한 값은 (부록을 참조하라.)

$$\int \frac{1}{1+x^2}\,dx = Tan^{-1}x$$

이므로 다음과 같은 결과를 얻을 수 있다.

$$Tan^{-1}(x) = \int \frac{1}{1+x^2}dx = \int (1 - x^2 + x^4 - x^6 + \cdots)dx = x - \frac{x^3}{3} + \frac{x^5}{5} - \frac{x^7}{7} + \cdots$$

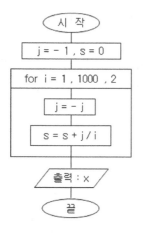

```
#include "_____"
int main( )
{
    int i , j = -1 ;  float s = 0 ;
    for(_____)
    {
        j = -j ; // 교항수열 만들기
        _____ ;
    }
    printf(_____) ;
}
```

```
C:\Windows\system32\cmd.exe                        —  □  ×
0.784898
계속하려면 아무 키나 누르십시오 . . .
```

이상의 단정도형으로 계산된 값을 4배하면 π의 근사값이 나온다. 반복수를 늘이고 배정도형으로 처리한다면 좀 더 정확한 π값을 얻을 수 있다.

4. 각도변환과 삼각함수

180°= π(라디안) 라는 값과, 원의 특징(중심각과 호도는 정비례)을 적용하면 각도와 라디안 사이의 관계식을 도출할 수 있다.

각도를 라디안으로 바꾸기

$$180° = \pi \quad \text{라디안} \quad \rightarrow \quad 1° = \frac{\pi}{180} \quad \text{라디안}$$

$$\therefore \quad x° = \frac{\pi}{180} \times x \quad \text{라디안}$$

【예제 112】각도(deg)를 입력하여 라디안으로 바꾸는 프로그램을 작성하라.

풀이 : 위의 각도변환 공식을 사용하면 된다.

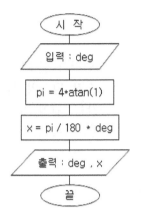

```
#include "_____"
int main( )
{
    float deg, pi, x ;
    _____ ;
    printf("각도를 입력하라 : ") ;
    scanf(_____) ;
    _____ ; //각도를 라디안으로 변경
    printf(_____) ;
}
```

```
C:\Windows\system32\cmd.exe                    —   □   ×
각도를 입력하라 : 55
55.000000 도 = 0.959931 라디안
계속하려면 아무 키나 누르십시오 . . .
```

【예제 113】 sin37°의 값을 출력하는 프로그램을 작성하라. 단, π는 참값을 사용하라.

풀이 : 삼각함수에서는 전달되는 인수가 라디안이므로, 먼저 각도를 라디안으로 바꾸는 과정을 거쳐야한다.

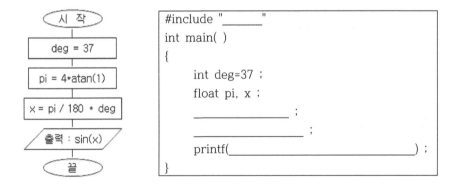

```
#include "_____"
int main( )
{
    int deg=37 ;
    float pi, x ;
    _____ ;
    _____ ;
    printf(_____) ;
}
```

```
C:\Windows\system32\cmd.exe                    —   □   ×
sin(37도) = 0.601815
계속하려면 아무 키나 누르십시오 . . .
```

5 지수와 로그

1614년의 네이피어(Napier, 1550-1617)가 발견한 로그는 20년간의 연구 결과로서, 학계에 "청천의 벽력"처럼 받아들여졌다고 한다. 로그수가 당시의 복잡한 수치 계산을 간편하게 하는 데 얼마나 획기적인 것이었는가는, 뒤에 라플라스(Laplace, 1749-1827)로 하여금 "계산에 들이는 노력을 경감시켜 줌으로써 천문학자의 수명을 두 배로 연장시켜 주었다"고 하였을 정도였다. (수학의 세계, 2006. 9. 10., 서울대학교출판문화원)

로그 계산방식에 대한 논의는 제5장에서 이미 다루었으므로, 필요하면 제5장의 부록을 참고하기 바란다.

로그함수는 지수함수와 밀접한 연관을 갖고 있다. 지수함수 e^x는 공학 분야에서 많이 사용되고 있으므로 먼저 지수함수에 대하여 다루어본다.

지수함수의 정의

지수함수 e^x를 수학적으로는 $e^x = \lim_{n \to \infty} (1 + \dfrac{x}{n})^n$ 로 정의하고 있다. 여기서 $x = 1$이면 지수함수의 값은 $e^1 = e = 2.718281...$이 된다.

【예제 114】 n값을 $10, 10^3, 10^5, 10^7$으로 바꿔가면서 정의에 따른 e의 근사값을 소수점아래 7자리까지 구하여라.

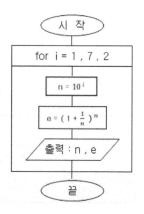

```
#include "_____"
int main( )
{
    double e ; int i , n ;
    for(_____)
    {
        n = _____ ;
        e = _____ ;
        printf(_____) ;
    }
}
```

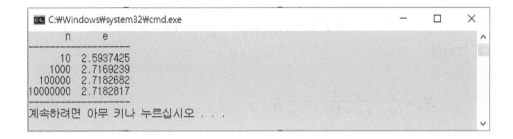

【예제 115】 수학적함수를 사용하여 e의 값을 구하고, 소수점 아래 10자리까지 출력하는 프로그램을 작성하라.

풀이 : 수학적함수인 exp( )에서의 인수는 실수여야하고 계산 결과는 배정도형으로 반환된다.

```
#include "_____"
int main( )
{
        printf(_____) ;
}
```

1698년 스코틀랜드에서 태어난 콜린 매클로린은 수학자로서 중요한 업적을 남겼는데, 유명한 매클로린급수를 후대에 남겼다. 매클로린급수는 연속적으로 미분 가능한 함수는 다항식의 합으로 표시할 수 있음을 보였다.(부록참조)

지수함수 e^x 를 Maclaurin 급수 전개한 식은 다음과 같다.

$$e^x = 1 + x + \frac{x^2}{2!} + \frac{x^3}{3!} + \frac{x^4}{4!} + \cdots$$

이를 점화식으로 표현해보자. 만일 $K_n = \dfrac{x^n}{n!}$ 이라고 놓으면 $K_0 = 1$이 된다. 그런데

$$K_n = \frac{x}{n} \times \frac{x^{n-1}}{(n-1)!} = \frac{x}{n} K_{n-1}$$

의 관계식이 성립하므로 e^x는 다음과 같은 점화식으로 표현된다.

$$e^x = 1 + \sum_{n=1}^{\infty} K_n = 1 + \sum_{n=1}^{\infty} \frac{x}{n} K_{n-1}$$

이처럼 e^x를 점화식으로 나타내는 방식을 사용하면 계승(factorial)을 계산하지 않고도 e^x의 값을 구할 수 있다.

【예제 116】임의의 x값을 입력하여 e^x의 값을 구하는 프로그램을 작성하라.

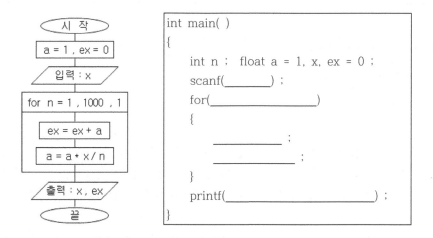

로그함수는 상용 로그함수와 자연 로그함수 두 가지가 있다. 두 개의 로그함수는 밀접한 관련이 있으며 밑(base)을 10으로 하는 것이 상용로그이고 밑을 e로 하는 것은 자연로그이다. 일반적으로 자연로그인 경우는 밑을 생략한다.

【예제 117】 $x = 56.7$일 때 $\log(x)$, $\log_{10}(x)$를 출력하는 프로그램을 작성하라.

```
#include "_____"
int main( )
{
        double x=56.7 ;
        printf("상용로그 : _____ ) ;
        printf("자연로그 : _____ ) ;
}
```

```
■ C:\Windows\system32\cmd.exe                           —    □    ×
상용로그 : log10(56.700) = 1.753583059
자연로그 : log(56.700) = 4.037774211
계속하려면 아무 키나 누르십시오 . . .
```

6. 기타 함수

【예제 118】 실수형의 절대값 함수는 fabs( )를 사용하여 실수 x의 절대값을 구하는 프로그램을 작성하라.

```
#include "_____"
int main( )
{
    double x, y;
    printf("하나의 실수를 입력하라 : ") ;
    scanf(_____) ;
    _____ ;
    printf(_____ ;
}
```

```
C:\Windows\system3...   —   □   ×
하나의 실수를 입력하라 : -3.8
절대값 : 3.800000
계속하려면 아무 키나 누르십시오 . . .
```

```
C:\Windows\system3...   —   □   ×
하나의 실수를 입력하라 : 3.8
절대값 : 3.800000
계속하려면 아무 키나 누르십시오 . . .
```

프로그램을 작성하여 실행시키면 대부분은 결과를 숫자로 나타내게 된다. 이때 결과 값을 반올림할 것인가의 문제가 발생하는데 이를 해결하기 위한 수학적함수가 존재한다. 이제부터는 반올림과 관련된 수학적함수를 다루기로 한다.

【예제 119】 ceil( )을 사용하여 $x = 12.26 , y = 17.94$ 의 값을 출력하는 프로그램을 작성하라.

풀이 : ceil( )은 무조건 올림을 하는 함수이다. 인수는 실수이어야 하고 반환되는 값은 배정도형이다.

```
#include "_____"
int main( )
{
        float x=12.26 , y=17.94 ;
        printf(_____ ) ;
        printf(_____ ) ;
}
```

```
C:\Windows\system32\cmd.exe                          —   □   ×
13.000000
18.000000
계속하려면 아무 키나 누르십시오 . . .
```

【예제 120】 floor( )을 사용하여 $x = 1.2$, $y = 2.9$의 값을 출력하려고 한다. 다음 프로그램을 완성시켜라.

힌트 : floor( )는 무조건 내림을 하는 함수이다.

```
#include "_____"
int main( )
{
     float x=1.2 , y=2.9 ;
     printf(_____) ;
     printf(_____) ;
}
```

```
C:\Windows\system32\cmd.exe                    —  □  ×
1.000000
2.000000
계속하려면 아무 키나 누르십시오 . . .
```

【예제 121】12.23÷3.1의 몫과 나머지를 구하는 프로그램을 작성하라.

풀이 : fmod(a,b)는 실수 a, b의 나눗셈을 하는 함수이며, 배정도형으로 값을 반환한다.

```
#include "_____"
int main( )
{
        printf(" 몫   : %d \n", (int) _____ ) ;
        printf("나머지 : %f \n", _____ ) ;
}
```

```
C:\Windows\system32\cmd.exe                    —  □  ×
몫   : 3
나머지 : 2.930000
계속하려면 아무 키나 누르십시오 . . .
```

fmod( )를 사용할 때 주의할 점은 두 개의 인수가 상수이거나 또는 2개 모두 변수로 들어가야 한다. 만일 fmod(상수,변수) 형태이면 오류가 발생한다.

modf( ) 함수는 실수값을 정수부와 실수부로 분리하는 데 사용된다. 포인터 변수가 사용되어야 하므로 프로그램을 작성하는 데는 어려움이 있다.

【예제 122】 $x = 12.23$일 때 modf( ) 함수를 사용하여 x의 정수부와 실수부를 따로 출력하는 주프로그램은 다음과 같다.

```
int main( )
{
    float x = 12.23 , y , z ;
    z = modf(x, &y) ;   // 포인터 변수가 사용됨
    printf(_____) ; // 정수부 출력
    printf(              ) ; // 소수부 출력
}
```

```
C:\Windows\system32\cmd.exe                         —    □    ×
12.000000
0.230000
계속하려면 아무 키나 누르십시오 . . .
```

7. 직교좌표와 극좌표

직교좌표(rectangular coordinate) (x,y)는 동경 r과 편각 θ로 바꿀 수 있다. 이를 극좌표(polar coordinate)라고 부르며, 직교좌표 (x,y)와 극좌표 (r,θ)사이에는 다음의 관계식이 성립한다.

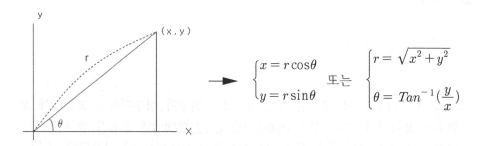

$$\begin{cases} x = r\cos\theta \\ y = r\sin\theta \end{cases} \quad \text{또는} \quad \begin{cases} r = \sqrt{x^2 + y^2} \\ \theta = Tan^{-1}(\dfrac{y}{x}) \end{cases}$$

【예제 123】 직교좌표 (2,3)을 극좌표 (r , θ)로 바꾸는 프로그램을 작성하라.

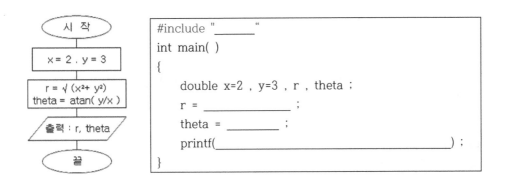

```
#include "_____"
int main( )
{
    double x=2 , y=3 , r , theta ;
    r = _____ ;
    theta = _____ ;
    printf(_____) ;
}
```

C:\Windows\system32\cmd.exe — □ ✕

동경 = 3.605551 편각 = 0.982794 라디안
계속하려면 아무 키나 누르십시오 . . .

실습문제

1. 피타고라스 정리에서 단위는 길이이므로 음수가 존재할 수 없다. 만일 음수가 입력되면 재입력하여 빗변의 길이를 계산하는 프로그램을 작성하라.

2. x를 입력하여 $\sqrt[3]{x^2}$의 값을 소수점 아래 9자리까지 구하는 프로그램을 작성하라.

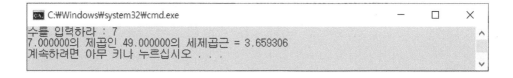

3. 차량을 3,000만 원에 구입하여 사용하다가 7년 후에 500만원에 매각하였다면 감가상각률은 얼마인가?

4. 진자의 주기 T를 구하는 프로그램을 작성하라. 진자의 길이를 L이라하면 $T = 2\pi\sqrt{\dfrac{L}{g}}$ 이다. 여기서 중력가속도 g는 $g = 9.8 \, m/초^2$이며, π는 참값을 사용하라.

5. 각도(deg)를 입력하여 tan 값을 구하여 다음과 같은 모양으로 출력하는 프로그램을 작성하라. 여기서 π는 참값을 사용하라.

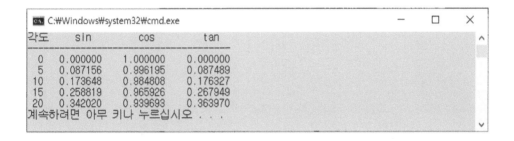

6. $0^0 \sim 20^0$ 까지의 삼각함수표(sin, cos, tan)를 5^0 간격으로 만드는 프로그램을 작성하라.

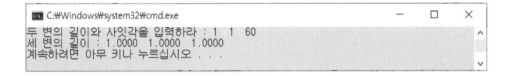

7. 두 변 b, c 의 길이와 사잇각 A를 입력하여 나머지 한 변의 길이를 구하는 프로그램을 작성하라.

힌트 : 두 변과 사잇각의 관계식은 $a^2 = b^2 + c^2 - 2bc \times \cos A$ 이다.

8. modf( ) 함수를 사용하지 않고 정수부와 실수부를 분리하는 프로그램을 작성하라.

```
C:\Windows\system32\cmd.exe                              —    □    ×
12
0.230000
계속하려면 아무 키나 누르십시오 . . .
```

9. 극좌표 $(2, \frac{\pi}{3})$를 직교좌표로 바꾸는 프로그램을 작성하라.

힌트 : $r = 2$, $\theta = \frac{\pi}{3}$ 이다.

```
C:\Windows\system32\cmd.exe                              —    □    ×
(x,y) = (1.0000 , 1.7321)
계속하려면 아무 키나 누르십시오 . . .
```

연습문제

1. $f(x) = x^5 - x^3 + x - 5$ 일 때 $f(2.1)$의 값을 구하여라.

```
C:\Windows\system32\cmd.exe                              —    □    ×
2.1
28.680001
계속하려면 아무 키나 누르십시오 . . .
```

2. 삼각형의 넓이를 구하는 헤론(Heron)의 공식은 다음과 같다. 삼각형 세 변의 길이(실수형)를 입력하여 넓이를 구하는 프로그램을 작성하라.

$$넓이 = \sqrt{s(s-a)(s-b)(s-c)} \quad 단, \quad s = \frac{a+b+c}{2}$$

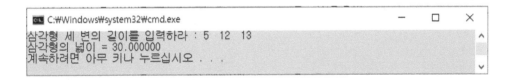

```
C:\Windows\system32\cmd.exe                              —    □    ×
삼각형 세 변의 길이를 입력하라 : 5  12  13
삼각형의 넓이 = 30.000000
계속하려면 아무 키나 누르십시오 . . .
```

3. 1부터 5까지의 실수 x의 제곱근($\sqrt{x}$)와 세제곱근($\sqrt[3]{x}$)을 출력하는 프로그램을 작성하라.

```
C:\Windows\system32\cmd.exe                              —    □    ×
x      제곱근     세제곱근

1     1.000000   1.000000
2     1.414214   1.259921
3     1.732051   1.442250
4     2.000000   1.587401
5     2.236068   1.709976
계속하려면 아무 키나 누르십시오 . . .
```

4. 두 점 (x_i, y_i) , (x_{i+1}, y_{i+1}) 을 지나는 선분의 길이를 구하는 프로그램을 작성하라. 두 점 (3, 1) , (2, 7)을 지나는 거리를 구하여라.

힌트 : 두 점을 지나는 거리공식은 $\sqrt{(x_{i+1} - x_i)^2 + (y_{i+1} - y_i)^2}$ 이다. 프로그램을 만들 때는 첨자를 고려할 필요가 없다.

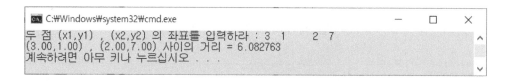

5. 곡선의 길이 L은 $L = \sum_{i=1}^{n-1} \sqrt{(x_{i+1} - x_i)^2 + (y_{i+1} - y_i)^2}$ 으로 구할 수 있다. 이제 임의의 구간 [0,1]을 10 등분하여 함수 $f(x) = x^3$ 의 곡선의 길이를 구하는 프로그램을 작성하라.

힌트 : 두 점 사이의 거리를 구하여 합을 구한다.

6. 반지름의 길이 r을 입력하여, 원둘레(a)와 원의 넓이(b)를 구하는 프로그램으로 만들어라. 여기서 π는 참값을 사용하라.

7. 반지름 r을 입력하여 구의 겉넓이와 부피를 구하는 프로그램을 작성하라.

여기서 구의 부피는 $v = \dfrac{4}{3}\pi r^3$와 겉넓이 $s = 4\pi r^2$는 이며 π는 참값을 사용하라.

8. $f(x) = \sin(x) + \cos(x)$ 로부터 $f(0)$, $f(\dfrac{\pi}{4})$, $f(\dfrac{\pi}{2})$, $f(\dfrac{3\pi}{4})$, $f(\pi)$ 의 값을 계산하는 프로그램을 작성하라.

힌트 : 인수가 0부터 1까지 0.25씩 증가한다.

9. 로그함수 $\log_{10}5$ 는 밑변환 공식에 의해 $\dfrac{\log_e 5}{\log_e 10}$ 로 계산할 수 있다. 자연로그를 사용하여 $\dfrac{\log_e 5}{\log_e 10}$ 을 계산하는 프로그램을 작성하라.

10. 용수철 진자는 용수철 끝에 추를 달아 진동운동을 하게 만든 것이다. 용수철의 탄성계수를 k, 추의 질량을 m이라 할 때, 용수철 진자의 주기 T는

$2\pi\sqrt{\dfrac{m}{k}}$ 이다. 용수철의 탄성계수가 100 N/m 이라고 할 때 추의 질량을 입력하여 용수철 진자의 주기를 구하는 프로그램을 작성하라.

11. 초항은 a, 공비가 r인 등비수열의 n항까지의 합 s는 $s = \dfrac{a(1-r^n)}{1-r}$ 이다. 이를 이용하여 a, r, n을 입력하여 등비수열의 합을 구하는 프로그램을 작성하라.

12. 아인슈타인의 일반상대성이론에 의하면 이동하는 물체의 중량 M을 구하는 공식은 $M = \dfrac{M_0}{\sqrt{1-\dfrac{v^2}{c^2}}}$ 으로 알려져있다.

1977년 8월에 발사된 보이저 2호는 무게가 721.9 Kg이고 57,890 km/h 의 속도로 태양계 밖으로 항해 중이다. 만일 이동속도가 100,000m/초라고 하면 보이저 2호의 실제 중량은 얼마인가를 구하는 프로그램을 작성하라. 물체의 이동속도 v는 절대로 빛의 속도 c(1초당 30만 Km)보다 빠를 수는 없다고 한다. (현재 보이저는 초속 16.08km 속도로 항해하고 있음)

13. 태양에서 만들어지는 열량을 1이라고 하자. 1억4960만 킬로미터 떨어진 지구에 도착하는 열량은 얼마인가를 구하는 프로그램을 작성하라. 단, 태양의 지름은 약 1,392,000킬로미터, 지구의 반지름은 6,400킬로미터라고 한다.

힌트 : 태양에서 지구까지의 거리를 반지름으로 하는 구의 겉넓이를 구하고, 그 중에서 지구를 반지름으로 하는 원의 넓이를 구한다. 두 넓이의 비가 지구에 도착하는 총열량이다.

```
C:\Windows\system32\cmd.exe                               —    □    ×
 0.000000000457548
계속하려면 아무 키나 누르십시오 . . .
```

매클로린의 정리

Maclaurin의 정리는 연속이고 미분가능인 함수 $f(x)$를 x에 관하여 멱급수전개(power series expansion)하는 것이다.

Maclaurin의 정리

함수 $f(x)$는 연속이고 미분가능이라 하면

$$f(x) = f(0) + xf'(0) + \frac{x^2}{2!}f''(0) + \frac{x^3}{3!}f^{(3)}(0) + \cdots$$

와 같이 급수전개 된다.

<증명> 함수 $f(x)$는 다음과 같은 멱급수 전개를 한다고 하자.

$$f(x) = a_0 + a_1 x + a_2 x^2 + a_3 x^3 + a_4 x^4 + a_5 x^5 + \cdots$$

여기서 미지수 $a_i\,(i=1,2,3,\ldots)$의 값을 구하여 원 식에 대입하여 함수 $f(x)$를 구하는 것이다. $f(x)$는 미분가능이므로 함수를 다음과 같이 연속적으로 미분하면

$$
\begin{cases}
f'(x) & = a_1 + 2a_2 x + 3a_3 x^2 + 4a_4 x^3 + 5a_5 x^4 + \cdots \\
f''(x) & = 2a_2 + 6a_3 x + 12a_4 x^2 + 20a_5 x^3 + \cdots \\
f^{(3)}(x) & = 6a_3 + 24a_4 x + 60a_5 x^2 + \cdots \\
f^{(4)}(x) & = 24a_4 + 120a_5 x + \cdots \\
& \cdots \quad\quad \cdots \quad\quad \cdots \quad\quad \cdots
\end{cases}
$$

윗 식의 양변에 $x=0$을 대입하면

$$\begin{cases} f(0) & = & a_0 \\ f'(0) & = & a_1 \\ f''(0) & = & 2a_2 \\ f^{(3)}(0) & = & 6a_3 \\ f^{(4)}(0) & = & 24a_4 \\ \cdots & & \cdots \end{cases}$$

가 된다. 이 식을 미지수 $a_i(i=1,2,3,\ldots)$에 관하여 정리하면

$$\begin{cases} a_0 & = & f(0) \\ a_1 & = & f'(0) \\ a_2 & = & \dfrac{f''(0)}{2!} \\ a_3 & = & \dfrac{f^{(3)}(0)}{3!} \\ a_4 & = & \dfrac{f^{(4)}(0)}{4!} \\ \cdots & & \cdots \end{cases}$$

이다. 따라서

$$\begin{aligned} f(x) &= a_0 + a_1 x + a_2 x^2 + a_3 x^3 + a_4 x^4 + a_5 x^5 + \cdots \\ &= f(0) + xf'(0) + \frac{x^2}{2!}f''(0) + \frac{x^3}{3!}f^{(3)}(0) + \cdots \end{aligned}$$

π의 계산

π의 계산에서는 $\displaystyle\int \frac{1}{1+x^2}\,dx = Tan^{-1}x$ 임을 보이는 절차가 필요하다. 이제 다음과 같은 직각삼각형을 고려해보자.

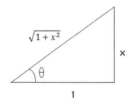

$\tan\theta = x$ 이므로 역삼각함수를 구하면 $\theta = Tan^{-1}x$ 인 관계식을 얻을 수 있다. 또한 $\tan\theta = x$ 의 양변을 전미분 하면 $\sec^2\theta d\theta = dx$ 가 된다. 따라서

$$\text{좌변} = \int \frac{1}{1+x^2}\,dx = \int \frac{1}{1+\tan^2\theta}\sec^2 d\theta = \int \frac{1}{\sec^2\theta}sec^2\theta\,d\theta$$

$$= \int 1\,d\theta$$

$$= \theta = Tan^{-1}x$$

따라서

$$Tan^{-1}(x) = \int \frac{1}{1+x^2}\,dx = \int (1 - x^2 + x^4 - x^6 + \cdots)dx$$

$$= x - \frac{x^3}{3} + \frac{x^5}{5} - \frac{x^7}{7} + \cdots$$

$$\therefore Tan^{-1}(1) = 1 - \frac{1}{3} + \frac{1}{5} - \frac{1}{7} + \cdots$$

제9장 포인터와 배열1

1. 포인터

　대부분의 초심자들이 제일 어려워하는 부분이 포인터이다. 이유는 <u>주소라는 개념이 포함되어있기</u> 때문이다.

　지금까지 작성한 프로그램을 살펴보면 입력변수에서만 포인터를 기계적으로 사용하고 있다는 것이다. 출력변수에서는 포인터를 사용하지 않고 있는 이유는 무엇일까에 대한 언급이 제3장9절 외에는 거의 없었다는 것이다.

　포인터는 중요한 부분이므로 제3장에서 다룬 포인터에 대해 다시 언급하기로 한다.

　특정한 자료가 저장되어 있는 시작번지를 알고 있다면 포인터 연산자를 사용하여 시작번지로부터 자료를 호출할 수 있다.

포인터연산자	내　용
&	번지연산자로서 변수의 번지를 표시
*	간접연산자로서 포인터가 지시하는 곳의 내용

　두 개의 포인터 & , * 가 결합된 형태는 프로그램에서 발견할 수 없는데, 이유는 다음과 같다.

> **기억 합시다**
>
> 번지연산자와 간접연산자가 결합하면 아무런 역할을 하지 못한다.

　간단한 프로그램을 통해 포인터연산자의 작동원리에 대해 설명하기로 한다.

```
        scanf("%d", &x) ;
        printf("%d", x) ;
```

입력함수를 살펴보자. 먼저 x는 정수형 변수(%d 포맷을 사용)임을 알 수 있다. 따라서 x에 정수값을 입력하면 자료가 주기억장소에 저장될 것이다. 이때 발생하는 문제가 입력된 값을 어느 곳에 저장하냐는 것이다. 여기서 주소의 개념이 등장하게 된다.

출력함수를 살펴보자. 정수형 변수 x값을 출력하라고 지시하고 있다. 그런데 x가 주기억장소의 어디에 위치하고 있는지 알려주지 않은 채 출력하라고 명령하고 있다. 그런데 출력함수는 다음과 같이 작동하고 있다는 것이다.

```
        printf("%d", *(&x) ) ;
```

x가 저장된 주소를 찾고(&x) 그 속의 내용인 값을 출력하라는 것이므로 저장된 x값을 출력하게 되는 것이다.

【예제 124】 정수형 자료 $a = 5$일 때, a의 주소를 b에 저장하고 간접연산자와 번지연산자를 이용하여 출력하는 프로그램을 작성하라.

풀이 : 주소를 저장하는 변수는 포인터 변수가 된다. 또한 주소는 정수이다.

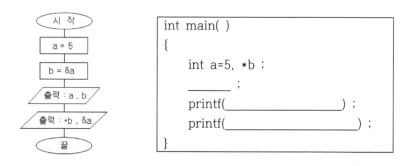

두 개의 출력문의 결과는 동일하다. 또한 변수 a의 주소(&a)가 변수 b에 저장되므로 b는 주소와 밀접한 연관이 있으므로 선언부에서 b는 포인터로 지정해야 한다. 또한 *b = *(&a) = a 의 관계가 성립한다.

【예제 125】변수 i의 값을 1, 2, 3으로 변화시키면서 변수와 주소를 출력하는 프로그램을 작성하라.

[풀이] : 흐름도 에서 보듯이 변수 i의 주소와 관련 있으므로 b는 포인터 변수이다.

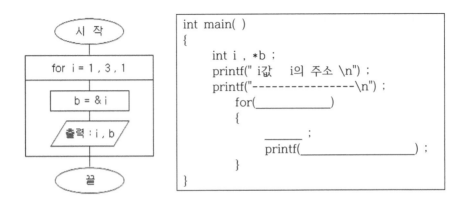

변수(variable)는 값이 변화하는 수를 의미한다. 출력결과를 보면 i값은 변화하므로 변수임을 알 수 있다. 하지만 주소는 일정한 것을 확인할 수 있다. 즉, 동일한 주소에 저장되는 값은 변화하므로 변수의 개념을 설명하고 있다.

【예제 126】변수 a는 'A', b는 'B'로 하고 p에는 a의 주소, q에는 b의 주소를 넣어 a, b의 값과 a, b의 주소를 출력하는 프로그램을 작성하라.

```
int main( )
{
    char a, b , *p, *q ;
    a = 'A' , b = 'B' ; // comma 연산자를 사용
    p = __ , q = __ ;
    printf(_____) ;  // a, b의 값을 직접 처리
    printf(_____) ;  // a, b의 주소를 포인터로 처리
    printf(_____) ;  // a, b의 값을 포인터로 처리
}
```

```
C:\Windows\system32\cmd.exe                          —    □    ×
A  B
9435127  9435115
A  B
계속하려면 아무 키나 누르십시오 . . .
```

2. 배열

다음과 같은 프로그램을 고려해보자.

$$x = 2 \; ; \; x = 3 \; ;$$

라고 하면 처음에는 변수 x에 2가 저장되지만 나중에는 x에 3이 저장되면서 이전의 값은 소실된다. 하지만 배열을 사용하면 데이터가 소실될 염려는 없다. 배열의 선언은 <u>배열이름[크기]</u> 로 한다. 예를 들면,

    x[100] , name[10][25] ;

등으로 한다. 여기서 x는 1차원배열이라 하고 name은 2차원배열이라고 한다.

> 배열에서 숫자는 4byte 간격으로 저장되고, 문자열은 1byte 간격으로 저장된다.

【예제 127】배열에 5개의 값을 입력하고 배열 원소의 주소를 출력하는 프로그램을 작성하라.

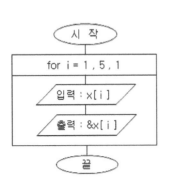

```
int main( )
{
    int i , x[100] ;
    printf("다섯개의 수를 입력하라 : ") ;
    for(_____)
    {
        scanf(_____) ;
        printf(_____) ;
    }
    printf("\n") ;
}
```

```
■ C:\Windows\system32\cmd.exe                    —    □    ×
다섯개의 수를 입력하라 : 3  10  1  5  7
15726540  15726544  15726548  15726552  15726556
계속하려면 아무 키나 누르십시오 . . .
```

배열에 저장된 수는 4바이트 간격으로 저장되었음을 확인할 수 있다.

【예제 128】문자열 "nasa"를 배열에 초기화하여 저장하고, 각각의 영문자와 주소를 출력하는 프로그램을 작성하라.

풀이 : 배열의 셀(cell) 번호는 0부터 시작한다. 출력결과를 보면 각각의 문자 n, a, z, a 는 1byte 간격으로 저장되어 있음을 알 수 있다.

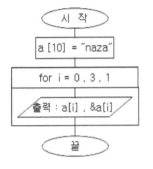

```
int main( )
{
    char a[10] = "naza" ;
    int i ;
    for(_____)
        printf(_____) ;
}
```

【예제 129】 5개의 숫자를 입력한 뒤, 거꾸로 출력하는 프로그램을 작성하라.

풀이 : 순서가 중요하므로 배열에 저장하여야 한다.

```
시 작

for i = 1 , 5 , 1
입력 : x[i]

for i = 5 , 1 , -1
출력 : x[i]

끝
```

```
int main( )
{
    int i , x[100] ;
    for(_____)
        scanf(_____) ;
    for(_____)
        printf(_____) ;
    printf("\n") ;
}
```

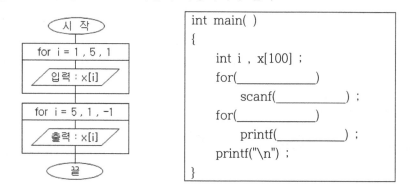

【예제 130】 문자열 "korea"를 포인터 변수로 출력하고, 간접연산자로 첫째, 넷째 문자를 출력하는 프로그램을 작성하라.

```
int main( )
{
    char *name = "korea" ;
    printf(_____) ;
    printf(_____) ;
}
```

문자열을 정수형으로 출력하면 문자열의 시작주소가 출력된다. 또한 문자열 korea는 배열을 초기화하는 것과 마찬가지로 저장된다. 즉

　　　char name[] = {'k' , 'o' , 'r' , 'e' , 'a'}

로 저장된다. 따라서 *name 은 시작주소의 내용을 의미하므로 'k'가 출력된 것이다. 위의 프로그램은 단지 문자열 선언을 하였을 뿐인데 마지막 출력문은 배열의 주소를 출력하는 것을 보게 된다. 따라서 포인터와 배열은 밀접한 연관 이 있음을 알 수 있다.

실습문제

1. 정수형 숫자를 저장하는 배열을 $x[100]$이라고 하자. 5개의 숫자를 $(x+i)$로 입력하고 $*(x+i)$를 사용하여 거꾸로 출력하는 프로그램을 작성하라.

　힌트 : 배열로 입출력하는 것이 아닌 문제이다.

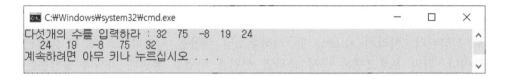

2. 문자열 "korea"를 포인터 변수 a에 저장하고, 변수 a의 주소와 저장된 값을 출력하는 프로그램을 작성하라.

3. 하나의 문자열 "program"을 입력하고, 입력된 각각의 글자와 주소를 출력하는 프로그램을 작성하라.

　힌트 : 문자열의 길이는 strlen( )을 사용하면 된다.

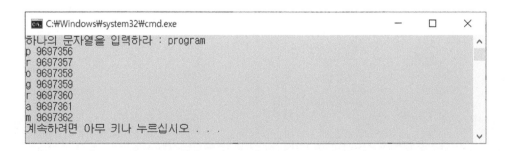

4. 배열 a[ ]를 초기화하여 문자 A, B, C, D를 저장하기로 하자. a[ ]에 저장된 1, 3번째 문자를 출력하는 프로그램을 작성하라.

힌트 : 글자 하나를 초기화시키려면 홑 따옴표(' ')를 사용한다.

```
CL C:\Windows\system32\cmd.exe                    —   □   ×
A C
계속하려면 아무 키나 누르십시오 . . .
```

5. 문자열 "ABCD"를 초기화하여 5칸 간격으로 <u>거꾸로</u> 문자를 하나씩 출력하는 프로그램을 작성하라.

힌트 : 문자열은 겹 따옴표(" ")를 사용한다.

```
CL C:\Windows\system32\cmd.exe                    —   □   ×
    D   C   B   A
계속하려면 아무 키나 누르십시오 . . .
```

6. 배열 a[100]을 사용하여 하나의 문자열을 입력하고, 배열의 시작주소를 p라고 하자. 간접연산자를 사용하여 문자열의 둘째, 셋째 문자를 출력하는 프로그램을 작성하라.

힌트 : *p = *(&a[0]) = a[0] 의 관계가 성립한다.

```
CL C:\Windows\system32\cmd.exe                    —   □   ×
문자열을 입력하라 : program
r o
계속하려면 아무 키나 누르십시오 . . .
```

연습문제

1. 4개 도시 "서울", "대전", "대구", "부산"을 포인터 변수의 배열 *city[ ]에 초기화하여 저장하고 거꾸로 출력하는 프로그램을 작성하라.

2. 포인터 변수 *nation 에 "korea"를 저장시키고 nation의 주소, 저장된 내용출력하고 간접연산자를 사용하여 저장된 내용을 거꾸로 출력하는 프로그램을 작성하라.

힌트 : 문자열의 길이는 strlen( )을 사용하면 된다.

3. 배열 name[ ]에 "university"를 초기화하여 저장시킨 후, 간접연산자를 사용하여 각각의 글자를 3칸 간격으로 출력하는 프로그램을 작성하라.

힌트 : 배열의 셀번호는 0부터 시작된다.

4. 다음 프로그램에서 값이 다른 것은 어느 것인가? 프로그램으로 확인하라.

```
int a[] = {10, 20, 30, 40} ;
int *pt = a ;
```

① a   ② &a   ③ pt   ④ &pt

5. 다음 프로그램을 실행시킨 결과가 다음과 같다. 번호별로 값이 출력된 이유를 써라.

```
int main( )
{
    int a[ ] = {10,20,30,40} ;
    int *pt = a ;
    printf("1 : %d \n", a) ;       printf("2 : %d \n", &a) ;
    printf("3 : %d \n", a[1]) ;    printf("4 : %d \n", &a[1]) ;
    printf("5 : %d \n",  pt) ;      printf("6 : %d \n", *pt) ;
}
```

```
C:\Windows\system32\cmd.exe                    —    □    ×
1 : 12449540
2 : 12449540
3 : 20
4 : 12449544
5 : 12449540
6 : 10
계속하려면 아무 키나 누르십시오 . . .
```

제10장 파일입출력

프로그램을 작성하다 보면 결과를 외부저장장치(예:USB)에 파일로 저장해야 하는 경우가 발생한다. 반대로, 데이터를 외부저장장치로 제공받아 C프로그램을 작성하는 경우도 발생할 수 있다.

여기서는 외부의 파일을 불러와서 작업을 하거나 혹은 C프로그램으로 처리된 결과를 외부파일로 저장하는 여러 가지 방법을 다루도록 한다.

1. 파일입출력

C언어에서는 파일을 디스크에 읽고 쓰기 위해서 포인터를 이용한다. 예를 들어 하드디스크의 temp 폴더에서 test.txt 라는 파일을 다루려면

```
FILE *pt ;
```

와 같이 파일 포인터를 정의하고

```
pt = fopen("c:\\temp\\test.txt" , "r") ;
```

로 사용한다. FILE은 예약어 이므로 반드시 대문자로 써야 한다. fopen( )은 지정된 파일을 지정된 모드(여기서는 "r")로 읽어오기 위해 개방하고, 그 파일의 포인터를 반환하는 함수이다.

파일입출력 작업을 할 때는 올바른 경로를 지정하는 것이 중요하다. 만일 작업하려는 파일을 USB 장치 E:\ 에 abc.txt라는 이름으로 저장하려고 하면

```
pt = fopen("E:\\abc.txt" , "w") ;
```
라고 해야 한다. 여기서 USB장치는 편의상 E로 설정하였다.

앞의 두 개의 명령문을 보면 역슬래시(\ )가 2개 있다는 것이며 파일의 이름은 한글과 영문으로 정하는 것이 가능하다.

파일모드는 다음과 같으며 필요에 따라 선택하여 사용한다.

표-1 파일 입출력모드

모드	기 능
"r"	읽기 전용
"w"	쓰기 전용
"a"	파일 끝에 자료 추가
"r+"	기존 파일을 읽어오고 동시에 갱신
"w+"	새로운 파일에 쓰고 갱신
"a+"	기존 파일 끝에 자료를 추가하고 갱신

프로그램의 실행을 종료할 때는 다음처럼 개방된 파일을 폐쇄해야 한다. 이것은 놓치기 쉬운 오류 중의 하나이므로 주의하여야 한다.

fclose(pt) ;

파일에 자료를 입력-출력할 때는 입출력함수인 scanf( ) , printf( )의 방식에 파일(file)의 첫 글자 f 를 앞에 붙여 사용하면 된다.

변수가 하나인 경우의 파일입출력 형식은 다음과 같으며, 변수는 여러 개가 올 수 있다.

표-2 파일입출력 명령문

	명령문
파일입력	fscanf(포인터,"형식", 변수) ;
파일출력	fprintf(포인터,"형식", 변수) ;

예를 들어, 파일 포인터가 pt일 때 정수형 변수 x를 파일에 출력하려면

```
    fprintf(pt, "%d", x ) ;
```

라고 하면 된다. 물론 fopen( ) 함수에서의 파일모드는 "w"로 선언되어야만 쓰기를 할 수 있다.

반대로, 파일에 저장되어 있는 자료를 읽어온다는 것은 값을 입력받는 것을 의미하기 때문에 fscnf( ) 함수를 사용하면 된다.

본 교재에서는 파일처리를 하기 위해 다음 그림처럼 새로운 폴더를 지정하였다. 편의상 장치 (D:) 에 "temp"라는 폴더를 만들어 놓았다. 현재까지 파일입출력이 없었으므로 "temp" 폴더는 비어있는 상태이다.

파일입출력을 위한 준비를 마친 상태이므로 이제부터 본격적인 작업을 시작해본다. 앞으로는 파일이름을 fio라고 만들기로 한다. fio는 file_input_output의 머리글자 모음이다.

2. 하나의 문자(열) 처리하기

【예제 131】영문자 "A"를 D:\temp 폴더에 "fio-1.txt"라는 이름으로 저장하는 프로그램을 작성하라.

풀이 : 글자를 파일에 print(출력)해야 하므로 출력모드("w")를 사용해야 한다. 또한 단일문자이므로 홑 따옴표를 사용해야 한다. 프로그램을 실행시키면 커맨드 창에 결과 값이 나타나지 않아 당황할 수 있지만 아무 문제없는 것이다.

```
int main( )
{
    FILE *pt ; char a='A' ;
    pt = fopen("d:\\temp\\fio-1.txt" , "w") ;
    fprintf(pt, "%c", a ) ; // 파일 포인터가 필요함.
    fclose(pt) ;
}
```

프로그램 실행결과, D;\temp 에 fio-1.txt 파일이 생성된 것을 볼 수 있다.

fio-1.txt를 실행시켜보면 다음과 같이 표시된다.

【예제 132】 D:\temp 폴더에 들어있는 "fio-1.txt" 파일의 내용을 출력하는 프로그램을 작성하라.

풀이 : 파일 포인터의 모드를 읽기전용("r")으로 지정하면 된다.

```
int main( )
{
    FILE *pt ; char t ;
    pt = fopen("d:\\temp\\fio-1.txt" , "r") ;
    fscanf(_____) ; // 포인터가 필요함
    printf(_____) ;
    fclose(pt) ;
}
```

```
C:\Windows\system32\cmd.exe                          —   □   ×
A
계속하려면 아무 키나 누르십시오 . . .
```

【예제 133】 D:\temp 폴더의 "fio-1.txt"이라는 파일에 문자 B를 추가하여라.

풀이 : 파일 포인터에서는 추가 및 갱신모드 "a+"를 사용하면 된다.

```
int main( )
{
    FILE *pt ; char ch ;
    pt = fopen("d:\\temp\\fio-1.txt" , "a+") ;
    printf("하나의 문자를 입력하라 : ") ;
    scanf(_____) ;
    _____ ;
    fclose(pt) ;
}
```

```
C:\Windows\system32\cmd.exe                          —   □   ×
하나의 문자를 입력하라 : B
계속하려면 아무 키나 누르십시오 . . .
```

참고로, 프로그램을 여러 번 실행시키면 횟수만큼 결과가 추가되므로 주의해야 한다. 다음은 D:\temp\fio-1.txt 를 메모장에 나타낸 그림이다.

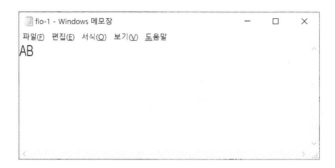

【예제 134】 포인터를 사용하여 D:\temp 폴더에 "fio-2.txt"에 "KNU"라는 문자열을 입력하는 프로그램을 작성하라.

```
int main( )
{
    FILE *pt ;
    char *a = "KNU" ;
    pt = fopen(_____) ;
    fprintf(_____) ;
    fclose(pt) ;
}
```

【예제 135】 파일모드 "r"을 이용하여 D:\temp 폴더의 "fio-2.txt"에 저장된
문자열을 출력하는 프로그램을 작성하라.

```
int main( )
{
    FILE *pt ;
    char ch[20] ;
    pt = fopen(_____) ;
    fscanf(_____) ; // 파일에 저장된 것을 읽어야 하므로.
    printf(_____) ;
    fclose(pt) ;
}
```

```
C:\Windows\system32\cmd.exe                           —    □    ×
KNU
계속하려면 아무 키나 누르십시오 . . .
```

3. 여러 개의 문자(열) 처리하기

【예제 136】 세 명의 이름을 입력하여 D:\temp\fio-3.txt 파일에 저장하라.
[풀이] : 저장 문제이므로 쓰기 모드("w")가 사용되어야 한다. 여러 개의 문자열
을 처리하기 위해서는 2차원 배열이 사용된다.

```
int main( )
{
    FILE *pt ;
    pt = fopen(_____) ;
    char name[5][20] ; int i ;
    printf("세 명의 이름을 입력하라 : ") ;
    for(i=1; i<=3; i++)
    {
        _____ ;
        _____ ;
    }
    fclose(pt) ;
}
```

프로그램을 실행시키고 세 명의 이름을 입력한 화면은 다음과 같으며

D:\temp 폴더에 fio-3.txt 파일이 생성되었음을 확인할 수 있다.

파일을 확인하면 넷째 줄까지 저장되어 있는 것을 볼 수 있다. 입력 자료는 3개이지만 저장은 4개가 되었으므로 이러한 자료를 불러와서 출력할 때는 문제가 발생할 수 있다.

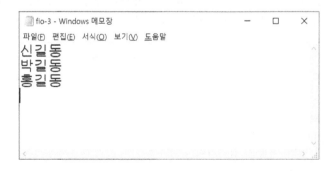

【예제 137】 배열을 이용하여 복수의 문자열을 초기화하고, 이것을 D:\temp 폴더에 fio-4.txt 라는 파일명으로 저장하는 프로그램을 작성하라.

```
int main( )
{
    FILE *pt ;
    pt = fopen(_____) ;
    int i ;  char dept[ ][20]={"멀티미디어학\n", "정보통신학"} ;
    for(i=0; i<=1; i++)
        _____ ;
    fclose(pt) ;
}
```

4. 숫자 처리하기

【예제 138】 1부터 10까지의 제곱근을 D:\temp\fio-5.txt 라는 파일로 저장하는 프로그램을 작성하라.

```
#include "_____"
int main( )
{
    FILE *pt ;
    pt = fopen(_____) ;
    double x ;
    for(_____)
        fprintf(_____) ;
    fclose(pt) ;
}
```

【예제 139】D:\temp\fio-5.txt 파일의 내용을 출력하는 프로그램을 작성하여라.

[풀이] : 제곱근의 값이므로 실수 형이다.

```
int main( )
{
    FILE *pt ;
    pt = fopen(_____) ;
    float x ; int i ;
    for(i=1; i<=10; i++)
    {
        f_____ ; //자료 불러오기
        printf(_____) ;
    }
    fclose(pt) ;
}
```

```
C:\Windows\system32\cmd.exe                           —    □    ×
1.000000
1.414214
1.732051
2.000000
2.236068
2.449490
2.645751
2.828427
3.000000
3.162278
계속하려면 아무 키나 누르십시오 . . .
```

5. EOF 사용하기

　파일에 저장된 자료를 불러올 때, 자료의 개수가 몇 개인지 알 수 없는 경우에는 EOF(End Of File)를 이용하여 처리하면 된다.

【예제 140】 D:\temp\fio-3.txt 파일에 저장된 문자열을 출력하라.

```
int main( )
{
    FILE *pt ;
    pt = fopen(_____) ;
    char name[20] ;
    while(1) // 무한루프 생성
    {
        fscanf(_____) ;
        if( fgetc(pt)==EOF ) break ;
        printf(_____) ;
    }
}
```

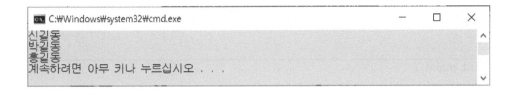

```
C:\Windows\system32\cmd.exe                    —    □    ×
신길동
박길동
홍길동
계속하려면 아무 키나 누르십시오 . . .
```

【예제 141】 다음과 같은 문서를 다운 받아 d:\temp\news.txt 로 저장하였다. 파일을 불러와서 한 줄에 8개의 단어씩 출력하는 프로그램을 작성하라.

> The number of customers traveling with SAS increased by 3.2% compared to last year. Punctuality showed a sharp increase by nearly 14 percentage points and regularity remained at high levels.

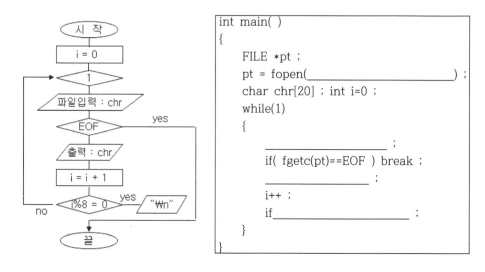

```
int main( )
{
    FILE *pt ;
    pt = fopen(_____) ;
    char chr[20] ; int i=0 ;
    while(1)
    {
        _____ ;
        if( fgetc(pt)==EOF ) break ;
        _____ ;
        i++ ;
        if_____ ;
    }
}
```

```
C:\Windows\system32\cmd.exe                    —    □    ×

The number of customers traveling with SAS increased
by 3.2% compared to last year. Punctuality showed
a sharp increase by nearly 14 percentage points
and regularity remained at high 계속하려면 아무 키나 누르십시오 . . .
```

【예제 142】 3명의 이름과 학번을 입력하여 D:\temp 폴더에 "dept_info.txt"라는 파일로 저장하는 프로그램을 작성하라.

풀이 : 입력단계에서는 순서의 개념이 없으므로 1차원 배열을 사용해도 된다.

```
int main( )
{
    FILE *pt ;
    pt = fopen(_____) ;
    char name[10] ;  int i, id ;
    printf("이름과 학번을 입력하라. \n") ;
    for(i=1; i<=3; i++)
    {
        scanf(_____) ;
        fprintf(_____) ;
    }
    fclose(pt) ;
}
```

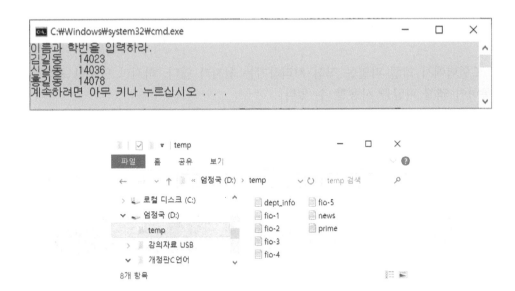

【예제 143】 D:\temp\prime.txt 파일에는 100보다 작은 소수가 저장되어 있다. while(1)을 사용하여 저장된 소수의 총합을 구하는 프로그램을 작성하라.

```
int main( )
{
    FILE *pt ;  int i , x , s=0 ;
    pt = fopen(_____) ;
    while(1)
    {
        f_____) ; //파일입력
        if (_____) break ;
        s = s + x ;
    }
    printf(_____) ;
    fclose(pt) ;
}
```

6. 엑셀 파일 처리하기

C언어에서 엑셀 파일을 직접 처리하기는 쉽지가 않다. 하지만 단순한 조작을 통하여 엑셀 파일을 사용할 수 있다.

6.1 엑셀 파일 읽어오기

먼저 제공받은 엑셀 파일의 이름은 a.xls 이고 내용은 다음과 같다고 하자.

이러한 엑셀 파일의 확장자를 txt 로 바꾸는 과정을 거쳐야 한다. 위의 자료에서 <u>필요한 부분(여기서는 숫자부분)을 블록 처리하여 메모장에 붙여넣기를 하고 저장하면 된다.</u> (여기서는 파일명을 a.txt로 정하였음)

【예제 144】 D:\temp\a.txt 파일의 자료를 불러와서 화면에 출력하는 프로그램을 작성하라. 변수는 엑셀 화면의 이름을 사용하기로 한다.

```
int main( )
{
    FILE *pt ;
    pt = fopen(_____) ;
    int i, sysbp, diabp ; double bmi, hb ;
    while(1)
    {
        fscanf(_____) ;
        if ( fgetc(pt) == EOF ) break ;
        printf("%4d %4d %6.1lf %6.1lf \n", sysbp, diabp, bmi, hb) ;
    }
}
```

```
C:\Windows\system32\cmd.exe                          —   □   ×
130    82   101.1    12.5
114    75   120.7    13.1
156    96   102.6    13.3
133    81    90.3    14.8
173    99   151.0    13.2
계속하려면 아무 키나 누르십시오 . . .
```

6.2 엑셀 파일로 저장하기

엑셀 자료에서 블록으로 설정된 부분을 복사하여 메모장에 붙여넣기를 하는 것은 가능하다. 하지만, 메모장의 내용을 블록으로 복사하여 엑셀에서 붙여넣기를 해보면 원하는 엑셀 파일로 만들어지지 않는다.

파일입출력을 통해 만들어진 텍스트 파일을 엑셀 파일로 만드는 과정은 약간의 수고를 하여야 한다.

D:\temp\b.txt 라는 파일은 다음과 같이 콤마로 분리된 자료가 저장되어 있다고 하자. 만일 콤마로 분리되어있지 않으면 엑셀 파일로 변경되지 않는다.

메모장 상단의 "파일-다른 이름으로 저장"을 선택하고, 다음과 같이 파일 이름은 "b.csv", 파일 형식은 "모든 파일"로 변경하고 저장하면 <u>b.txt 파일이 b.csv인 엑셀 파일로 변경</u>된다. 이때 인코딩은 ANSI로 설정해야 한다.

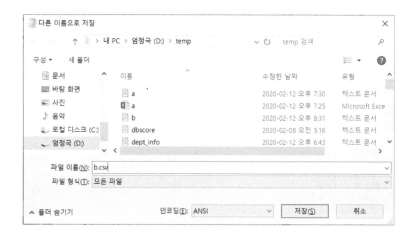

"저장" 버튼을 누르면 엑셀 파일 b.xls가 생성된 것을 볼 수 있으며, 이것을 더블클릭하면 텍스트 파일이 엑셀 시트에 들어간 것을 확인할 수 있다.

여기서 엑셀 파일 b를 더블클릭하면 다음과 같이 나타난다.

중요한 것은 파일입출력에서 저장할 때는 콤마를 강제로 넣어야만 엑셀파일로 변경이 가능하다는 것이다.

실습문제

1. 하나의 문자열인 "Visual"을 입력하여 D:\temp\prtc1.txt 파일에 저장시키는 프로그램을 작성하고, 제대로 만들어졌는지를 확인하라.

힌트 : 문자열을 처리하려면 배열을 사용하여야 한다. 문자열 입력은 scanf( ) 용법을 참조하라.

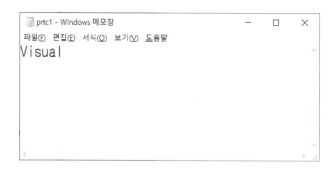

2. 2부터 100 사이의 소수를 D:\temp\prime.txt 라는 파일로 저장하는 프로그램을 작성하라. 단, 3칸 간격으로 저장시켜라.

힌트 : 소수 찾기는 제5장에서 다루었다.

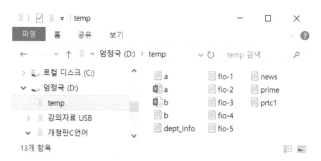

3. D:\temp\prime.txt 파일의 자료를 불러와서 한 줄에 15개씩 5칸 간격으로 출력하는 프로그램을 작성하라.

4. while( ) 문을 사용하여 D:\temp\dept_info.txt 파일의 자료를 불러와서 출력하는 프로그램을 작성하라.

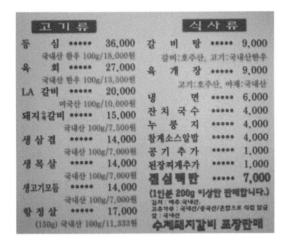

5. 다음 자료를 키보드에서 입력하여 "식사류"만 D:\temp\menu.txt 라는 파일로 저장하는 프로그램을 작성하라. 단, menu는 15칸, price는 5칸으로 저장하라.

6. while(1) 문을 사용하여 D:\temp\menu.txt 자료를 불러들이는 프로그램을
작성하라. 단, EOF를 사용하라.

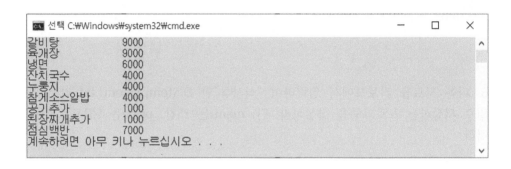

연습문제

1. 키보드에서 10개의 정수를 입력하여 D:\temp\ex1.txt 라는 파일명으로 저장하는 프로그램을 작성하고 결과를 확인하여라.

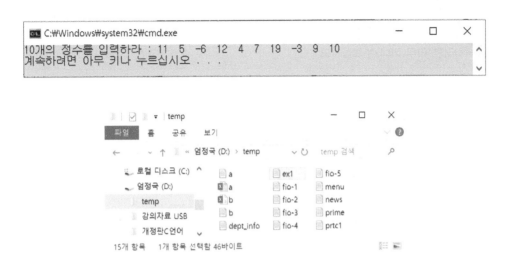

2. 문제 1번의 ex1.txt 자료를 불러와서 제곱 계산을 하고 이를 출력하는 프로그램을 작성하라.

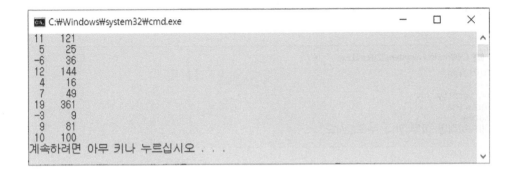

3. 5명 학생의 이름(name) , 학번(id) , 휴대폰번호(phone)를 키보드 입력하여 D:\temp\ex2.txt 라는 파일에 저장하는 프로그램을 작성하라.

힌트 : 이름과 휴대폰번호는 문자열로 처리하면 된다. 이름은 10칸, 학번은 6칸, 휴대폰은 12칸으로 설정하였다.

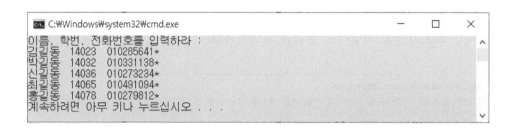

4. D:\temp\school.txt 에는 Korea Nazarene University IT Division 이라는 문자열이 저장되어 있다. 이를 읽어드려 화면에서 거꾸로 출력하는 프로그램을 작성하라.

힌트 : 문자열의 순서를 다루는 문제이므로 2차원 배열이 필요하다.

5. 기존에 만들어진 D:\temp\menu.txt 파일에 저장된 자료를 다음과 같은 모양이 되도록 출력하는 프로그램을 작성하라. 단, gotoxy( )함수를 사용하여 20열부터 출력되도록 하라.

```
C:\Windows\system32\cmd.exe                              -    □    ×
                    품   목      가격
                  ================================
                  갈비탕          9000
                  육개장          9000
                  냉면            6000
                  잔치국수        4000
                  누룽지          4000
                  참게소스알밥    4000
                  공기추가        1000
                  된장찌개추가    1000
                  점심백반        7000
                  ================================
계속하려면 아무 키나 누르십시오 . . .
```

D:\temp\htwt.txt 에는 다음과 같은 자료가 저장되어 있다. 자료를 보고 6~8번까지의 문제를 풀어라.

1	Alfred	M	14
2	Alice	F	13
3	Barbara	F	13
4	Carol	F	14
5	Henry	M	14
6	James	M	12
7	Jane	F	12
8	Janet	F	15
9	Jeffrey	M	13
10	John	M	12

6. 10명의 순번(1~10), 이름, 성별, 나이가 D:\temp\htwt.txt 라는 이름으로 저장되어 있을 때, 7번째 학생 나이를 15세로 갱신하여 D:\temp\htwt1.txt 이라는 이름으로 저장하는 프로그램을 작성하라.

7. D:\temp\htwt.txt 자료에서 3번 학생의 자료를 완전히 삭제하는 프로그램을 작성하라.

힌트 : 편의상 파일 이름을 htwt2.txt로 만들었다.

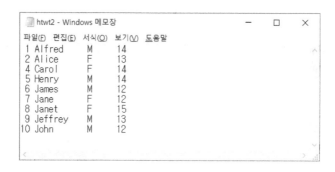

8. D:\temp\htwt.txt 자료에서 새로운 학생의 자료(11, William, M, 14)를 6번 학생 James의 다음에 저장하는 프로그램을 작성하라. 단, 저장 파일명은 d:\temp\htwt3.txt 로 만들어라.

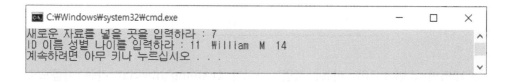

```
htwt3 - Windows 메모장                        —    □    ×
파일(F) 편집(E) 서식(O) 보기(V) 도움말
 1 Alfred      M    14                              ^
 2 Alice       F    13
 3 Barbara     F    13
 4 Carol       F    14
 5 Henry       M    14
 6 James       M    12
 7 Jane        F    12
11 William     M    14
 8 Janet       F    15
 9 Jeffrey     M    13
10 John        M    12                              v
```

제11장 for( ) 문

1. for 문

반복문 중에서 제일 간단한 명령문이다. 사용방법이 쉽기 때문에 대부분의 반복문에서 사용되고 있다.

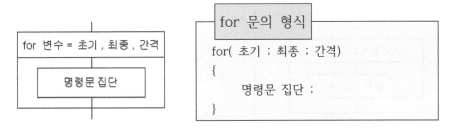

만일 명령문 집단이 단순히 하나인 경우는 중괄호 { }를 생략할 수 있다.

【예제 145】 1부터 5까지의 제곱근을 결과창의 형태로 출력하는 프로그램을 작성하라.

풀이 : 제곱근은 sqrt( )를 사용하여 계산하므로 "math.h"를 호출해야 한다. sqrt( )의 인수는 실수형이고, 값은 배정도형으로 반환한다.

```
#include "_____"
int main( )
{
    float x ;
    for(_____)
        printf(_____) ;
}
```

【예제 146】 2^2, 5^2, 8^2, 11^2, 14^2, ..., 32^2 을 출력하는 프로그램을 작성하라.

풀이 : 3씩 증가하는 수열을 만들고, 이를 제곱한다.

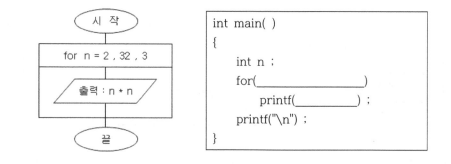

```
int main( )
{
    int n ;
    for(_____)
        printf(_____) ;
    printf("\n") ;
}
```

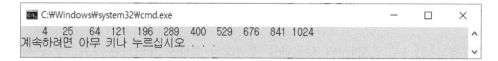

【예제 147】 1부터 35 사이의 홀수를 출력하는 프로그램을 작성하라.

풀이 : 홀수는 1부터 시작하여 2씩 증가하는 것에 유념하면 된다.

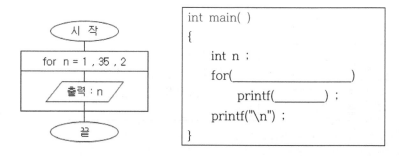

```
int main( )
{
    int n ;
    for(_____)
        printf(_____) ;
    printf("\n") ;
}
```

```
C:\Windows\system32\cmd.exe                           -    □    ×
   1   3   5   7   9   11  13  15  17  19  21  23  25  27  29  31  33  35
계속하려면 아무 키나 누르십시오 . . .
```

【예제 148】5개의 자료를 입력하여 합과 평균을 구하는 프로그램을 작성하라.

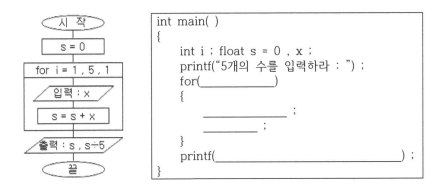

```
int main( )
{
    int i ; float s = 0 , x ;
    printf("5개의 수를 입력하라 : ") ;
    for(_____)
    {
        _____ ;
        _____ ;
    }
    printf(_____) ;
}
```

```
C:\Windows\system32\cmd.exe                           -    □    ×
5개의 수를 입력하라 : 5  8  10  7  4
합 = 34.000000   평균 = 6.800000
계속하려면 아무 키나 누르십시오 . . .
```

【예제 149】100개의 수를 입력하여 합과 평균을 구하는 프로그램을 작성하라.
단, 음수를 입력하면 실행을 중지한다.

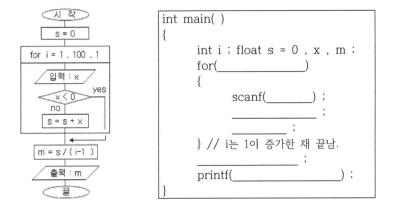

```
int main( )
{
    int i ; float s = 0 , x , m ;
    for(_____)
    {
        scanf(_____) ;
        _____ ;
        _____ ;
    } // i는 1이 증가한 채 끝남.
    _____ ;
    printf(_____) ;
}
```

```
C:\Windows\system32\cmd.exe                    —    □    ×
5  8  10  7  4  -2  20
평균 = 6.800000
계속하려면 아무 키나 누르십시오 . . .
```

【예제 150】 구구단 중에서 1단 ~ 3단까지 형식을 갖춰 출력하는 프로그램을 작성하라.

```
int main( )
{
     int i, j ;
     for(_____)
     {
     for(_____)
          printf("_____        ", j , i , i * j ) ;
          printf("\n") ;
     }
}
```

```
C:\Windows\system32\cmd.exe                    —    □    ×
1 * 1 = 1        2 * 1 = 2        3 * 1 =  3
1 * 2 = 2        2 * 2 =  4       3 * 2 =  6
1 * 3 = 3        2 * 3 =  6       3 * 3 =  9
1 * 4 = 4        2 * 4 =  8       3 * 4 = 12
1 * 5 = 5        2 * 5 = 10       3 * 5 = 15
1 * 6 = 6        2 * 6 = 12       3 * 6 = 18
1 * 7 = 7        2 * 7 = 14       3 * 7 = 21
1 * 8 = 8        2 * 8 = 16       3 * 8 = 24
1 * 9 = 9        2 * 9 = 18       3 * 9 = 27
계속하려면 아무 키나 누르십시오 . . .
```

변수의 값을 연속적으로 곱하기

변수1 = 변수1 * 변수2

【예제 151】 1부터 5까지의 factorial을 계산하여 다음의 출력결과처럼 만들어지는 프로그램을 작성하라.

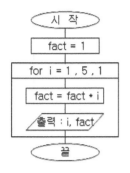

```
int main( )
{
    int i , fact = 1 ;
    for(_____)
    {
        _____ ;
        printf(_____) ;
    }
}
```

```
■ C:\WINDOWS\system32\cmd.exe                    ─  □  ×
1 |     1
2 |     2
3 |     6
4 |    24
5 |   120
계속하려면 아무 키나 누르십시오 . . .
```

【예제 152】 $1^2 + 2^2 + 3^2 + 4^2 + \cdots + 20^2$ 을 구하는 프로그램을 작성하라.

풀이 : 숫자를 1씩 증가시키면서 그 값을 제곱한 뒤, 합을 구하면 된다.

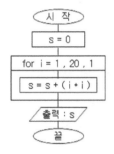

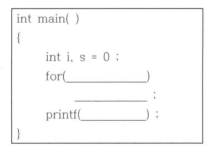

```
■ C:\WINDOWS\system32\cmd.exe                    ─  □  ×
2870
계속하려면 아무 키나 누르십시오 . . .
```

【예제 153】 $\dfrac{1}{1^2} + \dfrac{1}{2^2} + \dfrac{1}{3^2} + \dfrac{1}{4^2} + \cdots + \dfrac{1}{100^2}$ 을 구하는 프로그램을 작성하라.

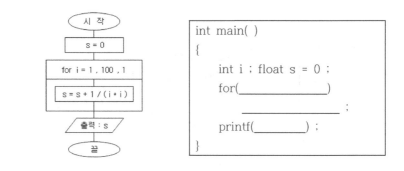

```
int main( )
{
    int i ; float s = 0 ;
    for(_____)
        _____ ;
    printf(_____) ;
}
```

```
C:\WINDOWS\system32\cmd.exe          —  □  ×
1.634984
계속하려면 아무 키나 누르십시오 . . .
```

【예제 154】 $1+2+\ldots+n \geq 10000$ 을 초과하는 최소의 n을 구하는 프로그램을 작성하라.

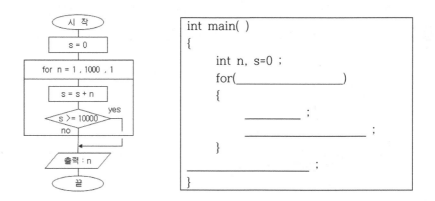

```
int main( )
{
    int n, s=0 ;
    for(_____)
    {
        _____ ;
        _____ ;
    }
    _____ ;
}
```

```
C:\WINDOWS\system32\cmd.exe          —  □  ×
141
계속하려면 아무 키나 누르십시오 . . .
```

【예제 155】 정수 n을 입력하여 $1, (1+2), (1+2+3), (1+2+3+4), \cdots$ 을 출력하는 프로그램을 작성하라.

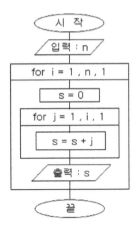

```
int main( )
{
    int i , j , n , s ;
    printf("괄호의 개수를 입력하라 : ") ;
    scanf(_____) ;
    for(_____)
    {
        _____ ;
        for(_____)
        _____ ;
        printf(_____) ;
    }
}
```

```
C:\Windows\system32\cmd.exe                    —    □    ×
괄호의 개수를 입력하라 : 5
  1        1
  2        3
  3        6
  4        10
  5        15
계속하려면 아무 키나 누르십시오 . . .
```

【예제 156】 10원(변수명 c1), 50원(c2), 100원(c3)짜리 동전이 10개씩 있다. 동전을 적어도 하나 사용하여 670원의 조합을 만드는 프로그램을 작성하라.

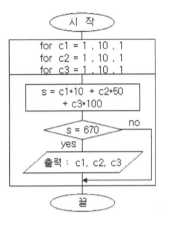

```
int main( )
{
    int c1, c2, c3, s ;
    for(c1=1; c1<=10; c1++)
    for(c2=1; c2<=10; c2++)
    for(c3=1; c3<=10; c3++)
    {
        _____ ;
        if(s==670)
        _____ ;
    }
}
```

```
C:\WINDOWS\system32\cmd.exe                          —  □  ×
  2   1    6
  2   3    5
  2   5    4
  2   7    3
  2   9    2
  7   2    5
  7   4    4
  7   6    3
  7   8    2
  7  10    1
계속하려면 아무 키나 누르십시오 . . .
```

【예제 157】 1부터 2까지 0.2 간격으로 증가시키면서 값을 출력하는 프로그램을 작성하라.

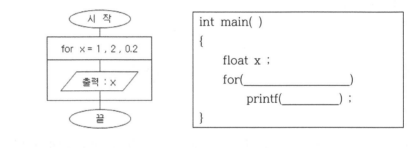

```
C:\Windows\system32\cmd.exe                          —  □  ×
1.000000
1.200000
1.400000
1.600000
1.800000
계속하려면 아무 키나 누르십시오 . . .
```

　이상의 결과를 살펴보면 2.0이 출력되지 않았음을 알 수 있다. 물론 배정도형으로 처리해도 마찬가지이다. for( ) 문은 사용이 간편하다는 장점을 갖고 있지만 사용자의 의도처럼 결과가 나타나지 않을 수 있다는 것이다.

【예제 158】 0 ~ 1 까지 0.1 간격으로 출력하는 프로그램을 작성하라.
풀이 : 단정도형이면 0.9까지만 출력되므로 배정도형으로 처리해야 한다.

```
C:\Windows\system32\cmd.exe                              —   □   ×
0.000000
0.100000
0.200000
0.300000
0.400000
0.500000
0.600000
0.700000
0.800000
0.900000
1.000000
계속하려면 아무 키나 누르십시오 . . .
```

【예제 159】 $y = \dfrac{x}{x^2+1}$ 에서 x의 값이 1부터 2까지 0.1간격으로 출력하는 프로그램을 작성하라.

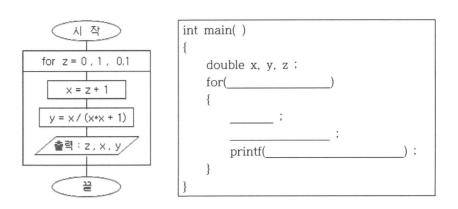

```
int main( )
{
    double x, y, z ;
    for(_____)
    {
        _____ ;
        _____ ;
        printf(_____) ;
    }
}
```

```
C:\WINDOWS\system32\cmd.exe                              —   □   ×
     z        x        y
0.000000  1.000000  0.500000
0.100000  1.100000  0.497738
0.200000  1.200000  0.491803
0.300000  1.300000  0.483271
0.400000  1.400000  0.472973
0.500000  1.500000  0.461538
0.600000  1.600000  0.449438
0.700000  1.700000  0.437018
0.800000  1.800000  0.424528
0.900000  1.900000  0.412148
1.000000  2.000000  0.400000
계속하려면 아무 키나 누르십시오 . . .
```

【예제 160】 피보나치 수열($a_n + a_{n+1} = a_{n+2}$, $n = 1,2,3,\dots$)을 제20항까지 한 줄에 7개씩 출력하는 프로그램을 작성하라. 단, 초항과 2항은 모두 1이다.

```
int main( )
{
    int i, a=1 , b=1 , c , cnt = 2 ;
    printf("%6d%6d", a, b) ;
    for(_____)
    {
        _____ ;
        printf(_____) ;
        _____ ; _____ ;
        _____ ;
        _____ ;
    }
    printf("\n") ;
}
```

시 작

a = 1 , b = 1

출력 : a , b

for i = 3 , 20 , 1

c = a + b

출력 : c

a = b

b = c

끝

```
C:\WINDOWS\system32\cmd.exe                          —   □   ×

     1     1     2     3     5     8    13
    21    34    55    89   144   233   377
   610   987  1597  2584  4181  6765
계속하려면 아무 키나 누르십시오 . . .
```

【예제 161】 섭씨 0°부터 섭씨 100°까지의 온도를 화씨온도로 출력하는 프로그램을 작성하라. 단, 10° 간격으로 출력하라.

시 작

for c = 0 , 100 , 10

$f = \dfrac{9}{5} c + 32$

출력 : c , f

끝

```
int main( )
{
    float c, f ;
    printf(" 섭씨    화씨  \n") ;
    printf("-------------\n") ;
    for(_____)
    {
        _____ ;
        printf(_____) ;
    }
}
```

【예제 162】 0°~90°까지의 삼각함수표를 5°간격으로 출력하는 프로그램을 작성하라. 단, 90°에서의 Tan 값은 ∞이므로 출력하지 말 것.

풀이 : 삼각함수는 라디안 값을 인수로 전달하기 때문에 각도를 라디안으로 바꾸는 절차가 필요하다.

```c
#include "_____"
int main( )
{
    int i ; double x ;
    printf("  각도      sin        cos        tan    \n") ;
    printf(" ----------------------------------------- \n") ;
    for(i=0; i<90; i=i+5)
    {
        x = _____ ;  // 각도를 라디안으로 변경
        printf(" %5d    %9.6f    %9.6f   %9.6f\n", i, sin(x), cos(x), tan(x)) ;
    }
    x = 2*atan(1.) ;
    printf("    90    %9.6f    %9.6f     무한대 \n", sin(x), cos(x)) ;
    printf(" ----------------------------------------- \n") ;
}
```

```
선택 C:\WINDOWS\system32\cmd.exe                                    —    □    ×
 각도     sin        cos        tan
   0    0.000000   1.000000    0.000000
   5    0.087156   0.996195    0.087489
  10    0.173648   0.984808    0.176327
  15    0.258819   0.965926    0.267949
  20    0.342020   0.939693    0.363970
  25    0.422618   0.906308    0.466308
  30    0.500000   0.866025    0.577350
  35    0.573576   0.819152    0.700208
  40    0.642788   0.766044    0.839100
  45    0.707107   0.707107    1.000000
  50    0.766044   0.642788    1.191754
  55    0.819152   0.573576    1.428148
  60    0.866025   0.500000    1.732051
  65    0.906308   0.422618    2.144507
  70    0.939693   0.342020    2.747477
  75    0.965926   0.258819    3.732051
  80    0.984808   0.173648    5.671282
  85    0.996195   0.087156   11.430052
  90    1.000000   0.000000      무한대
-------------------------------------------
계속하려면 아무 키나 누르십시오 . . .
```

실습문제

1. 1부터 100까지의 수를 한 줄에 15개씩 출력하는 프로그램을 작성하라. 단, 숫자의 간격은 5로 한다.

힌트 : 정수값이 15의 배수일 때 줄 바꿈을 한다.

```
C:\Windows\system32\cmd.exe                                        —    □    ×
    1    2    3    4    5    6    7    8    9   10   11   12   13   14   15
   16   17   18   19   20   21   22   23   24   25   26   27   28   29   30
   31   32   33   34   35   36   37   38   39   40   41   42   43   44   45
   46   47   48   49   50   51   52   53   54   55   56   57   58   59   60
   61   62   63   64   65   66   67   68   69   70   71   72   73   74   75
   76   77   78   79   80   81   82   83   84   85   86   87   88   89   90
   91   92   93   94   95   96   97   98   99  100
계속하려면 아무 키나 누르십시오 . . .
```

2. 나머지를 계산하는 %연산자를 사용하여 1부터 50 사이의 7의 배수와 단계별 합을 D:\temp\ex3.txt 파일로 저장하는 프로그램을 작성하고 결과를 확인하여라.

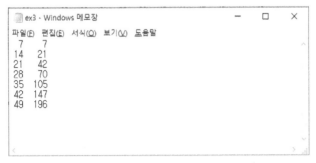

```
ex3 - Windows 메모장                          —    □    ×
파일(F) 편집(E) 서식(O) 보기(V) 도움말
  7     7
 14    21
 21    42
 28    70
 35   105
 42   147
 49   196
```

3. while( ) 문을 사용하여 음수가 입력될 때까지 정수를 입력하여 합과 평균을 구하는 프로그램을 작성하라. 단, 음수를 입력하면 실행을 중지한다.

4. 1부터 200까지의 factorial을 계산하여 범람(overflow)이 발생하는 항수를 구하는 프로그램을 구하여라.

5. $1 + \dfrac{1}{2} + \dfrac{1}{3} + \dfrac{1}{4} + \cdots + \dfrac{1}{10}$ 을 계산하는 프로그램을 작성하라.

힌트 : 정수끼리의 연산은 정수가 되므로(예를 들면 1/2는 0) 이를 실수값으로 처리하는 과정이 필요하다. 실행결과는 다음과 같다.

```
C:\WINDOWS\system32\cmd.exe                    −   □   ×
2.928968
계속하려면 아무 키나 누르십시오 . . .
```

6. 1부터 64까지의 수를 다음과 같이 출력하는 프로그램을 작성하라.

```
C:\Windows\system32\cmd.exe                    −   □   ×
번호 (괄호 안의 숫자)
─────────────────────────────
 1  ( 1 )
 2  ( 2 )
 3  ( 3 4 )
 4  ( 5 6 7 8 )
 5  ( 9 10 11 12 13 14 15 16 )
 6  ( 17 18 19 20 21 22 23 24 25 26 27 28 29 30 31 32 )
 7  ( 33 34 35 36 37 38 39 40 41 42 43 44 45 46 47 48 49 50 51 52 53 54 55 56 57 58 59 60 61 62 63 64 )
─────────────────────────────
계속하려면 아무 키나 누르십시오 . . .
```

7. 앞의 실습문제에서 괄호 안의 숫자의 역수를 구하여 번호별로 합을 출력하는 프로그램을 작성하라. 단, 번호는 7까지만 구하기로 한다.

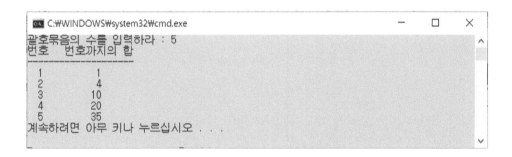

8. 임의의 정수 n을 입력하여 $1+(1+2)+\cdots+(1+2+3+\cdots+n)$을 단계별로 계산하고, 출력결과처럼 나타나도록 프로그램을 작성하라.

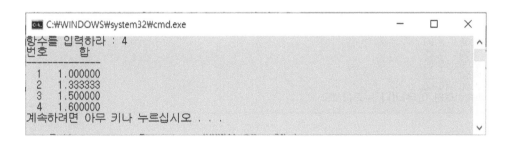

9. 임의의 정수 n을 입력하여 $1+\dfrac{1}{(1+2)}+\cdots+\dfrac{1}{1+2+3+\cdots+n}$ 계산을 하여 단계별로 출력하는 프로그램을 작성하라.

```
C:\WINDOWS\system32\cmd.exe                          −    □    ×
항수를 입력하라 : 4
번호       합

  1    1.000000
  2    1.333333
  3    1.500000
  4    1.600000
계속하려면 아무 키나 누르십시오 . . .
```

10. 10원, 50원, 100원짜리 동전이 각각 10개씩 있을 때, 동전의 합이 620원부터 640원 사이에 있는 조합을 구하는 프로그램을 작성하라. 단, 한 줄에 5개의 조합을 출력하기로 한다.

```
C:\WINDOWS\system32\cmd.exe                                    -    □    ×
2  2  5     2  4  4     2  6  3     2  8  2     2 10  1
3  2  5     3  4  4     3  6  3     3  8  2     3 10  1
4  2  5     4  4  4     4  6  3     4  8  2     4 10  1
7  1  5     7  3  4     7  5  3     7  7  2     7  9  1
8  1  5     8  3  4     8  5  3     8  7  2     8  9  1
9  1  5     9  3  4     9  5  3     9  7  2     9  9  1
계속하려면 아무 키나 누르십시오 . . .
```

11. 함수 $y = x^2 + 1$의 그림은 다음과 같다. x의 값을 0부터 3까지 0.5 간격으로 함수값을 구하는 프로그램을 작성하라.

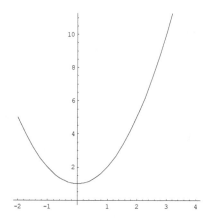

```
C:\WINDOWS\system32\cmd.exe                                    -    □    ×
    x       y
 ──────────────
 0.00    1.00
 0.50    1.25
 1.00    2.00
 1.50    3.25
 2.00    5.00
 2.50    7.25
 3.00   10.00
계속하려면 아무 키나 누르십시오 . . .
```

12. 다음 그림처럼 상용로그표를 만드는 프로그램을 작성하라.

```
C:\WINDOWS\system32\cmd.exe                                          —    □    ×
---------------------------------------------------------------------------------
       0.0    0.1    0.2    0.3    0.4    0.5    0.6    0.7    0.8    0.9
---------------------------------------------------------------------------------
0.0 | -무한대 -1.0000 -0.6990 -0.5229 -0.3979 -0.3010 -0.2218 -0.1549 -0.0969 -0.0458
1.0 |  0.0000  0.0414  0.0792  0.1139  0.1461  0.1761  0.2041  0.2304  0.2553  0.2788
2.0 |  0.3010  0.3222  0.3424  0.3617  0.3802  0.3979  0.4150  0.4314  0.4472  0.4624
3.0 |  0.4771  0.4914  0.5051  0.5185  0.5315  0.5441  0.5563  0.5682  0.5798  0.5911
4.0 |  0.6021  0.6128  0.6232  0.6335  0.6435  0.6532  0.6628  0.6721  0.6812  0.6902
5.0 |  0.6990  0.7076  0.7160  0.7243  0.7324  0.7404  0.7482  0.7559  0.7634  0.7709
---------------------------------------------------------------------------------
계속하려면 아무 키나 누르십시오 . . .
```

실제로, $\log_{10}2 = 0.3010$, $\log_{10}3 = 0.4771$ 이다.

연습문제

1. 나머지를 계산하는 %연산자를 사용하여 1부터 100 사이의 짝수를 한 줄에 15개씩 출력하는 프로그램을 작성하라.

```
C:\WINDOWS\system32\cmd.exe                                      -    □    ×
    2    4    6    8   10   12   14   16   18   20   22   24   26   28   30
   32   34   36   38   40   42   44   46   48   50   52   54   56   58   60
   62   64   66   68   70   72   74   76   78   80   82   84   86   88   90
   92   94   96   98  100
계속하려면 아무 키나 누르십시오 . . .
```

2. $1, 2, 2^2, 2^3, \ldots, 2^{15}$ 을 한 줄에 8개씩 출력하는 프로그램을 작성하라.

```
C:\Windows\system32\cmd.exe                                      -    □    ×
    1      2      4      8     16     32     64    128
  256    512   1024   2048   4096   8192  16384  32768
계속하려면 아무 키나 누르십시오 . . .
```

3. $S = \displaystyle\sum_{i=1}^{10000} \frac{1}{i^2}$ 의 결과를 매 1000항마다 출력하는 프로그램을 작성하라.

```
C:\Windows\system32\cmd.exe                                      -    □    ×
n =   1000 --> s = 1.643935
n =   2000 --> s = 1.644434
n =   3000 --> s = 1.644601
n =   4000 --> s = 1.644684
n =   5000 --> s = 1.644734
n =   6000 --> s = 1.644767
n =   7000 --> s = 1.644791
n =   8000 --> s = 1.644809
n =   9000 --> s = 1.644823
n =  10000 --> s = 1.644834
계속하려면 아무 키나 누르십시오 . . .
```

4. 임의의 정수 n을 입력하여 $\sqrt{6\left(\dfrac{1}{1^2}+\dfrac{1}{2^2}+\dfrac{1}{3^2}+\cdots+\dfrac{1}{n^2}\right)}$ 을 계산하는 프로그램을 작성하라.

```
C:\WINDOWS\system32\cmd.exe                              −    □    ×
n값을 입력하라 : 100000
3.141583
계속하려면 아무 키나 누르십시오 . . .
```

5. $1+\dfrac{1}{2}+\dfrac{1}{3}+\dfrac{1}{4}+\cdots+\dfrac{1}{n}>5$ 을 만족하는 최소항수 n을 구하는 프로그램을 작성하라.

```
C:\WINDOWS\system32\cmd.exe                              −    □    ×
83
계속하려면 아무 키나 누르십시오 . . .
```

6. 첫날은 1원, 그 다음날은 그 전날의 두 배로 저금할 때 전체금액이 1,000,000원을 초과하는 것은 며칠 후 인가? 프로그램을 작성하라.

```
C:\WINDOWS\system32\cmd.exe                              −    □    ×
20
계속하려면 아무 키나 누르십시오 . . .
```

7. 2g, 3g, 5g 인 추가 각각 10개씩 있다고 하자. 무게의 합이 80g 이상 82g 이하인 추의 조합을 구하는 프로그램을 작성하라.

```
C:\Windows\system32\cmd.exe                              −    □    ×
 1 10 10     2  9 10     3  8 10     3 10  9     4  8 10     4  9  9
 5  7 10     5  9  9     5 10  8     6  6 10     6  8  9     6 10  8
 7  6 10     7  7  9     7  9  8     8  5 10     8  7  9     8  8  8
 8 10  7     9  4 10     9  6  9     9  8  8     9  9  7    10  4 10
10  5  9    10  7  8    10  9  7    10 10  6
계속하려면 아무 키나 누르십시오 . . .
```

8. 다음 화면처럼 출력하는 구구단 프로그램을 작성하라.

```
C:\WINDOWS\system32\cmd.exe                                                    —    □    ×
1*1= 1  2*1= 2  3*1= 3  4*1= 4  5*1= 5  6*1= 6  7*1= 7  8*1= 8  9*1= 9
1*2= 2  2*2= 4  3*2= 6  4*2= 8  5*2=10  6*2=12  7*2=14  8*2=16  9*2=18
1*3= 3  2*3= 6  3*3= 9  4*3=12  5*3=15  6*3=18  7*3=21  8*3=24  9*3=27
1*4= 4  2*4= 8  3*4=12  4*4=16  5*4=20  6*4=24  7*4=28  8*4=32  9*4=36
1*5= 5  2*5=10  3*5=15  4*5=20  5*5=25  6*5=30  7*5=35  8*5=40  9*5=45
1*6= 6  2*6=12  3*6=18  4*6=24  5*6=30  6*6=36  7*6=42  8*6=48  9*6=54
1*7= 7  2*7=14  3*7=21  4*7=28  5*7=35  6*7=42  7*7=49  8*7=56  9*7=63
1*8= 8  2*8=16  3*8=24  4*8=32  5*8=40  6*8=48  7*8=56  8*8=64  9*8=72
1*9= 9  2*9=18  3*9=27  4*9=36  5*9=45  6*9=54  7*9=63  8*9=72  9*9=81
계속하려면 아무 키나 누르십시오 . . .
```

9. 임의의 자연수를 소인수분해하는 프로그램의 흐름도는 다음과 같다. 흐름도를 보고 소인수분해하는 프로그래밍 하라.

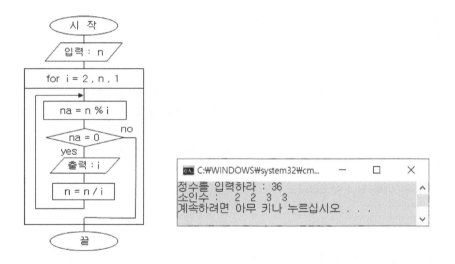

10. 초항과 제2항이 각각 8, 10일 때 피보나치 수열의 값이 100,000을 초과하는 항수를 구하는 프로그램을 작성하라.

11. 직각삼각형의 밑변, 높이의 값을 1부터 30까지의 정수형으로 변화시키면서 빗변이 정수가 되는 피타고라스 정리를 만족하는 수의 조합을 구하는 프로그램을 작성하라.

```
C:\Windows\system32\cmd.exe                              -    □    ×
  a      b      c
  3      4      5
  5     12     13
  6      8     10
  7     24     25
  8     15     17
  9     12     15
 10     24     26
 12     16     20
 15     20     25
 16     30     34
 18     24     30
 20     21     29
 21     28     35
계속하려면 아무 키나 누르십시오 . . .
```

12. 철사의 길이 n을 입력하여 철사를 구부려서 만들 수 있는 서로 다른 삼각형의 개수를 구하는 프로그램을 작성하시오. 각 변의 길이는 정수여야 한다.

힌트 : 세 변의 길이의 합 = 철사의 길이
　　　 가장 긴 변 < 나머지 두 변의 길이의 합

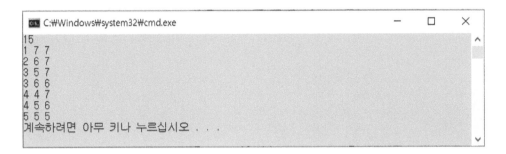

```
C:\Windows\system32\cmd.exe                              -    □    ×
15
1 7 7
2 6 7
3 5 7
3 6 6
4 4 7
4 5 6
5 5 5
계속하려면 아무 키나 누르십시오 . . .
```

제12장 사용자정의함수

C언어에서 사용되는 함수는 소괄호 ( )로 표시하고 있다. 예를 들어, 출력함수는 printf( ), 메인함수는 main( ) 등으로 나타낸 것처럼 소괄호를 사용하고 있다. 여기에서 다룰 함수는 프로그램을 만드는 사용자(end-user)가 프로그램 개발의 편의를 위하여 개별적으로 만든 사용자정의함수(user-define function)이다.

1. 사용자정의함수 사용법

사용자정의함수는 사용자가 임의로 만든 함수를 말한다. 사용자정의함수를 만들 때의 주의사항은 <u>주프로그램인 main( ) 함수 이전에 선언해야 한다</u>는 것이다. 사용자정의함수를 만드는 이유는 main( ) 함수를 간결하게 만들고, 프로그램을 모듈(module)화 함으로써 수정을 용이하게 할 수 있기 때문이다.

【예제 163】다음의 흐름도 처럼 인수가 없는 함수를 이용하여 함수에서 출력하는 프로그램을 작성하라.

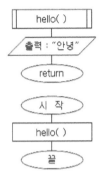

```
void hello()
{
        printf("안녕\n");
}
int main(  )
{
        hello();
}
```

```
C:\WINDOWS\system32\cmd.exe                    —    □    ×
안녕
계속하려면 아무 키나 누르십시오 . . .
```

main( ) 함수 이전에 hello( ) 함수를 선언했으며, 프로그램의 실행은 주프로
그램에서 시작되므로 hello( )라는 명령문이 실행된다.

hello( )는 void 선언을 하였는데, 이것은 hello( )함수에서 명령을 수행한 후
에 전체 내용을 말소시키라는 명령이므로 반환(return)하는 절차는 필요 없다.

2. 함수에서 반환 없이 처리하기

main( )에서 호출한 함수에서 연산 등을 수행하고 계산된 값을 main( ) 함
수로 반환하지 않는 경우는 흔히 발생한다.

【예제 164】 main( )에서 양의 정수 a를 입력하여 함수 k( )에 전달하고 $\sqrt{a}$
를 함수에서 출력하는 프로그램을 작성하라.

풀이 : 함수가 void 선언을 한 것이 아니므로 return이 필요하다.

```
k(t)
출력 : √t
return

시 작
입력 : a
k(a)
끝
```

```c
int k(float t)
{
    printf(_____) ;
    return 0 ;
}
int main( )
{
    int n ;
    printf("하나의 정수를 입력하라 : ") ;
    scanf(_____) ;
    k(n) ;
}
```

```
C:\WINDOWS\system32\cmd.exe                    —    □    ×
하나의 정수를 입력하라 : 5
2.236068
계속하려면 아무 키나 누르십시오 . . .
```

main( )에서 함수 k( )에 전달할 인수(실인수라고 부름)가 정수이지만 함수에는 실수형의 인수(형식인수라고 부름)로 바꿀 수 있다.

> 실인수와 형식인수가 반드시 일치할 필요는 없다.

3. 함수를 main( )에서 재사용하기

호출한 함수를 main( )에서 재사용할 때는 함수의 형식에 주의해야 한다.

【예제 165】main( )에서 임의의 실수 x를 입력하고 expr( ) 함수로 값을 전달하여 $x^2 + 1$ 의 값을 expr( )에서 출력하고, 값을 반환받아 main( )에서도 출력하는 프로그램을 작성하라.

풀이 : 함수를 실수형으로 선언하였으므로 반환된 값은 실수가 된다.

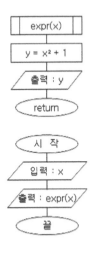

```
float expr(float x)
{
    float y ;
    _____ ;
    printf("부 : _____) ;
    return y ; // return 0은 안됨
}
int main( )
{
    float x ;
    printf("임의의 수를 입력하라 : ") ;
    _____ ;
    printf("주 : _____ ) ;
}
```

```
C:\WINDOWS\system32\cmd.exe                    —    □    ×
임의의 수를 입력하라 : 3
부 : 10.000000
주 : 10.000000
계속하려면 아무 키나 누르십시오 . . .
```

【예제 166】main( ) 함수에서 정수 n을 입력하여 fac( ) 함수에서 $n!$ 을 계산하고, main( ) 함수에서 출력하는 프로그램을 작성하라.

풀이 : 함수를 float로 선언하였으므로 main( )에 반환되는 값은 실수형이다.

```
                                 float fac(int k)
  ┌──────────────┐               {
  │    fac(k)    │                   int i, fact=1 ;
  └──────────────┘                   for(_____)
  ┌──────────────┐                       _____ ;
  │   fact = 1   │                   return ___ ;
  └──────────────┘               }
  ┌──────────────┐               int main( )
  │ for i = 1, k, 1 │            {
  └──────────────┘                   int n ;
  ┌──────────────┐                   scanf(_____) ;
  │ fact = fact * i │                 printf(_____) ;
  └──────────────┘               }
    ╭──────────╮
    │  return  │
    ╰──────────╯

    ╱  시  작  ╲

   ╱  입력 : n  ╲

  ╱ 출력 : fac(n) ╲

    ╭──────────╮
    │    끝    │
    ╰──────────╯
```

```
C:\WINDOWS\system32\cmd.exe                              ─   □   ×
하나의 정수를 입력하라 : 6
6 ! = 720.000000
계속하려면 아무 키나 누르십시오 . . .
```

【예제 167】두 수 a, b의 합을 함수 add( )에서 계산하고 출력은 main( ) 함수에서 하는 프로그램을 작성하라.

```
  ┌──────────────┐               int add(int x, int y)
  │   add( x, y )  │             {
  └──────────────┘                   int z ;
  ┌──────────────┐                   _____ ;
  │   z = x + y   │                  return z ;
  └──────────────┘               }
    ╭──────────╮                 int main( )
    │  return  │                 {
    ╰──────────╯                     int a = 2 , b = 5 , sum ;
                                      _____ ;
    ╱  시  작  ╲                     printf(_____) ;
                                 }
  ┌──────────────┐
  │ a = 2 , b = 5 │
  └──────────────┘
  ┌──────────────┐
  │ sum = add(a , b) │
  └──────────────┘

  ╱ 출력 : a, b, sum ╲

    ╭──────────╮
    │    끝    │
    ╰──────────╯
```

```
C:\WINDOWS\system32\cmd.exe                    -    □    ×
2 + 5 = 7
계속하려면 아무 키나 누르십시오 . . .
```

【예제 168】main( ) 함수에서 값을 입력하여 kab( ) 함수에서 절대값을 계산하고, 이 값을 반환받아 main( ) 함수에서 출력하는 프로그램을 작성하라.

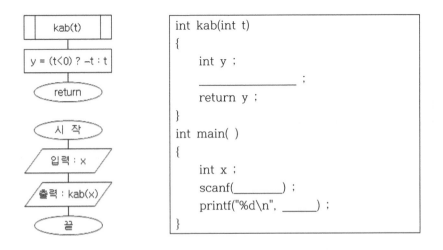

```
int kab(int t)
{
    int y ;
    _____ ;
    return y ;
}
int main( )
{
    int x ;
    scanf(_____) ;
    printf("%d\n", _____) ;
}
```

```
C:\Windows\system32\cmd.exe                    -    □    ×
-4.3
4
계속하려면 아무 키나 누르십시오 . . .
```

　수학에서 다루는 함수 $f(x)$를 만들어야 하는 경우도 사용자정의함수로 만드는 것이 가능하며 외워두는 것이 프로그램을 작성하는 데 유리하다.

【예제 169】$f(x) = x^2 - 3x - 2$ 의 값을 구하는 함수 f( )를 만들려고 한다. 하나의 실수값을 main( )에서 입력하여 f( )에서 계산하고, 이 값을 main( )에서 출력하는 프로그램을 작성하라.

풀이 : 함수를 만드는 방법은 무조건 외워둔다.

```
float f(float x)
{
    return (x*x - 3*x -2) ;
}
int main( )
{
    float x ;
    printf("하나의 수를 입력하라 : ") ;
    scanf(_____) ;
    printf(_____) ;
}
```

```
C:\WINDOWS\system32\cmd.exe                    -    □    ×
하나의 수를 입력하라 : 2.3
함수값 = -3.610000
계속하려면 아무 키나 누르십시오 . . .
```

4. 값에 의한 호출

값에 의한 호출(call by value) 방법은 함수를 호출하는 측에서 넘겨주는 실인수의 값이 사용자정의함수의 형식인수에 전달된다. 따라서 형식인수로 전달된 변수의 값은 연산과정을 통해 바뀌더라도 main( ) 함수로 반환될 때에는 실인수의 값에 아무런 영향도 미치지 않는다.

【예제 170】 두 수의 교환을 하는 프로그램을 작성하라.

풀이 : $a = 5$, $b = 12$를 교환하는 방법을 단계별로 나타내면 다음과 같다.

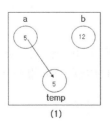

(1)

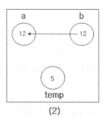

(2)

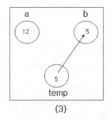

(3)

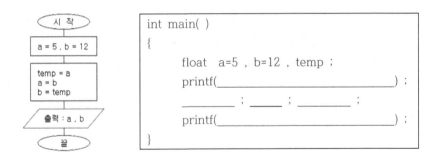

```
int  main( )
{
        float   a=5 , b=12 , temp ;
        printf(_____) ;
        _____ ; _____ ; _____ ;
        printf(_____) ;
}
```

```
■ C:\WINDOWS\system32\cmd.exe                    —    □    ×
주어진 수 : 5.000000    12.000000
교환된 수 : 12.000000    5.000000
계속하려면 아무 키나 누르십시오 . . .
```

【예제 171】 함수 swap( )을 사용하여 두 수를 교환하는 프로그램을 작성하라.
단, 출력은 main( ) 함수와 swap( ) 함수에서 하라.

```
int swap(int u, int v)
{
    int temp ;
    _____ ; _____ ; _____ ;
    printf("swap   : _____) ;
    return 0 ; //두 개의 값을 반환함.
}
int main( )
{
    int x = 5, y = 45 ;
    printf("main 1 : _____) ;
    _____ ;
    printf("main 2 : _____) ;
}
```

```
■ C:\WINDOWS\system32\cmd.exe                    —    □    ×
main 1 :  5    45
swap   : 45     5
main 2 :  5    45
계속하려면 아무 키나 누르십시오 . . .
```

결과를 보면 swap( )함수에서는 두 수의 교환이 이루어진 것을 확인할 수 있다. 하지만 main( )함수로 값이 return 될 때 형식인수 u, v의 값이 실인수 x, y에는 전달되지 못하므로 main( )함수 속의 x, y의 값은 변함이 없다.

5. 참조에 의한 호출

참조에 의한 호출(call by reference)방법은 인수를 값이 아닌 번지로 전달한다. 따라서 인수의 전달은 포인터를 통하여 이루어진다. 함수를 선언한 곳에서는 번지연산자(&)를, 함수에서는 간접연산자(*)를 사용하여 처리한다.

함수의 인수로 배열을 전달할 때는 배열명을 실인수로 사용하며, 배열의 선두요소를 함수에 전달하면 된다. 이유는 배열명이 주소를 포함하기 때문이다.

【예제 172】포인터로 값을 전달하여 함수 swap( )에서 두 수의 교환을 하고, main( )으로 반환하는 프로그램을 작성하라.

```
int swap(int *u, int *v)
{
    int temp ;
    _____ ;    _____ ; _____ ;
    printf("swap   : _____) ;
    return 0 ;
}
int main( )
{
    int x=5, y=45 ;
    printf("main 1 : _____) ;
    _____ ;
    printf("main 2 : _____) ;
}
```

```
main 1 :  5    45
swap   : 45    5
main 2 : 45    5
계속하려면 아무 키나 누르십시오 . . .
```

6. return 반환값

프로그램을 작성하면서 흔하게 발생하는 오류 중의 하나가 return 값을 반환할 때이다. 특히 0(영)으로 반환하는 것은 아무 때나 사용할 수 없다.

```
┌─────────────────┐
│  return 반환값   │
├─────────────────┴──────────────────────────────────┐
│  반환되는 값이 1개일 때는 return 변수 ;              │
│  반환되는 값이 여러 개일 때는 return 0 ;             │
└─────────────────────────────────────────────────────┘
```

값에 의한 호출(call by value)과 참조에 의한 호출(call by reference)의 예제를 보면 반환되는 값이 두 개이므로 0으로 반환하였음을 확인할 수 있다.

【예제 173】 main( ) 함수에서 n을 입력하고 호출된 함수 rt( )에서 제곱근 계산을 하여 배열 b[ ]에 저장시킨 뒤, 이를 main( )으로 전달하고 거꾸로 출력하는 프로그램을 작성하라.

```
int rt(_____)
{
    int i, n ;
    _____ ;
    for(i=1; i<=n; i++)
        _____ ;
    return 0 ;
}
int main( )
{
    int i, n ; float b[10] ;
    printf("하나의 정수를 입력하라 : ") ;
    scanf(_____) ;
    rt(&n, b) ; // b는 주소를 포함하고 있음
    for(_____)
        printf(_____) ;
}
```

플로차트:

```
┌──────────────────┐
│   rt( *m , *b )   │
└────────┬─────────┘
    ┌────┴────┐
    │ n = *m  │
    └────┬────┘
   ┌─────┴──────┐
   │ for i=1,n,1│
   └─────┬──────┘
    ┌────┴─────┐
    │ b[i] = √i│
    └────┬─────┘
    ┌────┴────┐
    │ return  │
    └─────────┘
    ┌────┴────┐
    │  시 작   │
    └────┬────┘
   ┌─────┴─────┐
   │  입력 : n  │
   └─────┬─────┘
   ┌─────┴─────┐
   │ rt( &n , b)│
   └─────┬─────┘
  ┌──────┴──────┐
  │ for i=n,1,-1│
  └──────┬──────┘
   ┌─────┴─────┐
   │ 출력 : b[i] │
   └─────┬─────┘
     ┌───┴───┐
     │   끝   │
     └───────┘
```

```
C:₩WINDOWS₩system32₩cmd.exe                          —    □    ×
하나의 정수를 입력하라 : 4
4의 제곱근 = 2.000000
3의 제곱근 = 1.732051
2의 제곱근 = 1.414214
1의 제곱근 = 1.000000
계속하려면 아무 키나 누르십시오 . . .
```

【예제 174】 D:\temp\menu.txt 파일에 저장된 음식점의 품목(menu)과 가격(price)을 불러들여 함수 menu_table( )에서 출력하는 프로그램을 작성하라.

```
        ┌──────────────────┐
        │ menu_table(a , b) │
        └──────────────────┘
              │
          ╱ 출력 : a , b ╲
              │
           (  return  )


           (  시  작  )
              │
        ┌─────→──────┐
        │           ╱ 입력 : menu , price ╲
        │     ┌────────────────────────┐
        │     │ menu_table(menu , price) │
        │     └────────────────────────┘
   no   │          ╱ EOF ╲
        └──────────   │
                    yes
                  (  끝  )
```

```
int menu_table(_____ , _____)
{
    printf(_____) ;
    return 0 ;
}
int main( )
{
    FILE *pt ;
    pt = fopen(_____) ;
    int  price ;   char menu[20] ;
    printf("      품    목      가격\n") ;
    while(1)
    {
        fscanf(_____) ;
        menu_table(_____ , _____) ;
        if( fgetc(pt)==EOF ) break ;
    }
    fclose(pt) ;
}
```

```
C:₩WINDOWS₩system32₩cmd.exe                          —    □    ×
      품    목      가격
      갈비탕        9000
      육개장        9000
       냉면         6000
     잔치국수       4000
      누룽지        4000
   참게소스알밥     4000
     공기추가       1000
   된장찌개추가     1000
     점심백반       7000
     점심백반       7000
계속하려면 아무 키나 누르십시오 . . .
```

7. 함수의 되부름(recursive)

다음과 같은 프로그램을 실행시켜보면 무한루프를 생성하게 된다. 왜냐하면 프로그램의 넷째 줄에서 main( ) 함수를 호출하였기 때문이다. 이렇듯 함수에서 자신을 다시 호출하는 것을 되부름 또는 재귀적 호출이라고 부른다.

```
int main( )
{
        printf("recursive\n") ;
        main( ) ;
}
```

【예제 175】 main( ) 함수에서 n값을 입력하여 num( )에서 1부터 n까지 거꾸로 출력하는 프로그램을 작성하라. 단, 되부름을 사용하라.

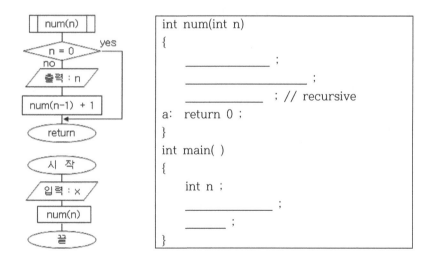

실습문제

1. 함수 p1( )에서 "Good"를 출력한 후, p1( )에서 p2( )를 호출하여 "morning"을 출력하고 main( )으로 복귀하여 "everybody"를 출력하는 프로그램을 작성하라.

2. n개의 정수를 입력하여 함수 p( )의 인수로 전달하고, 함수에서 각각의 수를 제곱하여 함수 p( )에서 출력하는 프로그램을 작성하라.

3. main( )에서 정수 n의 값을 1부터 5까지 변경시키면서 값을 sq( ) 함수에 보내어 제곱근을 계산한 후에 main( )에서 결과를 출력하는 프로그램을 작성하라.

4. 3번 문제에서 함수의 반환 값을 0으로 만들어서 프로그램을 실행시켜라.

5. 6! 의 값이 정수로 출력되도록 프로그램을 작성하라.

힌트 : 함수부에서 int 선언을 하면 반환되는 값은 정수형이 된다.

6. main( ) 함수에서 정수 m, n을 입력하여 함수 num( ) 에 전달하고, m부터 n까지의 수를 num( )에서 출력하는 프로그램을 작성하라. 단, 되부름을 사용하라.

힌트 : num(m+1) 을 사용한다.

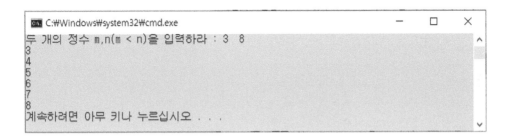

7. main( ) 함수에서 n값을 입력하여 sum( )에서 1부터 n까지 합을 구하여 main( )에서 출력하는 프로그램을 작성하라. 단, 되부름을 사용하라.

힌트 : 되부름 (sum(n-1) + n) 을 사용한다.

```
C:\WINDOWS\system32\cmd.exe                                    —    □    ×
하나의 정수를 입력하라 : 6
1부터 6까지의 합 = 21
계속하려면 아무 키나 누르십시오 . . .
```

8. main( ) 함수에서 n값을 입력하여 fac( )에서 $n!$의 값을 재귀적 호출을 사용하여 계산하는 프로그램을 작성하라.

힌트 : $fac(n) = n \times fac(n-1)$ 을 사용한다.

```
C:\Windows\system32\cmd.exe                                   —    □    ×
하나의 정수를 입력하라 : 6
6 ! = 720
계속하려면 아무 키나 누르십시오 . . .
```

연습문제

1. main( ) 함수에서 n을 입력하여 밑줄을 출력하는 함수 line_to( )를 사용하여 다음과 같이 출력되는 프로그램을 작성하라.

2. main( ) 함수에서 n, k의 값을 읽어드린 다음, 이 값을 함수 $sum(n,k)$의 인수로 넘겨 $sum(n,k) = 1^k + 2^k + 3^k + \cdots + n^k$ 의 계산을 하고, 결과는 주프로그램으로 반환하여 출력하는 프로그램을 작성하라.

힌트 : $n = 100$, $k = 1$이면 1부터 100까지의 합을 계산한다.

3. main( ) 함수에서 임의의 실수값을 입력하여 소수점 첫째 자리에서 반올림하는 함수 round( )를 만들고 출력은 main( ) 함수에서 하는 프로그램을 작성하라.

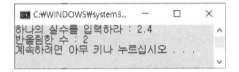
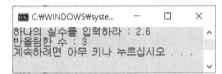

4. main( ) 함수에서 킬로미터를 입력하여 마일을 출력하는 km_mile( ) 함수에서 출력하는 프로그램을 만들어라. 단, 1mile = 1.6Km의 관계식이 성립한다.

힌트 : 16Km는 10mile인 것을 확인하면 된다.

5. $f(x) = \begin{cases} \sqrt{1-x^2} & , & |x| \leq 1 \\ 0 & , & otherwise \end{cases}$ 값을 계산하는 함수를 f( )라고 할 때, main( ) 함수에서 x값을 입력하여 $f(x)$를 계산하고 main( )에서 출력하는 프로그램을 작성하라.

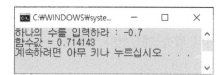 

6. $f(x) = |x - 3|$ 값을 계산하는 함수를 abs_f( )라고 할 때, main( )에서 x값을 입력하여 $f(x)$를 계산하고 main( )에서 출력하는 프로그램을 작성하라.

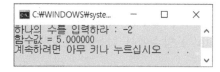 

7. n개 중에서 r개의 물건을 뽑는 가짓수는 $_nC_r = \dfrac{n!}{r!(n-r)!}$ 이다. $n!$을 계산하는 함수를 fac( )이라고 할 때, main( ) 함수에서 두 수 n, r을 입력하여 $_nC_r$을 계산하는 프로그램을 작성하라.

8. main( ) 함수에서 n을 입력하여 $1! + 2! + 3! + \cdots + n!$ 를 계산하고 출력은 main( )에서 하는 프로그램을 작성하라.

9. main( ) 함수에서 a, b의 값을 입력하여 함수 power( )에서 a^b 을 계산하는 프로그램을 작성하라. 단, 재귀적호출을 사용하라.

[힌트] : 되부름 a*power(a,b-1)을 사용하며, 정수일 때만 가능하다.

10. $_nC_k = \begin{cases} _{n-1}C_{k-1} + {}_{n-1}C_k & 0 < k < n \\ 1 & k = 0 \text{또는 } k = n \end{cases}$ 이라는 관계식이 성립한다. main( ) 함수에서 n, r을 입력하고 함수 ncr( )에서 재귀적 호출을 사용하여 $_nC_r$ 을 계산하는 프로그램을 작성하라.

제13장 포인터와 배열2

위의 사진은 사냥에 많이 쓰이는 포인터(Pointer)의 사진이다. 사냥꾼이 하늘을 나는 새를 총으로 쏘아 떨어뜨리면 포인터는 새가 떨어진 곳으로 달려가서 땅에 떨어진 새를 찾아 사냥꾼에게로 가져오는 역할을 한다. (사진출처 : 네이버 위키피디아)

컴퓨터에서는 프로그래머(엽사)가 데이터(새)를 메모리에 저장시키면(새를 땅에 떨어뜨리면) 포인터(개)는 주소(위치)로 가서 데이터(새)를 불러(가져)오는 것이다. 즉,

컴퓨터에서는 프로그래머가 데이터를 메모리에 저장시키면(MAR을 사용) 포인터가 주소로 가서 데이터를 불러오는 것(MBR을 사용)이다. 사냥개 Pointer가 떨어진 새의 위치를 찾아가는 것처럼, 컴퓨터에서도 데이터를 메모리에 저장시킬 때에 포인터를 통해 데이터를 저장시킨다.

1. 포인터

포인터는 주소(address)를 저장하므로 변수의 속성을 갖는다. 일반적인 변수는 데이터를 저장하지만 포인터 변수는 주소를 저장한다.

【예제 176】두 개의 정수를 입력하여 각각의 값과 주소를 출력하는 프로그램을 작성하라.

```
int main( )
{
    int a, b, *p, *q ;
    printf("두 개의 정수를 입력하라 : ") ;
    scanf(_____) ;
    p = ___ , q = ___ ;
    printf(" 값  : _____) ;
    printf("주소 : _____) ;
}
```

시 작
입력 : a , b
p = &a , q = &b
출력 : a , b
출력 : p , q
끝

```
 C:\Windows\system32\cmd.exe                           —    □    ×
두 개의 정수를 입력하라 : 5  10
 값  : 5  10
주소 : 9304000  9303988
계속하려면 아무 키나 누르십시오 . . .
```

【예제 177】plus( ) 라는 함수를 만들어서 두 수의 합을 계산하고, plus( ) 함수와 main( )함수에서 모두 출력하는 프로그램을 작성하라.

풀이 : 값에 의한 호출을 사용하기로 한다.

plus(x , y , z)
z = x + y
출력 : x, y, z
return
시 작
a = 150 , b = 350
plus(a, b, c)
출력 : a, b, c
끝

```
int ___(____, ____, ____)
{
    z = x + y ;
    printf(_____) ;
    return z ;
}
int main( )
{
    int a = 150 , b = 350 , c = 10 ;
    plus(_____) ;
    printf(_____) ;
}
```

```
C:\WINDOWS\system32\cmd.exe                              —    □    ×
x=150   y=350   z=500
150 + 350 = 10
계속하려면 아무 키나 누르십시오 . . .
```

　함수 plus( )에서는 정상적인 값이 나왔으나 main( ) 함수에 값을 반환시키지 못하였기 때문에 엉뚱한 결과가 나타났다. 값에 의한 호출을 사용하였으므로 plus( )에서의 z 값이 main( )의 c 값에 전혀 영향을 주지 못한 것이다.

【예제 178】 main( ) 함수에서 두 개의 값을 plus( ) 함수에 전달하여 합을 구한 뒤, 포인터를 이용하여 값을 main( ) 함수에 전달하는 방식을 사용하려고 한다. plus( ) 함수와 main( ) 함수에서 모두 출력하는 프로그램을 작성하라.

풀이 : 참조에 의한 호출을 사용하기로 한다. 또한 함수에서 계산된 여러 값을 main( )으로 반환(return)하므로 0을 반환 값으로 하여야 한다.

```
plus( x , y, *z )

*z = x + y

( return )

( 시 작 )

a = 150 , b = 350

plus( a, b, &c )

출력 : a, b, c

( 끝 )
```

```
int plus(_____)
{
    _____ ;
    printf(_____) ;
    return 0 ;
}

int main( )
{
    int a = 150 , b = 350 , c = 10 ;
    plus(_____) ;
    printf(_____) ;
}
```

```
C:\Windows\system32\cmd.exe                              —    □    ×
x=150   y=350   z=500
150 + 350 = 500
계속하려면 아무 키나 누르십시오 . . .
```

변수 c의 주소를 포인터로 plus( )함수에 전달하였으며, 이 값을 되받아서 처리한 것을 확인할 수 있다.

포인터를 사용하여 프로그램을 만드는 것은 보기보다 어렵다. 하지만 배열을 사용하면 쉽게 프로그램을 작성할 수 있다. 따라서 구태여 포인터를 사용하여 프로그래밍 할 필요는 없다고 판단된다.

2. 배열

배열은 동일한 이름으로 여러 개의 자료를 연속하여 저장하는 기능을 갖고 있다. 배열의 값은 선언된 배열명과 첨자(index) 에 의하여 참조된다. 특별히 지정하지 않는 한, 배열의 첨자는 0 부터 시작된다.

【예제 179】 배열을 초기화하여 저장된 수들의 합을 구하는 프로그램을 작성하라. 단, 자료는 4, 7, 5, 12, 6, 7 이라고 한다.

풀이 : 배열을 초기화할 때는 배열의 크기는 입력하지 않아도 된다.

```
int main( )
{
    int i , s , x[ ] = {4, 7, 5, 12, 6, 7} ;
    s = 0 ;
    for(_____)
        _____ ;
    printf(_____) ;
}
```

시 작
x[ ]={4,7,···,7}
s = 0
for i = 0 , 5 , 1
s = s + x[i]
출력 : s
끝

```
C:\Windows\system32\cmd.exe                    —    □    ×
배열의 총합 = 41
계속하려면 아무 키나 누르십시오 . . .
```

【예제 180】10개의 수를 입력하여 최대수를 찾는 프로그램을 작성하라.

풀이 : 입력된 수 x가 현재까지의 최대수인 max보다 크면 입력된 수를 새로 max로 저장하여 최대수를 구하면 된다. max의 값을 -1000으로 잡은 것은 어떠한 수 x가 입력되더라도 max에 저장되도록 하기 위함이다.

```
int main( )
{
    int max = -1000 , i , x ;
    printf("10개의 수를 입력하라 : ") ;
    for(_____)
    {
        _____ ;
        if(_____) _____ ;
    }
    printf(_____) ;
}
```

```
C:\Windows\system32\cmd.exe                              —    □    ×
10개의 수를 입력하라 : 11  5  -6  12  4  7  19  -3  9  10
최대수 = 19
계속하려면 아무 키나 누르십시오 . . .
```

최대수를 찾는 것도 중요하지만 입력된 수가 크기순으로 정렬하는 것은 무엇보다도 중요하다. 크기순으로 정렬하는 방법은 여러 가지가 있으나 여기서는 많이 사용되고 있는 버블소트(Bubble sort)를 다루어본다.

【예제 181】Bubble sort를 이용하여 100개의 자료를 내림차순으로 출력하는 프로그램을 작성하라.

풀이 : 버블소트는 세 단계로 진행된다. 입력 단계, 정렬(sort) 단계, 그리고 출력 단계로 프로그램을 작성한다. 【예제 170】에서 두 수를 교환하는 알고리즘을 다룬 바 있다.

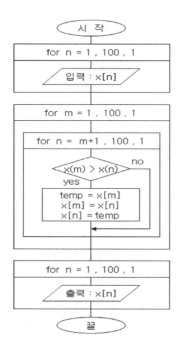

```
int main( )
{
    int  m , n , x[100] , temp ;
    for(_____)
        scanf(_____) ;
    printf("------------\n") ;
    for(_____)
    for(_____)
        if( _____ )
        {
            temp = x[m] ;
            x[m] = x[n] ;
            x[n] = temp ;
        }
        for(_____)
            printf(_____) ;
}
```

100개의 자료를 입력하여 크기순으로 출력하는 결과를 확인하기가 어려우므로 10개의 자료로 sort한 결과가 다음과 같다.

```
C:\Windows\system32\cmd.exe                          —   □   ×
자료의 입력 : 11  5  -6  12  4  7  19  -3  9  10
------------
정렬된 자료 :   19  12  11  10  9  7  5  4  -3  -6
계속하려면 아무 키나 누르십시오 . . .
```

진법변환은 배열과 밀접한 관련을 갖는다. 여기서는 정수부 진법변환만을 다루기로 한다. (제4장 부록 참조할 것)

> ### 10진법을 P진법으로 바꾸는 방법
>
> 10진법의 수를 P로 계속하여 나눈 몫이 영(0)이 될 때까지 나머지를 계산한다. 그런 다음에 나머지를 거꾸로 읽어 가면 P진법의 수가 된다.

【예제 182】십진법의 수 77을 2진법으로 바꾸어라.

풀이 : 77÷2 의 몫과 나머지를 구한다. 새로운 몫을 다시 2로 나누어 몫과 나머지를 구하는 과정을 계속하여 몫이 0 이 될 때까지 되풀이한다. 이에 따른 10진법의 수 77은 2진법으로 바꾸면 $(1001101)_2$ 가 된다.

```
2 ) 77
2 ) 38    ------ 1
2 ) 19    ------ 0
2 )  9    ------ 1
2 )  4    ------ 1
2 )  2    ------ 0
2 )  1    ------ 0
     0    ------ 1
```

【예제 183】77을 2로 나눈 나머지를 연속 출력하는 프로그램을 작성하라.

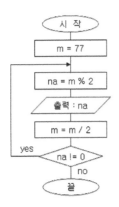

```
int main( )
{
    int m, na ;
    m = 77 ;
aa: _____ ;
    _____ ;
    m = m / 2 ;
    if(_____) goto aa ;
}
```

```
C:\Windows\system32\cmd.exe                    —    □    ×
1
0
1
1
0
0
1
계속하려면 아무 키나 누르십시오 . . .
```

출력결과를 보면 진법의 수가 거꾸로 출력되었음을 알 수 있다. 이 값들을 배열에 저장하여 거꾸로 출력하면 진법변환이 완성된다.

【예제 184】 임의의 수를 입력하여 2진법으로 바꾸어 출력되도록 프로그램을 작성하라.

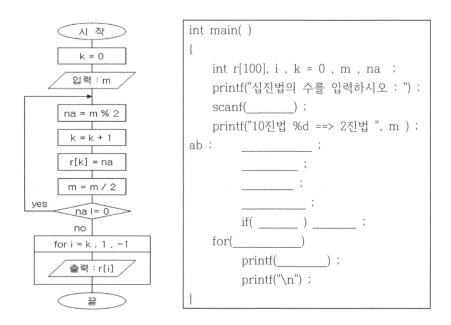

```
int main( )
{
    int r[100], i , k = 0 , m , na ;
    printf("십진법의 수를 입력하시오 : ") ;
    scanf(_____) ;
    printf("10진법 %d ==> 2진법 ", m ) ;
ab : _____ ;
     _____ ;
     _____ ;
     _____ ;
    if( _____ ) _____ ;
    for(_____)
        printf(_____) ;
    printf("\n") ;
}
```

```
C:\Windows\system32\cmd.exe                        —   □   ×
십진법의 수를 입력하시오 : 77
10진법 77 ==> 2진법 1001101
계속하려면 아무 키나 누르십시오 . . .
```

3. 포인터와 배열의 관계

포인터와 배열은 매우 밀접한 관련이 있다. 따라서 포인터는 배열로, 배열은 포인터로 변환할 수 있다. 특히 C언어에서 <u>배열의 이름은 배열이 시작되는 번지를 가리키는 포인터</u>로 해석된다.

【예제 185】 배열을 초기화하여 배열의 이름과 배열의 주소를 출력하는 프로그램을 작성하라.

```
int main( )
{
        int num[ ] = { 1, 2, 3 } ;
        printf("배열의 이름 : _____ ) ;
        printf("배열의 주소 : _____) ;
}
```

```
C:\Windows\system32\cmd.exe                          —    □    ×
배열의 이름 : 6225408
배열의 주소 : 6225408
계속하려면 아무 키나 누르십시오 . . .
```

실행결과를 보면 <u>배열의 이름과 배열의 시작주소는 동일한 값</u>을 가짐을 알수 있다.

배열은 모든 배열 요소를 저장할 메모리를 확보하지만 포인터는 단지 하나의 번지가 저장될 메모리만 확보한다는 점이 차이점일 뿐, 배열과 포인터는 밀접한 관계를 갖는다. 예를 들면, *(num + i)는 num 의 (i+1)번째 원소의 값으로서 num[i] 와 동일한 값을 갖는다.

기억 합시다
포인터 변수 *(num + i)와 배열 num[i]는 동일하다.

【예제 186】 5개의 자료인 15 , 36 , 270 , 69 , 57을 초기화하여 배열과 포인터로 출력하는 프로그램을 작성하라.

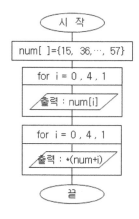

```
int main( )
{
    int num[ ] = {15, 36, 270, 69, 57} , i ;
    for(_____)
        printf(_____) ;  // 배열
    printf("\n") ;
    for(_____)
        printf(_____) ; //포인터
    printf("\n") ;
}
```

```
C:₩Windows₩system32₩cmd.exe                    —    □    ×
배열   출력 : 15  36  270  69  57
포인터출력 : 15  36  270  69  57
계속하려면 아무 키나 누르십시오 . . .
```

【예제 187】 main( ) 함수에서 5개의 배열의 값을 입력받아 함수 add( ) 에서 합을 계산하여 결과를 main( )에서 출력하는 프로그램을 작성하라.

풀이 : s를 전역변수로 만들어야 한다. 이유는, 함수 add( )에 s=0 을 포함시키면 전달된 값이 더해지지 않기 때문이다.

```
int s=0 ;    // 전역변수로 선언
int add(int t)
{
        s = s + t ;
        _____ ;
}
int main( )
{
    int i, x[100] ;
    printf("5개의 수를 입력하라 : ") ;
    for(_____)
    {
        scanf(_____) ;
        _____ ;
    }
    printf("합 = _____) ;
}
```

```
C:₩Windows₩system32₩cmd.exe                          —   □   ×
5개의 수를 입력하라 : 2  3  7  5  7
합 = 24
계속하려면 아무 키나 누르십시오 . . .
```

4. 문자열의 처리

제3장에서는 배열을 이용하여 문자열을 처리하는 방법에 대해 언급한 바 있
다. 여기서는 문자가 저장되는 방법과 포인터 변수를 이용하는 방법을 설명하
려 한다.

【예제 188】 포인터를 이용하여 주소, 문자열을 출력하는 프로그램을 작성하라.

```
int main( )
{
    char *name ;
    name = "Kim D.S." ;
    printf("_____", _____, _____) ;
}
```

```
C:₩Windows₩system32₩cmd.exe                          —   □   ×
15727716   Kim D.S.
계속하려면 아무 키나 누르십시오 . . .
```

포인터 변수 name은 "Kim D.S." 가 저장되어 있는 주기억장소의 시작번지
를 가리킨다. 프로그램 실행결과를 보면 15727716 번지에 name이라는 변수명
으로 자료가 저장되며 형태는 다음과 같다.

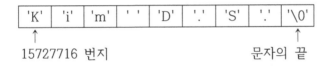

'K'	'i'	'm'	' '	'D'	'.'	'S'	'.'	'\0'

15727716 번지   문자의 끝

문자열의 길이는 가변이므로 문자가 저장되면 자동적으로 null 문자 ('\0')
가 삽입된다. 여기서 null 문자인 '\0'은 두 글자가 아니라 하나의 문자이다.
printf()는 name의 시작 번지로부터 '\0' 문자가 나타날 때까지 저장되어 있는
문자를 출력한다.

【예제 189】 배열명을 이용하여 문자열의 입출력을 하는 프로그램을 작성하라.

```c
int main( )
{
    char a[10] ;
    printf("하나의 문자열을 입력하라 : ") ;
    scanf(_____) ;
    printf(_____) ; //배열의 이름
}
```

```
C:\Windows\system32\cmd.exe                    —    □    ×
하나의 문자열을 입력하라 : sky
sky
계속하려면 아무 키나 누르십시오 . . .
```

C언어에서는 "a" 라는 배열명은 배열의 시작을 가리키는 것으로 간주한다.
따라서 입력된 문자열이 "sky" 인 경우는 아래처럼 해석된다. scanf( ) 함수로
부터 입력된 자료는 다음과 같이 방(cell)에 한 문자씩 저장이 된다.

a[0]	a[1]	a[2]	a[3]	a[4]	a[5]	a[6]	a[7]	a[8]	a[9]
's'	'k'	'y'	'\0'						

따라서 배열에 저장되어 있는 문자열을 출력할 때, printf( ) 함수는 문자열의
시작을 가리키는 "a" 만을 기술하면 된다.

　　1차원 배열을 사용하여 여러 개의 문자열을 처리할 수는 있지만 특정한 곳에 위치한 문자열을 추출하는 것은 불가능하다는 것이다.

【예제 190】세 개의 문자열을 입력하고 이를 출력하는 프로그램을 작성하라. 단, 1차원 배열을 사용하기로 한다.

```
int main( )
{
    char a[10] ; int i ;
    printf("세 개의 문자열을 입력하라 : ") ;
    for(i=1; i<=3; i++)
    {
        scanf(_____) ;
        printf(_____) ;
    }
}
```

```
C:\Windows\system32\cmd.exe                          −    □    ×
세 개의 문자열을 입력하라 : 가위  바위  보
가위
바위
보
계속하려면 아무 키나 누르십시오 . . .
```

　　10개의 문자열을 입력한 다음에 4, 7번째의 문자열을 추출하려고 한다면 입력된 문자열의 순서를 정하는 배열이 필요하므로 2차원 배열을 사용해야 한다. 예를 들어 kind[3][20] 인 배열 속에 "snack", "cola", "ice" 라는 문자열은 다음과 같이 저장된다.

배열	저장된 문자열																			
kind[0]	s	n	a	c	k															
kind[1]	c	o	l	a																
kind[2]	i	c	e																	

【예제 191】 3개의 문자열을 입력하고, 거꾸로 출력하는 프로그램을 작성하라.

풀이 : 순서가 중요하므로 2차원 배열을 사용해야 한다.

```
int main( )
{
    char a[5][20] ; int i ;
    for(_____)
    {
        printf(_____) ;
        scanf(_____) ;
    }
    for(_____)
        printf(_____) ;
}
```

시 작

for i = 1 , 3 , 1

입력 : kind[i]

for i = 3 , 1 , -1

출력 : kind[i]

끝

```
C:\Windows\system32\cmd.exe                              -    □    ×
1번째 자료를 입력하라 : 과자
2번째 자료를 입력하라 : 콜라
3번째 자료를 입력하라 : 아이스크림
아이스크림
콜라
과자
계속하려면 아무 키나 누르십시오 . . .
```

문자열이 여러 개 있는 경우(예: 과자, 콜라, 아이스크림)에는 문자열의 배열을 포인터로 처리하는 것이 좋다. 다음 【예제】는 문자배열을 포인터로 처리한 경우이다.

【예제 192】 "multi", "정통", "경영", "영어"를 문자배열의 포인터인 *dept[ ]에 저장하여 배열과 포인터를 사용하여 내용을 출력하는 프로그램을 작성하라.

```
int main( )
{
    char *dept[ ]= {"multi" , "정통" , "경영" , "영어" } ;
    printf(_____) ; // 배열을 사용
    printf(_____) ; // 포인터 사용
}
```

```
■■ C:\Windows\system32\cmd.exe                    —    □    ×

multi   정통
   경영   영어
계속하려면 아무 키나 누르십시오 . . .
```

입력함수 scanf( )를 사용하여 여러 개의 문자열을 입력할 때는 문자열의
길이가 3자(字)까지만 가능하다. 4글자 이상을 넣을 수는 있지만 출력된 문
자는 예상과는 전혀 다른 문자열이 출력되기 때문이다.

일반적으로 문자열의 길이와 관계없이 여러 개의 문자열을 입출력하는 프로
그램을 소개하면 다음과 같다.

【예제 193】 문자배열의 포인터인 *dept[ ]를 사용하여 세 개의 문자열을 입력
하고, 이를 거꾸로 출력하는 프로그램을 작성하라.

풀이 : 입력한 문자열의 길이보다 1만큼 크게 메모리를 할당하고, strcpy( )를
사용한다. 이유는 문자열의 마지막에 줄 바꿈("\n")이 있어야 하기 때문이다.

```c
int main( )
{
    char *dept[10] , nn[100] ;  int i ;
    printf("세 개의 문자열을 입력하라 : ") ;
    for(i=0; i<=2; i++)
    {
        scanf("%s", nn) ;
        dept[i] = (char *) malloc(strlen(nn)+1) ;
        strcpy(dept[i], nn) ;
    }
    for(i=2; i>=0; i--)
        printf("%s\n", dept[i]) ;
    for(i=0; i<=2; i++)
        free(dept[i]) ;
}
```

```
C:\Windows\system32\cmd.exe                          ─   □   ×
세 개의 문자열을 입력하라 : korea  nazarene  university
university
nazarene
korea
계속하려면 아무 키나 누르십시오 . . .
```

5. 문자열의 비교와 복사

배열에 저장된 문자열을 비교하는 함수는 strcmp( )이고, 문자열을 복사할 때는 strcpy( )를 사용한다.

문자열 처리함수	내용	처리
strcpy(s1 , s2)	s2를 s1에 복사	
strcmp(s1 , s2)	s1과 s2를 비교	같으면 0, s1이 크면 양수, 작으면 음수

【예제 194】 두 개의 문자열 s1, s2를 입력하여 s2를 s1에 복사하는 프로그램을 작성하라.

```c
int main( )
{
    char s1[100], s2[100] ;
    printf("두 개의 문자를 넣어라 : ") ;
    scanf("%s %s", s1, s2) ;
    printf("%s \n", strcpy(s1, s2)) ;
}
```

```
C:\Windows\system32\cmd.exe                          ─   □   ×
두 개의 문자를 넣어라 : 봄  여름
여름
계속하려면 아무 키나 누르십시오 . . .
```

【예제 195】두 개의 문자열 s1, s2를 입력하여 비교하는 프로그램을 작성하라.

풀이 : 문자열을 사전 배열했을 때 정상순서면 -1을 반환한다.

```
int main( )
{
    char s1[100], s2[100] ;
    printf("두 개의 문자를 넣어라 : ") ;
    scanf("%s %s", s1, s2) ;
    printf("%s \n", strcmp(s1, s2)) ;
}
```

```
C:\Windows\system32\cmd.exe                          —    □    ×
두 개의 문자를 넣어라 : 봄  여름
-1
계속하려면 아무 키나 누르십시오 . . .
```

6. 포인터의 포인터

  포인터의 포인터(**변수)는 해당되는 변수의 주소를 두 번 참조하여 원하는 자료가 저장되어 있는 주소를 가리킨다. 포인터의 포인터는 배열의 포인터와 유사하지만 메모리를 참조하는 방식이 다르다.

【예제 196】배열의 포인터 *dept[ ]에 학과명을 초기화하고, 2중 포인터에 값을 저장시켜 출력하는 프로그램을 작성하라.

```
int main( )
{
    char *dept[ ] = { "멀티" , "정통" , "경영" } , **x ;
    x = dept ;
    printf(_____) ; // x의 포인터를 사용
    printf(_____ ; // x의 포인터를 사용
}
```

x = dept 이므로 *x = *dept 인 관계식이 만들어진다. 여기서 *dept 는 초기화된 배열을 나타내므로 배열의 첫째 성분이 출력된 것이다.

7. 다차원배열

【예제 197】성인 100명을 뽑아 흡연과 폐암여부를 조사하였더니 다음과 같았다. 폐암에 걸린 사람의 수(계산 결과인 80명)를 구하는 프로그램을 작성하라.

풀이 : "예"는 1로, "아니오"는 2로 처리하였다.

폐암(c) / 흡연(s)	예	아니오
예	52	8
아니오	28	12

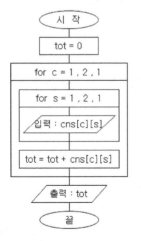

```
int main( )
{
    int cns[5][5], i, j, tot=0 ;
    for(_____)
    {
        _____
        _____ ;
        _____ ;
    }
    printf(_____) ;
}
```

```
C:\Windows\system32\cmd.exe                          —    □    ×
52   8
28   12
80
계속하려면 아무 키나 누르십시오 . . .
```

8. 행렬의 연산

크기가 같은 행렬 A=a[i][j], B=b[i][j], C=c[i][j]에서 <u>행렬의 합</u> C는 A+B=C
로 쓰고, a[i][j] + b[i][j] = c[i][j] 의 관계가 성립한다. 여기서 i 는 행의 크
기, j 는 열의 크기를 나타낸다.

【예제 198】 두 개의 행렬 $A = \begin{bmatrix} 1 & 2 \\ 3 & 4 \end{bmatrix}$, $B = \begin{bmatrix} 2 & 4 \\ 5 & 1 \end{bmatrix}$ 의 합을 구하는 프로그
램을 작성하라.

```
int main( )
{
  int    i, j, m, n ; float a[10][10], b[10][10] ;
  printf("행의 크기과 열의 크기를 입력하시오 : ");
      scanf("%d %d", &m, &n);
  printf("행렬 A의 성분 a[i,j]를 입력하시오 : \n");
  for (i = 1; i <= m; i++)
  for (j = 1; j <= n; j++)
      scanf("%f", &a[i-1][j-1]);

  printf("행렬 B의 성분 b[i,j]를 입력하시오 : \n");
  for (i = 1; i <= m; i++)
  for (j = 1; j <= n; j++)
      scanf("%f", &b[i-1][j-1]);

  printf("\n두 행렬   A , B 의 합 \n");
  for (i = 1; i <= m; i++) {
  for (j = 1; j <= n; j++)
      printf("%10.3f", a[i-1][j-1] + b[i-1][j-1]);
```

```
    printf("\n\n") ;
    }
}
```

```
C:\Windows\system32\cmd.exe                          —     □     ×
행의 크기과 열의 크기를 입력하시오 : 2  2
행렬 A의 성분 a[i,j]를 입력하시오 :
1  2
3  4
행렬 B의 성분 b[i,j]를 입력하시오 :
2  4
5  1

두 행렬  A , B 의 합
    3.000    6.000
    8.000    5.000

계속하려면 아무 키나 누르십시오 . . .
```

행렬 A=a[m][r], B=b[r][n]이라고 할 때, 행렬의 곱 C의 i 행 j 열의 원소 c_{ij}는 $c_{ij} = \sum_{k=1}^{r} a_{ik} \cdot b_{kj}$ 로 계산된다. m, n, r은 행렬의 크기를 나타낸다.

【예제 199】 $A = \begin{bmatrix} 1 & 2 \\ 3 & 4 \end{bmatrix}$, $B = \begin{bmatrix} 2 & 4 \\ 5 & 1 \end{bmatrix}$ 의 곱을 구하는 프로그램을 작성하라.

```
int main( )
{
    int i, j, k, m, n, r;
    float a[10][10], b[10][10], c[10][10];
    printf("행렬 A의 행의 크기 m과 열의 크기 r의 값을 입력하시오 : ");
    scanf("%d %d", &m, &r);

    printf("(%d x %d) 행렬 A의 성분 a[i,j]의 값을 입력하시오 \n", m, r);
    for (i = 1; i <= m; i++)
    for (j = 1; j <= r; j++)
```

```
        scanf("%f", &a[i-1][j-1]);

    printf("행렬 B의 행의 크기 r과 열의 크기 n의 값을 입력하시오 : ");
    scanf("%d  %d", &r, &n) ;

    printf("(%d x %d) 행렬 B의 성분 b[i,j]의 값을 입력하시오 \n", r, n);
    for (i = 1; i <= r; i++)
    for (j = 1; j <= n; j++)
        scanf("%f", &b[i-1][j-1]);

    for(i = 1; i <= m ; i++)
    for(j = 1; j <= n ; j++)
        c[i-1][j-1] = 0.0;
    for (i = 1; i <= m; i++)
    for (j = 1; j <= n; j++)
    for (k = 1; k <= r; k++)
        c[i-1][j-1] += a[i-1][k-1] * b[k-1][j-1];

    printf("\n두 행렬 A, B의 곱 \n") ;
    for (i = 1; i <= m; i++) {
    for (j = 1; j <= n; j++)
        printf("%12.4f", c[i-1][j-1]);
      printf("\n") ;
    }
}
```

```
C:\Windows\system32\cmd.exe                    —    □    ×
행렬 A의 행의 크기 m과 열의 크기 r의 값을 입력하시오 : 2  2
(2 x 2) 행렬 A의 성분 a[i,j]의 값을 입력하시오
1   2
3   4
행렬 B의 행의 크기 r과 열의 크기 n의 값을 입력하시오 : 2  2
(2 x 2) 행렬 B의 성분 b[i,j]의 값을 입력하시오
2   4
5   1

두 행렬 A, B의 곱
    12.0000       6.0000
    26.0000      16.0000

계속하려면 아무 키나 누르십시오 . . .
```

실습문제

1. a = 'A', b = 'B'가 저장되어 있다. p에는 a의 주소, q에는 b의 주소를 저장한 다음, 포인터 *p, *q를 이용하여 a, b에 저장된 자료를 다음과 같이 출력하는 프로그램을 작성하라.

2. main( )에서 두 수를 입력하여 함수 maxi( )에서 if 문을 이용하여 큰 값을 찾아 main( ) 함수에서 출력하는 프로그램을 작성하라.

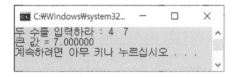
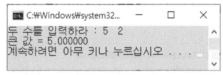

3. a[ ] = {4, 7, 5, 12, 6, 7}으로 초기화된 배열을 거꾸로 출력하는 프로그램을 작성하라.

힌트 : 배열에 저장된 값은 소실되지 않으므로 필요한 값을 불러와서 사용할 수 있다.

4. 문자열 "programming"을 배열에 저장하여 한 칸씩 벌려서 출력하는 프로그램을 작성하라.

힌트 : 문자열을 초기화하고, strlen( )을 사용하여 문자열의 길이측정을 한다.

```
C:\Windows\system32\cmd.exe                    —    □    ×
p r o g r a m m i n g
계속하려면 아무 키나 누르십시오 . . .
```

5. 임의의 정수 *n*의 약수를 배열 a[ ]에 저장하고 이를 거꾸로 출력하는 프로그램을 작성하라.

```
C:\Windows\system32\cmd.exe                    —    □    ×
정수를 입력하라 : 36
   36   18   12    9    6    4    3    2    1
계속하려면 아무 키나 누르십시오 . . .
```

6. 포인터 변수 "Kim. D. S."에 저장된 문자열에서 세 번째 배열요소의 값을 출력하는 프로그램을 작성하라.

```
C:\Windows\system32\cmd.exe                    —    □    ×
세 번째 요소의 값 = m
계속하려면 아무 키나 누르십시오 . . .
```

7. 배열 knu에 "school"이라는 문자열을 입력하기로 하자. 배열의 시작주소를 사용하여 문자열을 출력하는 프로그램을 작성하라.

```
C:\Windows\system32\cmd.exe                    —    □    ×
하나의 문자열 - 을 입력하라 : school
배열의 시작주소 : 4127452
계속하려면 아무 키나 누르십시오 . . .
```

8. 문자배열의 포인터인 *dept[ ]를 사용하여 세 개의 문자열을 입력하고 이를
출력하는 프로그램을 작성하라.

힌트 : 문자열의 길이가 3바이트이다.

9. 문자열의 길이가 4바이트 이상인 문자열을 세 개 입력하여 이를 출력하라.
단, malloc( )은 사용하지 않기로 한다.

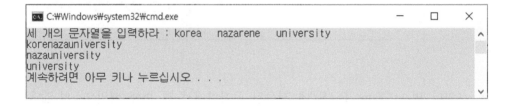

연습문제

1. 5개의 수를 입력하여 mean( ) 함수에 전달하여 평균을 계산하는 프로그램을 작성하라. mean( ) 함수는 다음과 같다고 한다.

```
float s=0 ; int i=0 ;
float mean(int t)
{
    float m ;
    s = s + t ;
    m = s / 5 ;
    if( ++i == 5 ) printf("평균 = %f \n", m) ;
    return 0 ;
}
```

힌트 : main( ) 함수와 mean( ) 함수 간에 누적되는 s를 주고받아야 하므로 s는 전역변수로 선언하였다.

```
C:\Windows\system32\cmd.exe                             —    □    ×
5개의 수를 입력하라 : 3  6  7  10  4
평균 = 6.000000
계속하려면 아무 키나 누르십시오 . . .
```

2. main( ) 함수에서는 -999가 입력될 때까지 자료를 입력하여 mean( ) 함수에 전달하여 평균을 계산하는 프로그램을 작성하라.
힌트 : 입력된 자료의 개수도 함수에 전달해야 함.

```
C:\Windows\system32\cmd.exe                             —    □    ×
5  7  1  16  8  12  -999
총합 =49.00   평균 = 8.166667
계속하려면 아무 키나 누르십시오 . . .
```

3. main( )에서 입력된 5개의 자료를 함수 dv( )에 전달하여 평균, 편차, 편차의 합을 출력하라. 평균은 main( ) 함수에서 계산하기로 한다. 그리고 편차 d는 다음과 같이 정의된다. $d_i = x_i - \overline{x}$

```
C:\Windows\system32\cmd.exe                                    -    □    ✕
5개의 수를 입력하라 : 2  8  6  9  4
평균 = 5.800000
편차 :   -3.80    2.20    0.20    3.20   -1.80
편차의 합 =    0.000
계속하려면 아무 키나 누르십시오 . . .
```

4. 다음의 main( ) 함수에서 5개의 수를 입력하고 mean( ) , var( ) 함수에서 평균과 분산을 계산하여 각각의 함수에서 출력하는 프로그램을 작성하라.

$$평균 = \frac{1}{n}\sum_{i=1}^{n} x_i \;,\; 분산 = \frac{1}{n}\sum_{i=1}^{n} x_i^2 - 평균^2$$

```c
int main( )
{
    int i ; double x[100] ;
    printf("5개의 수를 입력하라 : ") ;
    for(i=1; i<=5; i++)
    {
        scanf("%lf", &x[i]) ;  //엘에프 포맷
        mean(x[i]) ;
        var(x[i]) ;
    }
}
```

```
C:\Windows\system32\cmd.exe                                    -    □    ✕
5개의 수를 입력하라 : 9  2  3  6  5
평균 = 5.000000
분산 = 6.000000
계속하려면 아무 키나 누르십시오 . . .
```

5. 10개의 수를 main( )에서 입력하고, 두 수를 교환하는 부분을 sort( )라는 함수로 만들어서 크기순으로 배열하는 프로그램을 작성하라.

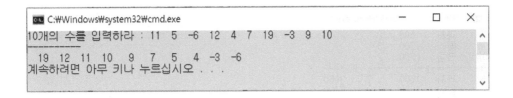

6. d:\temp\디저트.txt 에는 다음과 같은 자료가 입력되어 있다. 품목별(kind)로 구입하는 물건의 수량(vol)을 입력하고 이를 거꾸로(아이스크림, 콜라, 과자 순) 출력하는 프로그램을 작성하라.

힌트 : 2차원 배열을 사용하여야 한다.

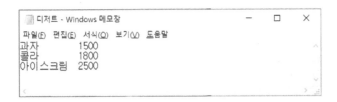

차례로 수량을 입력한 창은 다음과 같다. (아이스크림 수량을 넣을 차례)

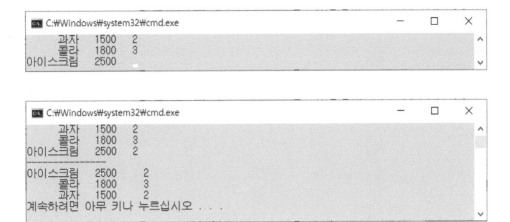

7. 이를 이용하여 품목별 구입액(pur)을 추가로 입력하여 총구입비를 구하는
프로그램을 작성하라.

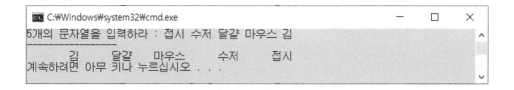

8. main( ) 함수에서 5개의 문자열을 입력하여 가나다순으로 정렬하는 프로그
램을 작성하라.

힌트 : strcmp( )를 사용한다.

부록

1. 행렬식 계산 프로그램.

```c
void change(float x[10][10],int m,int n);
int c=0;
int main()
{
float a,det=1,x[10][10];
int i,j,l,m,n;
    printf("\n행렬의 차수를 입력하시오 : ");
    scanf("%d",&n);
    printf("\n행렬의 성분 x(i,j)를 입력하시오 : \n");
    for(i=1;i<=n;i++){
        for(j=1;j<=n;j++)
            scanf("%f",&x[i][j]);
    }
    printf("\n\n");
    for(m=1;m<=n;m++){
        l=m+1;
        if(x[m][m]==0) change(x,m,n);
        if(det==0) break;
        for(i=1; i<=n; i++){
        for(j=1; j<=n; j++)
            printf(" %12.5f  ", x[i][j]);
        printf("\n");
        }
        printf("\n");
        for(i=l;i<=n;i++){
            a=x[i][m]/x[m][m];
            for(j=1;j<=n;j++)
                x[i][j]-=a*x[m][j];
        }
    det*=pow(-1.,c)*x[m][m];
    }
    printf("\n행렬식 = %12.5f\n\n",det);
}
void change(float x[10][10], int m, int n)
{
```

```
int i,j, ii;
float temp;
    c++;
    for(i=m;i<=n;i++){
        ii = i+1 ;
        if(x[i+1][m] != 0) break;
        else printf("행렬식의 값은 0. \n");
    }
    for(j=1; j<=n; j++){
        temp = x[m][j];
        x[m][j] = x[ii][j];
        x[ii][j] = temp;
    }
}
```

```
C:\Windows\system32\cmd.exe                              —    □    ×

행렬의 차수를 입력하시오 : 4

행렬의 성분 x(i,j)를 입력하시오 :
2  1   3   3
6  2   1   9
1  7   2   5
3  4   9   7


        2.00000         1.00000         3.00000         3.00000
        6.00000         2.00000         1.00000         9.00000
        1.00000         7.00000         2.00000         5.00000
        3.00000         4.00000         9.00000         7.00000

        2.00000         1.00000         3.00000         3.00000
        0.00000        -1.00000        -8.00000         0.00000
        0.00000         6.50000         0.50000         3.50000
        0.00000         2.50000         4.50000         2.50000

        2.00000         1.00000         3.00000         3.00000
        0.00000        -1.00000        -8.00000         0.00000
        0.00000         0.00000       -51.50000         3.50000
        0.00000         0.00000       -15.50000         2.50000

        2.00000         1.00000         3.00000         3.00000
        0.00000        -1.00000        -8.00000         0.00000
        0.00000         0.00000       -51.50000         3.50000
        0.00000         0.00000         0.00000         1.44660

행렬식 =    149.00000

계속하려면 아무 키나 누르십시오 . . .
```

2. 역행렬 계산 프로그램

```
void change(float x[10][10],int m,int n);
int main()
{
float a,x[10][10];
int n,l,i,j,m;
    printf("\n행렬의 차수를 입력하시오 : ");
    scanf("%d",&n);
    l=n*2;
    printf("\n행렬의 성분 x(i,j)를 입력하시오 : \n");
    for(i=1;i<=n;i++){
        for(j=1;j<=n;j++)
            scanf("%f",&x[i][j]);
    }
    printf("\n  원행렬          \n");
    printf("--------------------------------------\n");
    for(i=1;i<=n;i++){
        for(j=1;j<=n;j++)
        printf(" %12.5f ",x[i][j]);
        printf("\n");
    }
    printf("--------------------------------------\n\n");
    for(i=1;i<=n;i++){
        for(j=n+1;j<=l;j++){
            x[i][j]=0;
            if(j==(n+i)) x[i][j]=1;
        }
    }
    for(m=1;m<=n;m++){
        if(x[m][m]==0) change(x,m,n);
        if(x[m][m]==0) printf("역행렬이 존재하지 않음. \n");
        for(i=1;i<=n;i++){
            if(m==i) goto multi;
            a=x[i][m]/x[m][m];
        multi : for(j=1;j<=l;j++){
                    x[i][j]-=a*x[m][j];
                }
        }
    }
    for(i=1;i<=n;i++){
        for(j=n+1;j<=l;j++)
            x[i][j]/=x[i][i];
    }
```

```
        printf("\n   역행렬                 \n");
        printf("-------------------------------------\n");
        for(i=1;i<=n;i++){
            for(j=n+1;j<=l;j++)
            printf(" %12.5f ",x[i][j]);
            printf("\n");
        }
        printf("-------------------------------------\n\n");
}

void change(float x[10][10],int m,int n)
{
int i,j;
        for(i=m;i<=n-1;i++){
            if(x[i+1][m] != 0) break;
            if(i==n-1) return;
        }
        for(j=1;j<=n*2;j++)
            x[m][j]+=x[i+1][j];
}
```

```
C:\Windows\system32\cmd.exe                        —   □   ×

행렬의 차수를 입력하시오 : 4

행렬의 성분 x(i,j)를 입력하시오 :
2  1  3  3
6  2  1  9
1  7  2  5
3  4  9  7

  원행렬

      2.00000        1.00000        3.00000        3.00000
      6.00000        2.00000        1.00000        9.00000
      1.00000        7.00000        2.00000        5.00000
      3.00000        4.00000        9.00000        7.00000
  ----------------------------------------------

  역행렬

      2.71141       -0.31544        0.22819       -0.91946
      1.01342       -0.19463        0.26846       -0.37584
      0.24832       -0.10067       -0.03356        0.04698
     -2.06040        0.37584       -0.20805        0.69128
  ----------------------------------------------

계속하려면 아무 키나 누르십시오 . . .
```

제14장 구조체

1. 구조체 일반

배열은 동일한 변수명으로 자료를 저장하기 때문에 형(type)은 동일하게 처리된다. 반면에 구조체는 여러 개의 변수를 묶어서 처리할 수 있다. 따라서 배열은 하나의 필드(field) 단위로 자료처리를 하지만 구조체는 레코드(record) 단위로 자료처리를 한다. 배열은 첨자(index)를 통해 배열의 요소에 접근하는 반면에 구조체는 피리어드(.)를 이용하여 구조체의 요소에 접근한다.

구조체의 정의

```
struct 구조체 이름 {
        데이터형1   멤버명 1 ;
        데이터형2   멤버명 2 ;
        .......
        데이터형n   멤버명 n ;
} 구조체 변수1, 구조체 변수2, ... , 구조체 변수 m ;
```

구조체에 대한 하나의 예를 들어보자. 3명의 학생의 id, 이름, 국어, 수학 자료를 구조체 이름 student로 선언한 예이다.

```
struct student
{
      int  id , kor , math ;
      char name[10] ;
} name1, name2, name3 ;
```

【예제 200】이름과 학번을 구조체 dept의 멤버로 선언하여 출력하는 프로그램을 작성하라.

풀이 : name, id는 구조체의 멤버이고, 구조체 변수로 st를 사용하였다.

```
struct dept
{
        char *name ;  int id ; // 구조체 멤버
} st ;
int main( )
{
        st.id = 14027 ;
        st.name = "Kim" ;
        printf("%d  %s\n", st.id, st.name ) ; //피리어드를 사용
}
```

```
C:\Windows\system32\cmd.exe                          —    □    ×
14027  Kim
계속하려면 아무 키나 누르십시오 . . .
```

　구조체 이름은 태그라고 부르기도 한다. main( )함수에서 사용될 변수를 구조체 멤버로 선언하였기 때문에, main( )함수에서 새롭게 사용하는 변수가 아니면 선언할 필요가 없다. 구조체 변수와 태그는 이름이 같아도 상관없다.

【예제 201】자동차 메이커와 자동차이름 및 배기량을 구조체 list의 멤버로 선언하여 이를 출력하는 프로그램을 작성하라.

```
struct list
{
        char   maker[10] , name[10] ;
        int    vol ;
} car ;
int main( )
{
    printf("메이커, 차량이름, 배기량을 입력하라 : ") ;
```

```
        scanf("%s %s %d", _____ ) ;
        printf("--------------------------\n") ;
        printf("   maker      name      cc \n") ;
        printf("--------------------------\n") ;
        printf("_____ ) ;
}
```

```
C:\Windows\system32\cmd.exe                            —    □    ×
메이커, 차량이름, 배기량을 입력하라 : 현대  그랜저  3500

  maker      name      cc

  현대      그랜저    3500

계속하려면 아무 키나 누르십시오 . . .
```

만일 학생수가 100명인 구조체를 정의하려고 한다면 구조체 변수를 100개 써넣어야 한다는 번거로움이 발생한다. 이러한 번거로움을 해소하기 위해 구조체 변수가 여러 개인 경우는 배열을 이용하여 표시할 수 있다.

```
struct 구조체 이름
{
        데이터형1  멤버명 1 ;
        .......
        데이터형n  멤버명 n ;
} 배열명[레코드수] ;
```

【예제 202】학생 3명의 이름과 나이를 구조체 inform의 멤버로 선언하고 출생연도(born)까지 출력하는 프로그램을 작성하라.

```
struct inform
{
    char name[20] ;
    int  age, born ;
} st[10] ;
```

```
int main( )
{
    int i ;
    printf("학생의 이름과 나이를 입력하라  \n") ;
    for(i=1; i<=3; i++)
    {
         printf("%2d번 : ", i) ;
         scanf(_____) ;
         st[i].born = _____ ;
    }
    printf(" 이름     나이  출생연도 \n") ;
    printf("------------------------\n") ;
    for(i=1; i<=3; i++)
         printf("%-8s  %3d  %6d년\n", _____) ;
    printf("------------------------\n") ;
}
```

```
C:\Windows\system32\cmd.exe                    —    □    ×
학생의 이름과 나이를 입력하라 :
1번 : 신길동   23
2번 : 김길동   21
3번 : 홍길동   27
------------------------------
 이름    나이   출생연도
------------------------------
신길동    23     1998년
김길동    21     2000년
홍길동    27     1994년
------------------------------
계속하려면 아무 키나 누르십시오 . . .
```

【예제 203】 구조체 list에서 구조체 변수의 배열 car를 50개 만드는 프로그램을 작성하라.

```
struct list
{
    char maker[10] , name[10] ;
    int vol ;
} _____ ;
int main( )
{
    int  i, n ;
```

```
    n = 3 ; // 차량 대수 입력
    printf("메이커, 차량이름, 배기량을 입력하라 \n") ;
    for(i=1; i<=n; i++)
        scanf("%s %s %d", _____) ;
    printf("---------------------------\n") ;
    printf("   maker      name      cc \n") ;
    printf("---------------------------\n") ;
    for(i=1; i<=n; i++)
    printf("%8s  %8s  %6d\n", _____) ;
    printf("---------------------------\n") ;
}
```

```
C:\Windows\system32\cmd.exe                          —    □    ×
메이커, 차량이름, 배기량을 입력하라
현대  그랜저  3500
쌍용  렉스턴  2900
기아  K5    2400
─────────────────────────
  maker      name      cc
─────────────────────────
  현대      그랜저    3500
  쌍용      렉스턴    2900
  기아       K5      2400
─────────────────────────
계속하려면 아무 키나 누르십시오 . . .
```

【예제 204】 4명의 이름(name), 중간(t1), 기말(t2), 과제(rep), 출석(att)성적은 다음과 같으며 d:\temp\성적.txt으로 저장되어 있다고 한다. 이러한 자료를 불러와서 구조체 score의 멤버로 선언하여 멤버의 합계(tot)를 구하는 프로그램을 작성하라.

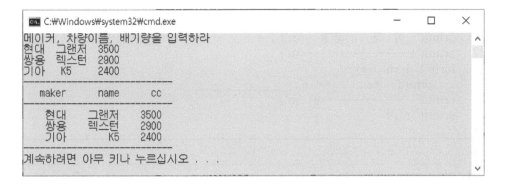

```
struct score
{
```

```
    char name[10] ;
    int   t1, t2, rep, att, tot ;
} sj[50] ;
int main( )
{
    int i, n=4 ;
    for(i=1; i<=n; i++)
    {
        fscanf(pt, "%s %d %d %d %d",
                    _____ ) ;

        _____ ;

    }
    system("cls") ;
    printf("------------------\n") ;
    printf(" 이 름      총점  \n") ;
    printf("------------------\n") ;
    for(i=1; i<=n; i++)
        printf(" %s       %d\n",_____) ;
    printf("------------------\n") ;
    printf("\n") ;
}
```

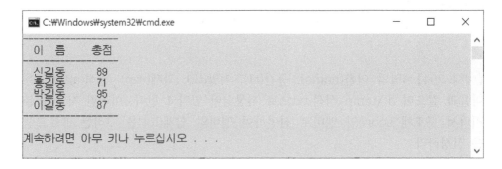

【예제 205】 구조체 score에서 국어, 영어, 수학을 멤버로 선언하고 main( ) 함수에서 구조체 변수 a[ ]를 초기화하여 국어, 영어, 수학의 값을 출력하는 프로그램을 작성하라.

```
struct score
{
        int kor, eng, math ;
} ;
```

```
int main( )
{
    struct score a[ ] = {90, 75, 83} ; // 구조체 score형 변수 a 선언
    struct score *sp = a ;
    printf("%d\n", *sp) ;
    printf("%d\n", (*sp).eng) ;
    printf("%d\n", a[0].math) ; // a[0].멤버의 형태가 아니면 오답이 나옴
}
```

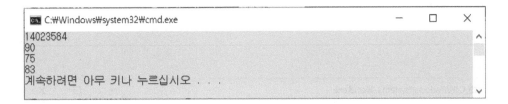

```
C:\Windows\system32\cmd.exe                        —    □    ×
14023584
90
75
83
계속하려면 아무 키나 누르십시오 . . .
```

2. 구조체 tm

time(NULL)은 1970년 1월 1일부터 현재까지의 초 단위시간을 나타내며 정수 값으로 반환된다. time(NULL)은 구조체 tm과는 관련이 없지만 현재 시각을 표시하는 명령문이므로 사용법을 알아두는 것이 필요하며, 특히 임의난수를 생성할 때의 종자 수 역할을 한다.

【예제 206】time(NULL)의 값을 출력하는 프로그램을 작성하라.

```
#include "_____"
int main( )
{
        printf(_____) ;
}
```

```
C:\Windows\system32\cmd.exe                        —    □    ×
1580450014
계속하려면 아무 키나 누르십시오 . . .
```

【예제 207】현재 시각 출력하는 프로그램은 다음과 같다. 실행시켜보라.

```
#include "_____"
int main( )
{
    time_t curr ;  // 시간 변수선언
    struct tm now ; // now를 tm과 같은 형태의 구조체로 선언
    curr = time(NULL) ;
    now = *localtime(&curr) ; // localtime은 현재 시각 반환
    printf("현재 날짜와 시각 : %s\n", asctime(&now) ) ; // 문자열로 반환
}
```

```
C:\Windows\system32\cmd.exe                          —  □  ×
현재 날짜와 시각 : Sat Feb 01 05:16:49 2020
계속하려면 아무 키나 누르십시오 . . .
```

Visual Studio의 "time.h"에서는 현재 시각을 구조체 tm으로 선언하여 제공한다. 다음은 "time.h" 의 일부분을 발췌한 것이다.

```
*제목 없음 - Windows 메모장                          —  □  ×
파일(F) 편집(E) 서식(O) 보기(V) 도움말
struct tm {
        int tm_sec;     /* seconds after the minute - [0,59] */
        int tm_min;     /* minutes after the hour - [0,59] */
        int tm_hour;    /* hours since midnight - [0,23] */
        int tm_mday;    /* day of the month - [1,31] */
        int tm_mon;     /* months since January - [0,11] */
        int tm_year;    /* years since 1900 */
        int tm_wday;    /* days since Sunday - [0,6] */
        int tm_yday;    /* days since January 1 - [0,365] */
        int tm_isdst;   /* daylight savings time flag */
        };
                    Ln 11, Col 11      100%   Windows (CRLF)   UTF-8
```

3. 복소수

과거에는 근호(root) 속의 값이 음(-)이면 통상적으로 그에 대한 의미를 부여할 수가 없었다. Gauss는 정다각형의 작도를 통해 허수(imaginary number)

에도 의미를 부여하였고, 복소수(complex) 의 개념을 제시하였다.

복소수는 (실수부+허수부)의 형태로 표시되며 "math.h"에서는 복소수를 구조체 _complex 로 제공한다. 다음은 "math.h" 의 일부분을 발췌한 것이다.

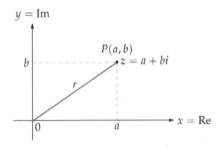

복소수 $a+bi$는 실축(real)으로는 a, 허축(imaginary)으로는 b만큼 이동한 곳이며 다음 그림에서의 점 $P(a,b)$가 된다.

복소수의 절대값은 길이를 나타낸다. 즉, $r=|a+bi|$ 이다.

【예제 208】$3+4i$의 값을 실수부와 허수부로 출력하는 프로그램을 작성하라.

```
#include "_____"
int main( )
{
    struct _complex num = {3.0, 4.0};
    printf("실수부=%lf  허수부=%lf\n", num.x, num.y);
}
```

```
C:\Windows\system32\cmd.exe                    —   □   ×
실수부=3.000000  허수부=4.000000
계속하려면 아무 키나 누르십시오 . . .
```

【예제 209】두 수 a, b를 입력하여 복소수 $a+bi$의 절대값을 구하는 프로그램을 작성하라.

풀이 : cabs( )는 complex absolute 값을 반환한다.

```
#include "_____"
int main( )
{
    float a, b, c ;
    printf("실수부 a와 허수부 b의 값을 입력하라 : ") ;
    scanf("%f %f", &a, &b) ;
    struct _complex cmp = { a, b } ; // cmp는 구조체
    c = cabs( cmp ) ; // cmp의 complex absolute 값
    printf(" | %f + %f i | = %f\n", cmp.x, cmp.y, c ) ;
}
```

```
C:\Windows\system32\cmd.exe                    —   □   ×
실수부 a와 허수부 b의 값을 입력하라 : 3  4
 | 3.000000 + 4.000000 i | = 5.000000
계속하려면 아무 키나 누르십시오 . . .
```

$a+bi$, $c+di$ 일 때 두 개의 복소수의 곱은 $(ac-bd)+(bc+ad)i$ 이고, 복소수의 나눗셈은 $\dfrac{(a+bi)\times(c-di)}{c^2+d^2}$ 이다.

복소수의 연산을 위한 표준 함수는 다음과 같으므로 이를 사용하는 것이 유용하다.

지수	$e^z = e^{x+yi} = e^x(\cos y + i\sin y)$
자연대수	$\log_e z = \log|z| + i\tan^{-1}(\dfrac{y}{x}) = \log\sqrt{x^2+y^2} + i\tan^{-1}(\dfrac{y}{x})$
제곱근	$\sqrt{z} = (x^2+y^2)^{\frac{1}{4}}\{\cos(\dfrac{1}{2}tan^{-1}\dfrac{y}{x}) + i\sin(\dfrac{1}{2}tan^{-1}\dfrac{y}{x})\}$
sin	$\sin z = \dfrac{e^y+e^{-y}}{2}sinx + i\,(\dfrac{e^y-e^{-y}}{2}cosx)$
cos	$\cos z = \dfrac{e^y+e^{-y}}{2}cosx - i\,(\dfrac{e^y-e^{-y}}{2}sinx)$

실습문제

1. 대학교의 직원들의 자료를 구조체 emp 로 선언하고, 멤버는 이름, 부서, 직위, 구내전화번호라고 할 때 d:\temp\emp.txt에 저장된 다음 자료를 출력하는 프로그램을 작성하라. 제공된 자료는 다음과 같다.

김길동, 총무과, 팀장, 2354   이길동, 수업학적과, 직원, 3654
박길동, 예산과, 과장, 7135   신길동, 비서실, 직원, 3348

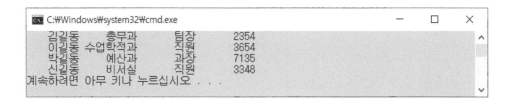

2. 도서의 정보를 구조체 bk 로 선언하고, 다음 변수를 멤버로 선언하여 정보를 입력하고 D;\temp\libr.txt 파일에 저장하는 프로그램을 작성하라.

도서명, 저자, 출판사, 출판연도, 도서의 십진 분류

자바 데이터베이스, 민호기, 삼각형, 1998, 005.133.민95ㅈ
프로그래밍 언어론, 박건웅, 한국고시회, 2003, 005.133.박13ㅍ
MFC 윈도우 프로그래밍, 최호성, 프리렉, 2009, 005.133.최95ㅇ

다음은 입력자료 화면이다.

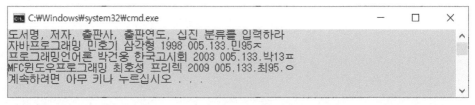

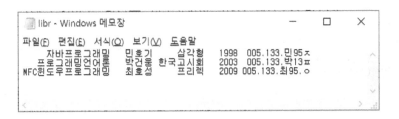

3. 시간당 9,000원의 시급을 받는다고 한다. 이름과 주당 근무시간을 part 의 멤버로 선언하고, main( )에서 5명의 자료를 입력하여 주급을 구하는 프로그램을 작성하라.

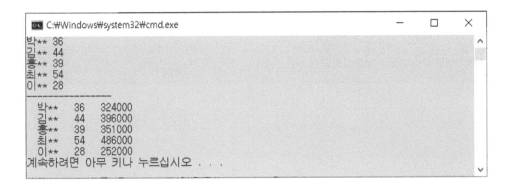

4. 직각삼각형의 밑변(x)과 높이(y)를 구조체 phyta의 멤버로 선언하고, x, y를 입력하여 빗변의 길이(gr)를 계산하는 프로그램을 작성하라. 밑변, 높이 빗변의 길이 사이의 관계식은 $gr = \sqrt{x^2 + y^2}$ 이고, x, y는 실수형으로 하라.

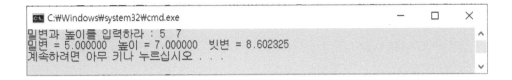

5. 현재 시각을 나타내는 구조체 tm의 멤버를 사용하여 출력결과가 다음과 같도록 프로그램을 작성하라.

힌트 : 연도는 1,900년부터 시작된다.

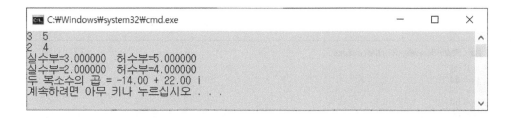

6. 두 개의 복소수를 입력하여 복소수의 곱을 구하는 프로그램을 작성하라. 단, $i = \sqrt{-1}$ 이다.

```
C:\Windows\system32\cmd.exe                          —    □    ×
3   5
2   4
실수부=3.000000   허수부=5.000000
실수부=2.000000   허수부=4.000000
두 복소수의 곱 = -14.00 + 22.00 i
계속하려면 아무 키나 누르십시오 . . .
```

연습문제

1. 구조체 이름을 phone으로 선언하여 이름과 전화번호를 입력하고, 이를 출력하는 프로그램을 작성하라.

```
C:\Windows\system32\cmd.exe                              —    □    ×
엄정국 12323435
엄정국 12323435
계속하려면 아무 키나 누르십시오 . . .
```

2. 두 점 (x_1, y_1) , (x_2, y_2) 사이의 거리는 $d = \sqrt{(x_2 - x_1)^2 + (y_2 - y_1)^2}$ 이다. x, y를 구조체 dist의 멤버로 선언하고 두 점의 좌표를 입력하여 거리를 구하는 프로그램을 작성하라.

```
C:\Windows\system32\cmd.exe                              —    □    ×
점 P의 좌표를 입력하라 : 2  4
점 Q의 좌표를 입력하라 : 1  6
두 점  P(2.000000,4.000000) , Q(1.000000,6.000000) 사이의 거리 = 2.236068
계속하려면 아무 키나 누르십시오 . . .
```

3. 두 점의 좌표를 3회 입력하여 거리를 구하는 프로그램을 작성하라.

```
C:\Windows\system32\cmd.exe                              —    □    ×
점 P, Q의 좌표를 입력하라 : 1 3    2 5
점 P, Q의 좌표를 입력하라 : 3 2    2 1
점 P, Q의 좌표를 입력하라 : 4 1    2 3
----------------
두 점  P(1.00,3.00) , Q(2.00,5.00) 사이의 거리 = 2.236068
두 점  P(3.00,2.00) , Q(2.00,1.00) 사이의 거리 = 1.414214
두 점  P(4.00,1.00) , Q(2.00,3.00) 사이의 거리 = 2.828427
계속하려면 아무 키나 누르십시오 . . .
```

4. d:\temp\성적.txt 파일에는 5명의 이름, 중간고사, 기말고사, 과제, 출석의 자료가 다음의 그림처럼 저장되어있다. 이를 구조체 score의 멤버로 선언하여 성적순으로 나타나도록 프로그램을 작성하라.

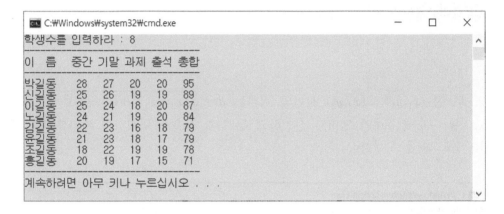

5. 이름(가나다순)으로 성적을 출력하는 프로그램을 작성하라.

힌트 : strcmp( ) 함수를 이용하여 sorting 하면 된다.

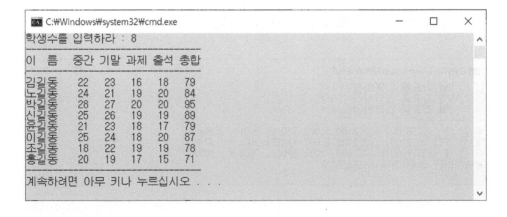

6. 구조체의 멤버를 지정하면 해당 멤버에 대해 정렬할 수 있는 프로그램을 작성하라.

힌트 : switch( ) 문을 사용하여 분기한다.

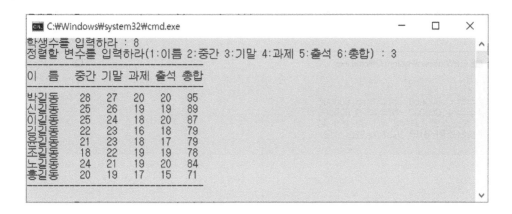

7. asctime( ) 함수에서 출력된 시각을 d:\temp\now.txt 파일로 저장하는 프로그램을 작성하라.

8. d:\temp\now.txt 파일에 저장된 현재 시각을 불러와서 2칸 여백으로 출력하는 프로그램을 작성하라.

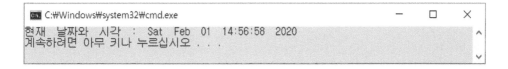

9. 두 개의 복소수 $a+bi$, $c+di$ 의 나눗셈은 $\dfrac{(a+bi)\times(c-di)}{c^2+d^2}$ 이다. 정리

하면 실수부 = $\dfrac{ac+bd}{c^2+d^2}$, 허수부 = $\dfrac{bc-ad}{c^2+d^2}\,i$ 이다. 두 개의 복소수를 입력하

여 나눗셈을 하는 프로그램을 작성하라.

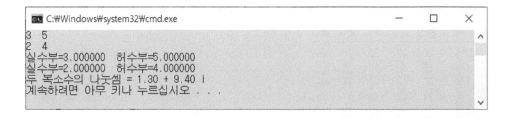

제15장 난수

1. 의사난수

난수는 값이 뒤죽박죽 나타나는 수이며, 난수를 이용하면 다양한 실험을 수행할 수 있다. 난수를 이용한 실험을 시뮬레이션이라고 부른다.

의사난수(pseudo random number)란 난수처럼 보이지만 계산공식을 이용하여 만들기 때문에 엄밀히 난수라고 할 수는 없다. 하지만 의사난수를 만드는 이유는 <u>실험의 옳고 그름을 판단하기 위함</u>이다. 실험이 옳다고 판단되면 다음 단계인 임의난수를 적용할 수 있다.

> 의사난수를 발생시키는 함수는 rand( )이며, <u>0부터 32767(=$2^{15}-1$) 사이의 정수값</u>을 반환한다.

【예제 210】 의사난수를 하나 발생시키는 프로그램을 작성하라.

풀이 : 발생된 난수는 어느 컴퓨터에서나 동일한 값을 갖는다.

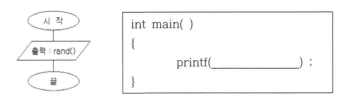

```
int main( )
{
        printf(_____) ;
}
```

```
■ C:\Windows\system32\cmd.exe                    —    □    ×
41
계속하려면 아무 키나 누르십시오 . . .
```

【예제 211】의사난수를 10개 발생시키는 프로그램을 작성하라.

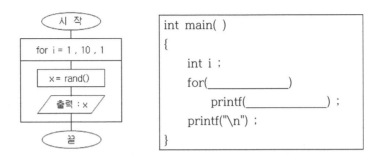

```
int main( )
{
    int i ;
    for(_____)
        printf(_____) ;
    printf("\n") ;
}
```

```
C:\Windows\system32\cmd.exe                                    —   □   ×
    41  18467   6334  26500  19169  15724  11478  29358  26962  24464
계속하려면 아무 키나 누르십시오 . . .
```

【예제 212】발생된 100,000개의 의사난수 중에서 32,765 보다 큰 수를 한 줄에 7개씩 출력하는 프로그램을 작성하라.

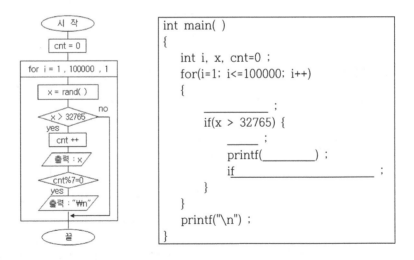

```
int main( )
{
    int i, x, cnt=0 ;
    for(i=1; i<=100000; i++)
    {
        _____ ;
        if(x > 32765) {
            _____ ;
            printf(_____) ;
            if_____ ;
        }
    }
    printf("\n") ;
}
```

```
C:\Windows\system32\cmd.exe                                    —   □   ×
 32767  32766   32767   32767   32767   32767   32766
 32766  32767
계속하려면 아무 키나 누르십시오 . . .
```

【예제 213】 0부터 1 사이 난수 10개를 한 줄에 6개 출력하는 프로그램을 작성하라.

풀이 : 난수를 32767로 나누면 0과 1 사이의 난수가 만들어진다. 흐름도 에는 6개 출력하고 줄 바꾸는 내용은 표시하지 않았다.

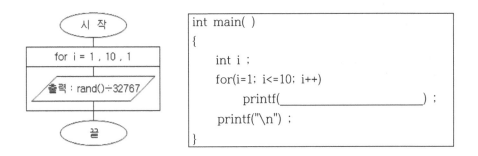

```
int main( )
{
    int i ;
    for(i=1; i<=10; i++)
        printf(_____) ;
    printf("\n") ;
}
```

```
C:\Windows\system32\cmd.exe                         —    □    ×
0.001251  0.563585  0.193304  0.808741  0.585009  0.479873
0.350291  0.895962  0.822840  0.746605
계속하려면 아무 키나 누르십시오 . . .
```

2. 임의난수

단순히 rand( ) 라는 명령문으로 프로그램을 실행시키면 컴퓨터마다 동일한 난수가 만들어진다. 그런데 난수를 만드는 목적은 0~1 사이의 값을 뒤죽박죽으로 나타나게 하여 실험을 하려는 것이다. 발생된 난수가 어느 컴퓨터에서든지 동일하다면 난수로서의 의미가 없어진다.

컴퓨터의 현재 시각을 seed number(종자수)로 만들어서 난수를 발생시키게 된다면 모든 컴퓨터에서의 난수는 다르게 된다. 이러한 난수를 임의난수 (random number)라고 부른다.

현재 시각으로 종자수를 만드는 명령문은 srand(time(NULL)) 이다.

현재 시각을 나타내는 함수는 "time.h" 파일에 정의되어 있으므로 난수를 발생시키는 프로그램을 작성할 때는 반드시 불러와야 한다.

【예제 214】 시스템의 현재 시각에 따른 난수를 10개 발생시키는 프로그램을 작성하라.

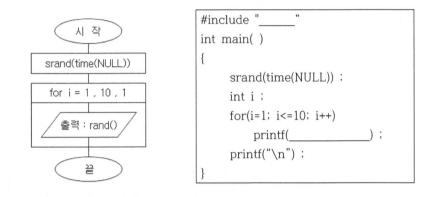

```
#include "_____ "
int main( )
{
    srand(time(NULL)) ;
    int  i ;
    for(i=1; i<=10; i++)
        printf(_____) ;
    printf("\n") ;
}
```

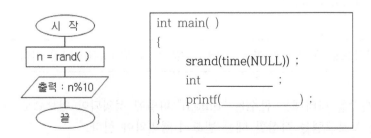

컴퓨터 시스템의 시각을 종자수로 시작하기 때문에 프로그램을 실행시키면 매번 값이 다른 것을 확인할 수 있다.

난수를 생성하다 보면 정수값이 요구되는 경우가 발생한다. 예를 들어, 테트리스 게임에서 6개의 도형을 만들 때 정수형 난수가 필요하게 된다. 주사위를 던지는 실험을 한다면 발생시킬 임의난수는 1부터 6까지의 정수여야 한다.

【예제 215】 임의로 만들어진 난수 n을 만들고, 이를 10으로 나눈 나머지를 출력하는 프로그램을 작성하라.

풀이 : 정수를 10으로 나누면 나머지가 0~9 사이의 값을 갖게 된다.

```
int main( )
{
    srand(time(NULL)) ;
    int _____ ;
    printf(_____) ;
}
```

```
C:\Windows\system32\cmd.exe                          —   □   ×
5
계속하려면 아무 키나 누르십시오 . . .
```

【예제 216】 1부터 10 사이의 정수형 난수를 30개 만들고, 한 줄에 10개씩 출력하는 프로그램을 작성하라.

풀이 : 정수를 10으로 나누면 나머지가 0~9 사이의 값을 가지므로, 계산된 나머지에 1을 더하면 1~10 사이의 난수가 만들어진다.

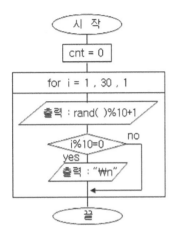

```
#include "_____"
int main( )
{
    srand(time(NULL)) ;
    int i;
    for(_____)
    {
        printf(_____) ;
        if_____ ;
    }
    printf("\n") ;
}
```

```
C:\Windows\system32\cmd.exe                          —   □   ×
8    1    3    2    9    7    3    10   4    3
6    6    8    3    5    3    9    5    4    6
9    9    10   10   10   8    7    8    2    10
계속하려면 아무 키나 누르십시오 . . .
```

【예제 217】 1부터 20 사이의 난수를 100개 생성하고, 평균과 분산을 구하는 프로그램을 작성하라. 평균 $= \frac{1}{n}\sum_{i=1}^{n} x_i$, 분산 $= \frac{1}{n}\sum_{i=1}^{n} x_i^2$ - 평균^2

풀이 : 정수를 20으로 나누었을 때의 나머지는 0~19 이므로 1을 더하면 1~20 사이의 난수가 만들어진다.

```
                                    #include "_____"
   ┌─────── 시 작 ───────┐         int main( )
                                    {
      s = 0 , ss = 0                    srand(time(NULL)) ;
                                        int i, x ; float s=0, ss=0, m, var ;
      for  i = 1 , 100 , 1              for(i=1; i<=100; i++)
                                        {
      x = rand() % 20 + 1                  _____ ;
                                             _____ ;
      s = s + x                                  _____ ;
      ss = ss + x*x                      }
                                        _____ ;
      m = s / 100                       _____ ;
      var = ss / 100 − m*m              printf(_____) ;
                                    }
      출력 : m , var
           끝
```

```
C:\Windows\system32\cmd.exe                            —    □    ×
평균 = 11.010000    분산 = 34.249893
계속하려면 아무 키나 누르십시오 . . .
```

【예제 218】 동전 던지기 실험을 20회 수행하여 앞면은 H, 뒷면은 T로 출력하는 프로그램을 작성하라.

풀이 : 0과 1사이의 난수 outcome을 발생시킨 후, outcome이 0.5보다 작으면 "H"를 출력하고 그 외에는 "T"를 출력하면 된다.

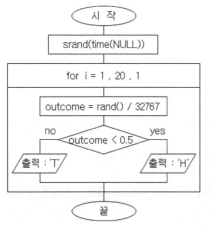

```
                                    #include "_____"
   ┌─────── 시 작 ───────┐         int main( )
                                    {
      srand(time(NULL))                 srand(time(NULL)) ;
                                        float outcome ;  int i ;
      for  i = 1 , 20 , 1               for(i=1; i<=20; i++)
                                        {
      outcome = rand() / 32767              _____ ;
                                             if_____ ;
  no        outcome < 0.5   yes             else _____ ;
                                        }
  출력 : 'T'        출력 : 'H'           printf("\n") ;
                                    }
           끝
```

```
C:\Windows\system32\cmd.exe                            —   □   ×
T H H T T T H H T H T T T H T T T H T H T
계속하려면 아무 키나 누르십시오 . . .
```

위의 방법은 비주얼 C++을 제외한 일반적인 프로그래밍 언어에서 사용하는 방식이다. 하지만 비주얼 C++에서는 나머지를 계산하는 연산자(%)가 따로 있으므로 이를 사용하면 단순하게 프로그램을 작성할 수 있다.

【예제 219】 동전을 던지는 실험을 100회 하였을 때, 앞면의 개수가 나타나는 수가 몇 회인가를 찾는 프로그램을 작성하라.

풀이 : 조건문에서 앞면이 나타나는 경우는 1씩 누적시킨다.

```
#include "_____"
int main( )
{
    srand(time(NULL)) ;
    int i, h = 0 , x ;
    for(_____)
    {
        _____ ;
        if_____ ;
    }
    printf(_____) ;
}
```

```
C:\Windows\system32\cmd.exe                            —   □   ×
앞면의 출현횟수 = 45
계속하려면 아무 키나 누르십시오 . . .
```

【예제 220】 두 개의 동전을 100번 던졌을 때 각각의 경우가 나타나는 확률을 출력하는 프로그램을 작성하라.

풀이 : 동전이 나타나는 경우는 4가지이며, 각각에 1~4의 번호를 부여한다. 또한, 난수는 200개 만들어야 한다.

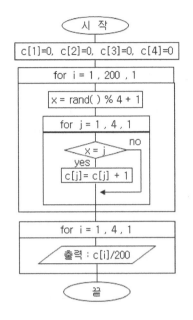

```
#include "_____"
int main( )
{
    srand(time(NULL)) ;
    int i, j, x ; float c[10] ;
    for(i=1; i<=4; i++)
       c[i]=0 ;
    for(i=1; i<=200; i++)
    {
        _____ ;
        for(_____)
                                   ;
            _____
    }
    for(i=1; i<=4; i++)
        printf(_____) ;
    printf("\n") ;
}
```

이제까지는 컴퓨터 시스템이 만드는 난수 발생방법에 대하여 알아보았다. 하지만 수식을 통해서도 사용자가 직접 난수를 생성할 수 있다.

3. 난수를 직접 생성하기

3.1 중앙제곱법

중앙제곱법은 초기치(Seed Number)를 제곱하여 얻은 숫자의 중앙부분을 난수로 사용한다. 일반적으로 n 자리의 수를 제곱하면 $2n$ 또는 $2n-1$ 자리의 수가 만들어지며, 여기서 가운데 n 자리수를 새로운 값으로 정하는 방법이다.

【예제 221】 초기치를 $x_0 = 2152$ 로 하여 중앙제곱법으로 4자리의 난수를 5개만 생성하는 프로그램을 작성하라.

풀이 : $x_1 = 2152^2 = 04631104 \rightarrow 6311$ $\quad$ $x_2 = 6311^2 = 30828711 \rightarrow 8287$

$\qquad$ $x_3 = 8287^2 = 68674369 \rightarrow 6743$ $\quad$ $x_4 = 6743^2 = 45468049 \rightarrow 4680$

$\qquad$ $x_5 = 4680^2 = 21902400 \rightarrow 9024$

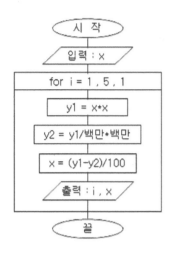

```
int main( )
{
    int i, x, y1, y2 ;
    printf("초기치를 입력하라 : ") ;
    scanf(_____) ;
    for(i=1; i<=5; i++)
    {
        _____ ;
        _____ ;
        _____ ;
        printf(_____) ;
    }
}
```

```
C:\Windows\system32\cmd.exe                      -    □    ×
초기치를 입력하라 : 2152
x( 1) = 6311
x( 2) = 8287
x( 3) = 6743
x( 4) = 4680
x( 5) = 9024
계속하려면 아무 키나 누르십시오 . . .
```

중앙제곱법은 난수를 쉽게 생성한다는 장점이 있으나 초기치에 따라서는 몇 회 지나지 않아 중앙의 값이 영(zero)으로 퇴화(Degenerate)하거나 동일한 난 수 수열이 발생할 수 있다. 예를 들면, 초기치가 $x_0 = 2500$ 이면

$$x_1 = 2500^2 = 06250000 \rightarrow 2500$$

이 되어 동일한 난수 수열이 발생하게 된다. 또한 초기치가 $x_0 = 5197$ 이면 7번 째 난수부터는 영(zero)가 되어 값이 퇴화된다.

3.2 중앙곱셈법

동일한 자릿수의 초기치를 2개 선택하여 곱을 구한 뒤, 중앙의 값을 새로운 난수로 정하는 방법이다. 다음은 중앙곱셈법의 초기치가 각각 x_0=2938, x_1 =7229일 때 생성된 난수이다.

$$x_2 = 2388 \times 7229 = 21,238,802 \quad \rightarrow \quad x_2 = 2388$$
$$x_3 = 7229 \times 2388 = 17,262,852 \quad \rightarrow \quad x_3 = 2628$$

【예제 222】 중앙곱셈법으로 4자리의 난수를 만들려고 한다. 초기치를 x_0 =2938, x_1=7229라고 할 때의 난수를 10개 생성하라.

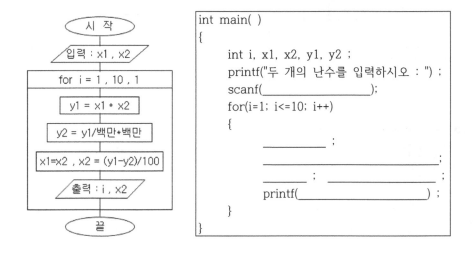

```
int main( )
{
    int i, x1, x2, y1, y2 ;
    printf("두 개의 난수를 입력하시오 : ") ;
    scanf(_____);
    for(i=1; i<=10; i++)
    {
        _____ ;
        _____;
        _____ ; _____ ;
        printf(_____) ;
    }
}
```

```
C:\Windows\system32\cmd.exe                          —    □    ×
두 개의 난수를 입력하시오 : 2938  7229
x( 1) = 2388
x( 2) = 2628
x( 3) = 2756
x( 4) = 2427
x( 5) = 6888
x( 6) = 7171
x( 7) = 3938
x( 8) = 2393
x( 9) = 4236
x(10) = 1367
계속하려면 아무 키나 누르십시오 . . .
```

3.3 배수합동법

배수합동법(multiplicative congruential method)은 다음과 같이 수열 $x_{i+1} = ax_i \bmod m$ $(i = 0, 1, 2, 3, \ldots)$를 발생시킨다. 난수는 $r_{i+1} = \dfrac{x_{i+1}}{m}$ 로 정하며, 일반적으로 m값은 큰 소수(prime number)를 선택하는 것이 좋다.

【예제 223】 $a = 1234$, $x_0 = 2596$, $m = 5657$일 때, 배수합동법으로 0부터 1사이의 난수 5개를 구하는 프로그램을 작성하라.

```c
int main( )
{
    int a, x, m, i ; float r ;
    printf("a, x, m 값을 입력하라 : ") ;
    scanf("%d %d %d", &x, &a, &m) ;
    for(i=1; i<=5; i++)
    {
        x = a * x % m ;
        r = (float) x / m ; // 난수
        printf("%f\n", r) ;
    }
}
```

```
C:\Windows\system32\cmd.exe                          —    □    ×
a, x, m 값을 입력하라 : 1234  2596  5657
0.283189
0.158565
0.633728
0.158211
0.715927
계속하려면 아무 키나 누르십시오 . . .
```

3.4 혼합합동법

먼저 수열 $x_i(i = 0, 1, 2, 3, \ldots)$는 $x_{i+1} = (ax_i + c) \bmod m$ 를 사용하여 만든다. 여기서 a, c, m은 자연수이다. 난수는 $r_{i+1} = \dfrac{x_{i+1}}{m}, (i = 0, 1, 2, \ldots)$ 에 의해 계산된 값으로 정한다.

【예제 224】 혼합합동법으로 $a = 17$, $c = 43$, $m = 100$ 일 때의 난수를 5개 생성하는 프로그램을 작성하라. 단, 입력하는 x 값은 123으로 하라.

```
int main( )
{
    int i, a=17, c=43, m=100, x ; float r ;
    printf("초기치를 입력하라 : ") ;  scanf("%d", &x) ;
    for(i=1;i <=5; i++)
    {
        x = (a*x + c) % m ;  r = (float) x / m ;
        printf("%8.5f", r) ;
    }
}
```

```
C:\Windows\system32\cmd.exe                           —     □     ×
123
  0.3400  0.2100  0.0000  0.4300  0.7400
계속하려면 아무 키나 누르십시오 . . .
```

4. 기각-채택법

1951년 폰 노이만이 제안한 기각-채택법(acceptance-reject)은 적당한 분포의 난수를 구하고, 그 중에서 특정 조건에 맞는 경우만 채택하는 방식으로 난수를 생성하는 방법이다.

함수 $g(Y)$에서 생성된 난수 Y로부터 만들어지는 함수를 $f(Y)$라고 할 때, $f(Y)/g(Y)$에 의해 만들어진 값 중에서 최댓값을 갖는 상수 C를 정하여 난수를 기각하거나 채택하는 방법을 따르는 방식이 기각-채택법이다.

1) 확률밀도함수 $g(x)$에서 난수 Y를 생성

2) 균등난수 U를 생성

3) 만일 $U \leq \dfrac{f(Y)}{C \cdot g(Y)}$이면 $X = Y$로 결정

4) 그렇지 않으면 기각하고 1)번으로 goto 1)

이제 표준정규분포 $Z \sim N(0,1)$를 따르는 난수를 생성하는 알고리즘을 만들어보자. Z의 절대값은 다음과 같은 확률밀도함수를 갖는다.

$$f(x) = \frac{2}{\sqrt{2\pi}} e^{-x^2/2}$$

$g(x) = e^{-x} \ (x > 0)$라고 놓으면 $\dfrac{f(x)}{g(x)} = \sqrt{\dfrac{2}{\pi}} e^{x - x^2/2}$ 가 된다. 우변을 $k(x)$로 치환하면 $k(x)$는 $x = 1$일 때 극대이면서 최댓값을 갖는다. 이때의 최댓값은 $k(1) = \sqrt{\dfrac{2}{\pi}} e^{\frac{1}{2}}$이므로 $C = \sqrt{\dfrac{2e}{\pi}}$ 가 된다. 따라서

$$\frac{f(x)}{cg(x)} = e^{-\frac{(x-1)^2}{2}}$$

를 얻게 된다. 또한 $x = -\log(g(x))$의 관계식도 사용된다.

---

1) 두 개의 균등난수 U_1, U_2 를 생성

2) $Y = -\log(U_1)$

3) if $U_2 \leq e^{-\frac{(Y-1)^2}{2}}$, then return Y

   else goto 1)

【예제 225】기각-채택법으로 정규난수 100개를 만드는 프로그램을 작성하라.

```
int main( )
{
        srand(time(NULL)) ;
        int i ;
        double u1, u2, x, y, h ;
        for(i=1; i<=100; i++)
        {
```

```
                    u1 = rand()/32767. ;
                    u2 = rand()/32767. ;
                    y = -log(u1) ;
                    h = exp(-(y-1)*(y-1)/2) ;
                    if(u2 < h ) x = y ;
                    printf("%9.5f", x) ;
                    if( i%8==0 ) printf("\n") ;
             }
             printf("\n") ;
}
```

```
C:\Windows\system32\cmd.exe                              —    □    ×

 1.84442  0.25298  1.48659  1.20144  0.20218  0.81032  1.06834  1.00886
 1.84019  0.28542  2.01948  1.26642  1.26642  0.59434  0.23317  0.89544
 0.63146  0.63146  1.92477  0.01479  0.79574  0.31940  0.16001  0.16001
 1.40923  1.40923  0.31004  0.31004  1.12762  0.51711  1.44911  2.26212
 2.26212  0.77228  0.77228  0.84623  0.84623  1.47866  0.50092  1.30202
 1.30202  0.56933  1.07888  0.37515  0.37515  0.28339  1.55313  1.26729
 1.26729  1.05371  1.05371  1.05371  0.31149  0.00698  0.68758  0.68758
 0.31450  1.09298  1.09298  0.12523  0.65480  2.49174  0.27347  0.24103
 1.22174  1.72778  0.45423  0.88836  0.88836  0.88836  0.88836  0.57636
 1.07915  1.27316  1.49622  0.95066  0.36675  0.39167  1.60069  0.00704
 2.18841  0.86049  0.86049  1.67786  1.47652  1.47652  0.32492  1.09681
 0.03121  0.94271  0.94271  1.05134  0.79344  0.42318  0.42318  0.21002
 0.21002  0.52828  0.52828  1.63469
계속하려면 아무 키나 누르십시오 . . .
```

실습문제

1. 30개의 의사난수를 발생시켜 한 줄에 7개씩 출력하는 프로그램을 작성하라.

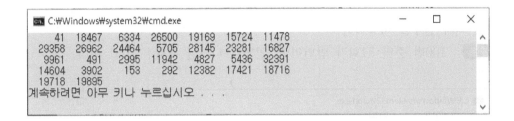

2. 0과 1 사이의 실수형 난수를 10개 만들어서 한 줄에 6개씩 출력하는 프로그램을 작성하라. 단, 의사 난수를 사용하라.

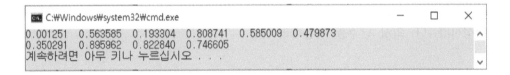

3. 주사위를 1,000번 던졌을 때 각각의 눈이 출현하는 회수를 구하는 프로그램을 작성하라. 단, 의사 난수를 사용하라.

4. 1부터 6까지의 정수 난수를 50개 만들고, 한 줄에 12개씩 출력하는 프로그램을 작성하라. 단, 의사 난수를 사용하라.

5. 동전을 100번 던졌을 때 앞면이 나올 확률을 구하는 프로그램을 작성하라. 단, 의사 난수를 사용하라.

힌트 : 100번 중의 51회가 앞면이면, 앞면이 나타날 확률은 0.51 이다.

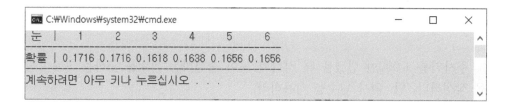

6. 주사위 5,000번 던졌을 때의 각각의 눈이 나타날 확률을 구하는 프로그램을 작성하라. 단, 의사 난수를 사용하라.

7. 나머지 계산 연산자(%)를 사용하여 동전 20회 던지기 실험을 수행하여 앞면을 H, 뒷면을 T로 출력하는 프로그램을 작성하라. 단, 의사 난수를 사용하라.

8. 중앙제곱법의 초기치가 x_0=5197일 때 난수 10개를 발생시켜라.

```
C:\Windows\system32\cmd.exe                          —    □    ×
초기치를 입력하라 : 5197
x( 1) = 88
x( 2) = 77
x( 3) = 59
x( 4) = 34
x( 5) = 11
x( 6) = 1
x( 7) = 0
x( 8) = 0
x( 9) = 0
x(10) = 0
계속하려면 아무 키나 누르십시오 . . .
```

9. 중앙곱셈법의 초기치가 $x_0 = 1234$, $x_1 = 1987$일 때 난수 10개를 발생시켜라.

```
C:\Windows\system32\cmd.exe                          —    □    ×
두 개의 난수를 입력하시오 : 1234    1987
x( 1) = 4519
x( 2) = 9792
x( 3) = 2500
x( 4) = 4800
x( 5) = 0
x( 6) = 0
x( 7) = 0
x( 8) = 0
x( 9) = 0
x(10) = 0
계속하려면 아무 키나 누르십시오 . . .
```

연습문제

1. 주사위를 3,000번 던져 각각의 눈이 나타난 개수를 출력하는 실험을 switch( ) 문으로 작성하라. 단, 의사난수를 사용하기로 한다.

2. 네 자리 의사난수를 자릿수별로 출력하는 프로그램을 작성하라. 단, 발생된 난수가 네 자리보다 작으면 난수를 다시 발생시켜라. itoa( )를 사용할 것.

3. 2부터 5사이의 정수형 난수를 30개 발생시키고, 한 줄에 7개씩 출력하는 프로그램을 만들어라. 단, 의사 난수를 사용하라.

```
C:\Windows\system32\cmd.exe                              -   □   ×
    4    4    2    3    3    3    5
    3    5    5    4    5    2    5
    2    4    3    2    4    3    2
    4    5
계속하려면 아무 키나 누르십시오 . . .
```

4. 두 수 *a,b*를 입력하여 구간 [a,b] 사이의 실수형 난수를 10개 구하는 프로그램을 작성하라. 단, 의사 난수를 사용하라.

5. 윷놀이에서 막대의 등(back)이 나올 확률은 0.6 이라고 한다. 배(bely)가 나올 확률은 0.4가 된다. 이제 하나의 난수를 발생시켜 막대가 나타난 모양을 출력하는 프로그램을 작성하라. 단, 등(back)은 ▨▨▨ , 배는 □□□ 로 나타내기로 한다. 여기서 도형의 그림은 흔글 문자표 중에서 전각기호(일반)에서 불러오면 된다. 난수는 의사난수를 사용하라.

힌트 : 0~1 사이의 난수 값이 0.6 이상이면 출현은 등(back)으로 처리한다.

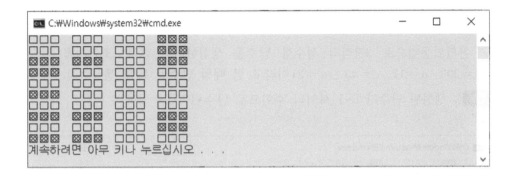

6. 윷놀이에서 막대의 등(bk)이 나올 확률은 0.6 이라고 할 때, 4개의 막대가 출현한 상태를 10회 출력하는 프로그램을 작성하라. 단, 의사난수를 사용하라.

7. Lotto는 1부터 45까지의 난수를 발생시키고 이 중에서 6개를 추출하는 방법을 사용한다. 하지만 난수를 발생시키다보면 중복된 난수가 만들어지므로 이것을 제거하는 것이 필요하다. 중복된 난수가 제거된 Lotto 번호를 10회 발생시키는 프로그램을 작성하라. 의사난수를 이용하라.

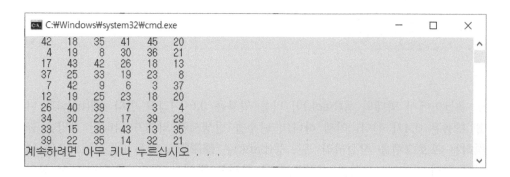

8. 3자리 수를 제곱하면 5, 6자리 수가 나타난다. 이것을 7자리 수로 만들고 가운데 3, 4, 5번째 수를 난수로 설정하는 방식으로 중앙제곱법을 적용하여 세 자리의 난수를 생성하는 프로그램을 작성하라.

9. 혼합합동법으로 3자리의 정수형 난수를 생성하려고 한다. 초기치를 각각 $x_0 = 293$, $a = 17$, $c = 43$, $m = 31$이라고 할 때의 난수를 10개 생성하라.

힌트 : 생성된 난수가 0~1 사이의 수이므로 난수*1000을 곱해야 한다.

제16장 몬테칼로 적분

난수가 사용되는 분야는 실로 다양하다. 그 중에서 몬테칼로(Monte Carlo) 적분은 구간 [0,1] 사이의 난수를 사용하여 적분을 하는 방법이다. 하지만 난수를 사용한다는 기본전제 때문에 근사적인 값을 구할 수 있을 뿐이다. 난수와 관련된 부분이라 이곳에서 다루고 있지만, 실제로 정확한 계산을 하는 함수의 적분은 제19장에서 다룰 예정이다.

이제 다음과 같은 적분을 고려해보자.

$$\int_a^b g(x)dx$$

이제 $Y = (b-a)g(X)$ 라고 하면 기댓값의 정의에 따라

$$\begin{aligned} E(Y) &= E[(b-a)g(X)] \\ &= (b-a)E[g(X)] \\ &= (b-a)\int_a^b g(x)f(x)\,dx \end{aligned}$$

가 된다. 만일 $f(x) = \dfrac{1}{b-a}$ 이라 하면

$$E(Y) = (b-a)\int_a^b g(x)\frac{1}{b-a}dx = \int_a^b g(x)dx$$

이므로, 구간 [a,b]에서의 함수 $g(x)$의 적분은 $(b-a)g(X)$의 기댓값을 계산하는 문제와 동일하다.

1. 구간 [0,1]에서의 적분

【예제 226】 $\int_0^1 1\,dx$ 의 적분을 하는 프로그램을 작성하라. 단, 0~1 사이의 난수를 1,000개 발생시켜 계산하기로 한다.

풀이 : 구간 [0,1]에서 $g(x)=1$ 의 기댓값을 계산하면 된다. 그런데 함수는 상수 1로 되어 있으므로 난수 x의 식으로 나타낼 수가 없다. 따라서 난수를 발생시켜도 사용되지는 않는다.

```
#include "_____"
float g(float x) { return 1 ; } // g(x)=1
int main( )
{
    srand(time(NULL)) ;
    int i, k=1000 ; float s=0, a=0, b=1, x ;
    for(i=1; i<=k; i++)
    {
        x = _____ ; // 난수
        s = s + (b-a) * g(x) ; //구간의 폭은 (b-a) = 1
    }
    printf("%f\n", s/k) ;
}
```

```
C:\Windows\system32\cmd.exe                      —    □    ×
1.000000
계속하려면 아무 키나 누르십시오 . . .
```

【예제 227】 [0,1]사이의 난수를 1,000개 발생시켜 $\int_0^1 x^2\,dx$ 의 적분을 하는 프로그램을 만들어라.

풀이 : 수학적으로 계산하면 적분 값은 0.33333 이 된다.

```
#include "_____"
float g(float x) { return x*x ; } // g(x)=x*x
int main( )
{
        srand(time(NULL)) ;
        int i, k=1000 ; float s=0, a=0, b=1, x ;
        for(i=1; i<=k; i++)
        {
                x = _____ ; // 난수
                s = s + _____; // 1은 구간의 폭
        }
        printf("%f\n", s/k) ;
}
```

```
■ C:₩Windows₩system32₩cmd.exe                    ─    □    ×
0.327231
계속하려면 아무 키나 누르십시오 . . .
```

2. 구간 [a,b]에서의 적분

지금까지는 구간이 [0,1]일 때의 적분 방법을 다루었다. 적분 구간이 [0,1]이므로 사용된 난수는 0부터 1 사이의 값이 필요하였다. 일반적으로 구간이 [a,b]인 경우는 변수변환을 통해 발생난수를 변환하여야 한다.

> 일반적으로 구간 $[a,b]$ 사이의 난수는 $a+(b-a)*x$로 만든다.

【예제 228】10,000개의 난수를 발생시켜, $\int_{2}^{4} x^2 dx$ 의 적분을 하는 프로그램을 만들어라. (수학적 방법으로 적분하면 값은 18.66667 이다.)

풀이 : x가 0~1 사이의 난수이면 $2x+2$는 구간 [2,4] 사이의 난수가 된다.

```
#include "_____ "
float g(float x) { return x*x ; } // g(x)=x*x
int main( )
{
    srand(time(NULL)) ;
    int i, k=10000 ;  float a, b, s=0, x ;
    printf("적분구간의 시작과 끝 값을 입력하라 : ") ;
    scanf("%f %f", &a, &b) ;
    for(i=1; i<=k; i++)
    {
        x = _____ ; // 구간 {a,b} 사이의 난수
        s = _____ ; // (b-a)는 구간의 폭, g(x)=x*x
    }
    printf("%f\n", s/k) ;
}
```

```
C:\Windows\system32\cmd.exe                                  —    □    ×
적분구간의 시작과 끝 값을 입력하라 : 2  4
18.699531
계속하려면 아무 키나 누르십시오 . . .
```

3. 무한구간적분

무한구간의 적분인 $\displaystyle\int_0^\infty g(x)dx$ 를 계산하는 방법에 대해 설명하여 본다. 앞에서 다루었던 적분 방법을 적용하기 위해선 변수변환이 필요하다.

먼저 $y=\dfrac{1}{x+1}$ 이라고 놓고, 이것을 x에 관하여 정리하면 $x=\dfrac{1}{y}-1$ 이 된다. 변수변환을 하였으므로 x의 구간 $[0,\infty]$에 대해 y의 구간은 $[0,1]$로 바뀌게 되므로 앞에서 다루었던 적분문제로 귀결된다. 그런데,

$$y=\frac{1}{x+1} \quad \rightarrow \quad dy=-\frac{1}{(x+1)^2}dx=-y^2dx \quad \rightarrow \quad dx=-\frac{dy}{y^2}$$

가 된다. 이제 $h(y) = g\left(\dfrac{1}{y}-1\right)\dfrac{1}{y^2} = \dfrac{g(x)}{y^2}$ 이라고 놓으면 주어진 적분은

$$\int_0^\infty g(x)dx = \int_1^0 g(\frac{1}{y}-1)(-\frac{dy}{y^2}) = \int_0^1 h(y)dy$$

로 바뀌게 된다.

【예제 229】 $\displaystyle\int_0^\infty e^{-x}dx$ 의 계산 프로그램을 작성하라.

풀이 : $g(x) = e^{-x}$ 이고 $h(y) = \dfrac{g(x)}{y^2}$ 이다. 실제의 적분값은 1 이다.

```c
#include "_____"
int main( )
{
    srand(time(NULL)) ;
    int i, k=1000 ; float s=0, x, y ;
    for(i=1; i<=k; i++)
    {
        y = rand()/32767. ;
        if( y < 0.0001 ) y=0.0001 ;
        x = _____ ;
        s = s + 1 * _____ ; // 1은 구간의 폭
    }
    printf("%f\n", s/k) ;
}
```

```
C:\Windows\system32\cmd.exe                          —    □    ×
1.008160
계속하려면 아무 키나 누르십시오 . . .
```

앞의 프로그램에서 생성된 난수 y 값이 너무 작으면 상대적으로 x 값이 커지므로 함수에 x를 대입하면 너무 작은 값이 만들어지면서 범람(overflow)이 발생한다. 따라서 아주 작은 난수는 0.0001로 처리한 것이다.

4. 비율을 이용한 적분

두 개의 난수 x_1, x_2를 발생시켜 하나의 순서쌍 (x_1, x_2)을 만들고, 이것이 도형의 내부에 떨어진 개수의 비율을 구하면 적분을 할 수 있다. 예를 들어, 원의 내부는 $x^2 + y^2 \leq 1$ 이므로 순서쌍 (x_1, x_2) 중에서 몇 개나 포함이 되었는 가를 헤아려 원의 넓이를 구할 수 있다.

【예제 230】 몬테칼로 방법으로 원의 넓이 구하는 프로그램을 작성하라.

풀이 : 원의 내부에 떨어진 순서쌍 개수의 비율을 4배 하면 원의 넓이가 된다.

```c
#include "_____"
int main( )
{
    srand(time(NULL)) ;
    int i, k=1000 ; float s=0, x, y ;
    for(i=1; i<=k; i++)
    {
        x = _____ ;
        y = _____ ;
        if _____ ;
    }
    printf("%f\n", 4*s/k) ;
}
```

C:\Windows\system32\cmd.exe   —   □   ×

3.248000
계속하려면 아무 키나 누르십시오 . . .

실습문제

1. 반복회수($10^3, 10^4, 10^5, 10^6$)를 변경시키면서 $\int_0^1 \sqrt{1+x^2}\, dx$ 의 적분값을 구하는 프로그램을 작성하라. 단, 의사난수를 사용하라.

힌트 : 실제의 적분값은 1.14779 이다.

```
C:\Windows\system32\cmd.exe                              —    □    ×
난수의 개수 = 10의 3제곱  --> 적분값 = 1.146924
난수의 개수 = 10의 4제곱  --> 적분값 = 1.149351
난수의 개수 = 10의 5제곱  --> 적분값 = 1.148132
난수의 개수 = 10의 6제곱  --> 적분값 = 1.146599
계속하려면 아무 키나 누르십시오 . . .
```

2. 난수를 1백만번 발생시켜 $\int_0^1 e^x\, dx$ 의 계산을 하는 프로그램을 작성하라. 단, 의사난수를 사용하라.

힌트 : 실제의 적분값은 $e-1 ≒ 1.71828$ 이다.

```
C:\Windows\system32\cmd.exe                              —    □    ×
난수의 개수 = 10의 6제곱  --> 적분값 = 1.718177
계속하려면 아무 키나 누르십시오 . . .
```

3. 반복회수($10^3, 10^4, 10^5, 10^6$)를 변경시키면서 $\int_2^4 x^2\, dx$ 의 적분을 하는 프로그램을 작성하라. 단, 의사난수를 사용하라.

```
C:\Windows\system32\cmd.exe                              —    □    ×
난수의 개수 = 10의 3제곱  --> 적분값 = 18.655622
난수의 개수 = 10의 4제곱  --> 적분값 = 18.759229
난수의 개수 = 10의 5제곱  --> 적분값 = 18.688572
난수의 개수 = 10의 6제곱  --> 적분값 = 18.665161
계속하려면 아무 키나 누르십시오 . . .
```

4. 반복회수($10^3, 10^4, 10^5, 10^6$)를 변경시키면서 $\int_1^5 (x^3 + 2)dx$ 의 적분을 하는 프로그램을 작성하라. 단, 의사난수를 사용하라.

힌트 : 적분한 참값은 164 이다.

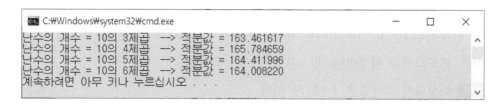

5. 1,000개의 난수를 변경시키면서 $\int_0^\infty \dfrac{\sin(x)}{x}dx$ 의 적분을 하는 프로그램을 작성하라. 단, 의사난수를 사용하라.

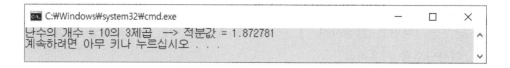

6. 두 개의 난수 x, y를 각각 10,000개 발생시켜 $\int_0^3 (x^2 + 1)dx$ 의 값을 구하는 프로그램을 작성하라. 단, 의사난수를 사용하라.

힌트 : x는 0~3, y는 0~10 사이의 난수여야 한다. 또한 $y - (x^2 + 1) < 0$을 만족하는 개수를 구하면 된다.

```
선택 C:\Windows\system32\cmd.exe                              —   □   ×
12.108000
계속하려면 아무 키나 누르십시오 . . .
```

연습문제

1. 난수를 1백만 번 발생시켜 $\int_0^1 \sin(x)dx$ 의 계산을 하는 프로그램을 작성하라. 실제의 적분값은 0.459698 이다. 단, 의사난수를 사용하라.

힌트 : 삼각함수의 문제이지만 발생된 난수를 라디안 값으로 제공해도 된다.

```
C:\Windows\system32\cmd.exe                           —    □    ×
난수의 개수 = 10의 6제곱  --> 적분값 = 0.459842
계속하려면 아무 키나 누르십시오 . . .
```

2. 1,000개의 난수를 발생시켜 $\int_0^\infty \left(x^{-\frac{1}{2}}e^{-x}\right)dx$ 를 계산하는 프로그램을 작성하라. 적분한 참값은 $\sqrt{\pi} = 1.77245$ 이다. 단, 의사난수를 사용하라.

힌트 : 반복회수를 늘려보면 범람이 발생한다.

```
C:\Windows\system32\cmd.exe                           —    □    ×
1.775122
계속하려면 아무 키나 누르십시오 . . .
```

3. 1,000개의 의사난수를 발생시켜 $\int_0^\infty xe^{-x}dx$ 의 값을 구하여라. 적분한 참값은 1이다.

```
C:\Windows\system32\cmd.exe                           —    □    ×
난수의 개수 = 10의 3제곱  --> 적분값 = 0.953631
계속하려면 아무 키나 누르십시오 . . .
```

4. 타원의 방정식은 $\dfrac{x^2}{a^2}+\dfrac{y^2}{b^2}=1$ 이다. a=3, b=2 일 때, 두 개의 의사난수 x, y를 각각 10,000개 발생시켜 타원의 넓이를 구하는 프로그램을 작성하라.

힌트 : 타원의 넓이를 구하는 식은 πab 이다. 비율을 구한 후에 24(=a*b*4)를 곱하면 된다.

```
C:\Windows\system32\cmd.exe                          —    □    ×
18.684000
계속하려면 아무 키나 누르십시오 . . .
```

5. 두 개의 의사난수 x, y를 각각 10,000개 발생시켜 $\displaystyle\int_{2}^{4}\log(x)\,dx$ 의 값을 구하는 프로그램을 작성하라. 적분한 참값은 $4\log_e 4 - 2\log_e 2 - 2$ =2.158883

힌트 : 비율을 구한 후에 $2*\log_e 4$ = 2.77259를 곱하면 된다.

```
C:\Windows\system32\cmd.exe                          —    □    ×
2.159292
계속하려면 아무 키나 누르십시오 . . .
```

제17장   적분

앞서 몬테칼로 적분을 다룬 바 있다. 몬테칼로 적분은 난수를 이용하므로 정확한 값(실제는 근사값)을 구하려면 실험횟수를 무한히 늘려야한다. 여기서는 가급적 실험횟수를 줄이면서도 정확한 값에 빨리 수렴하는 적분에 대하여 다룰 예정이다.

1. 구분구적법

구분구적법은 적분의 기본원리이다. 구분하여 쌓아간다는 의미이므로 구분구적법으로 연속함수 $f(x)$ 를 구간 $[a,b]$ 에서 적분하는 절차는 다음과 같다.

---

(1) 주어진 구간을 n 등분하고 각각의 구간에 대응하는 넓이를 계산한다.
(2) 모든 구간에서의 직사각형의 넓이를 더한다.
(3) $n \to \infty$ 로 하여 함수 $f(x)$ 의 적분을 구한다.

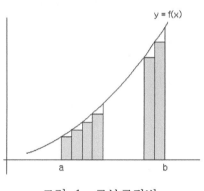

그림-1   구분구적법

【예제 231】 $f(x) = x^3 + 1$ 일 때 구간 [1,3]을 8 등분한 함수값을 출력하는 프로그램을 작성하라.

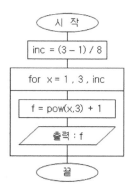

```
#include "_____"
int main( )
{
        double f, inc= 2./8 , x ;
        for(_____)
        {
                _____ ;
                printf(_____) ;
        }
}
```

C:\Windows\system32\cmd.exe   —   □   ×

```
  2.000000
  2.953125
  4.375000
  6.359375
  9.000000
 12.390625
 16.625000
 21.796875
 28.000000
계속하려면 아무 키나 누르십시오 . . .
```

【예제 232】 구분구적법으로 구간 $[1,3]$ 을 80등분하여 $f(x) = x^3 + 1$ 을 적분한 값을 구하는 흐름도는 다음과 같다. 프로그램을 작성하라.

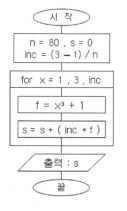

```
#include "_____"
int main( )
{
    int n=80 ; float inc=2./n, x, f, s=0 ;
    for(_____)
    {
        _____ ;
        _____ ;
    }
    printf(_____) ;
}
```

```
C:\Windows\system32\cmd.exe                          —    □    ×
21.676268
계속하려면 아무 키나 누르십시오 . . .
```

구분구적법은 이론상으로는 이해할 수 있지만 적분의 참값에 도달하려면 주어진 구간의 등분수를 무한히 크게 만들어야 한다는 것이다. 이것은 프로그램의 효율을 떨어뜨리는 요인이 되므로 다른 방법을 강구해야 한다.

2. 사다리꼴 공식

주어진 구간 $[a, b]$에서의 적분을 고려해보자. 다음의 그림에서 보는 것처럼 직사각형의 넓이보다는 사다리꼴의 넓이가 실제의 면적에 가깝다는 것을 알 수 있다. 여기서는 구간을 다섯 개로 나누었지만 구간의 수가 많아진다고 하더라도 동일하다.

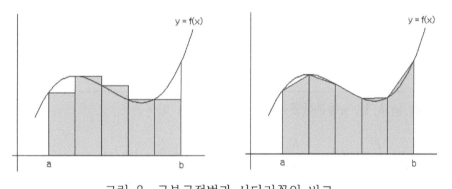

그림-2 구분구적법과 사다리꼴의 비교

이제부터는 사다리꼴 공식을 일반화하여 본다. 구간이 2등분된 경우(구간의 폭을 h라 하자.)의 면적을 S_0, S_1 이라고 하면

$$S_0 = \frac{h}{2}[f(x_0) + f(x_1)] \quad , \quad S_1 = \frac{h}{2}[f(x_1) + f(x_2)]$$

따라서 구간을 2등분한 경우의 면적은

$$S = S_0 + S_1 = \frac{h}{2}[f(x_0) + 2f(x_1) + f(x_2)]$$

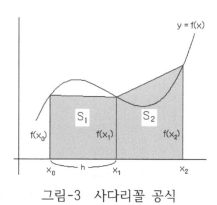

그림-3 사다리꼴 공식

이를 전체구간에 적용시켜 함수 $f(x)$의 정적분을 계산하는 방식을 사다리꼴 공식이라 한다.

일반적으로 사다리꼴 공식으로 적분하는 알고리즘은 다음과 같다.

구간 $[a,b]$를 n등분하였을 때 함수 $f(x)$의 정적분은

$$\int_a^b f(x)\,dx \simeq \frac{h}{2}[f_0 + 2 \cdot (f_1 + f_2 + \cdots + f_{n-1}) + f_n]$$

여기서 $h = \dfrac{(b-a)}{n}$, $x_i = a + ih \ (i = 0, 1, 2, \ldots, n-1)$, $f_i = f(x_i)$ 이다.

【예제 233】 구간 $[1, 2]$를 2 등분하여 $f(x) = x^3 + 1$ 을 사다리꼴 공식으로 적분하라.

풀이 : 구간을 2 등분하였으므로 폭은 $h = 0.5$이다. 적분의 참값은 4.75이다.

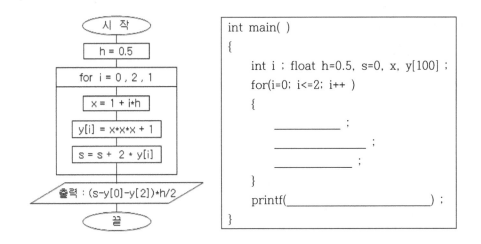

【예제 234】 구간 $[1,2]$를 8등분하여 $f(x)=x^3+1$ 을 사다리꼴 공식으로 적분하라.

풀이 : $a=x_0=1$, $b=x_8=2$이고 n=8 이므로 $h=0.125$이다.

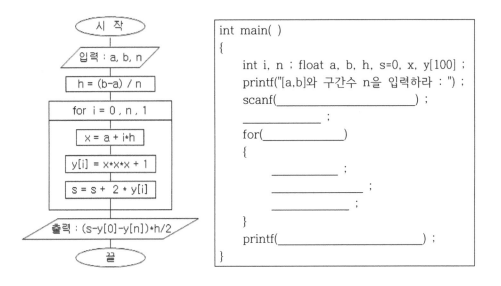

```
C:\Windows\system32\cmd.exe                          —    □    ×
구간 [a,b]의 값과 구간수 n을 입력하라 : 1  2  8
적분값 = 4.761719
계속하려면 아무 키나 누르십시오 . . .
```

3. 심프슨 공식

　　Simpson의 공식은 주어진 구간을 2등분하여 이웃하는 두 구간 상에서의 곡
선을 2차함수로 대치하여 적분의 근사값을 구하는 방법이라 할 수 있다.
Simpson의 공식은 참값으로 수렴하는 속도가 다른 방법보다 빠르므로 수치적
분에 많이 사용되고 있다.

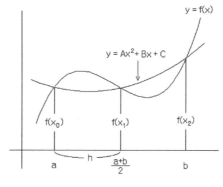

그림-4　Simpson 공식

　　$f(x) = Ax^2 + Bx + C$ 위의 세 점을 $(a, f(x_0)), (\dfrac{a+b}{2}, f(x_1)), (b, f(x_2))$ 라
고 하면

$$\begin{cases} f(x_0) = Aa^2 + Ba + C \\[2mm] f(x_1) = A(\dfrac{a+b}{2})^2 + B(\dfrac{a+b}{2}) + C \\[2mm] f(x_2) = Ab^2 + Bb + C \end{cases}$$

인 관계식이 성립한다. 한편 포물선 $y = Ax^2 + Bx + C$ 에 의한 적분값은

$$\int_a^b (Ax^2 + bx + C)dx = \left[\frac{Ax^3}{3} + \frac{bx^2}{2} + Cx \right]_a^b$$

$$= \frac{b-a}{6} \left[2A(b^2 + ab + a^2) + 3B(b+a) + 6C \right]$$

이다. 여기서 대괄호 안을 계산하면 다음과 같다.

$$2A(b^2 + ab + a^2) + 3B(b+a) + 6C$$

$$= Aa^2 + Ba + C + Ab^2 + Bb + C + A(a^2 + 2ab + b^2) + 2B(a+b) + 4C$$

$$= f(x_0) + 4f(x_1) + f(x_2)$$

따라서 구간이 2등분 된 경우의 근사적분값은 다음과 같다.

$$\int_a^b (Ax^2 + Bx + C)dx = \frac{b-a}{6} \{ f(x_0) + 4f(x_1) + f(x_2) \}$$

$$= \frac{h}{3} \{ f(x_0) + 4f(x_1) + f(x_2) \}$$

단, $h = \dfrac{b-a}{2}$ 이다. 일반적으로 구간 $[a, b]$를 $2n$등분하면

$$S = \frac{h}{3} [f(a) + 4\sum_{i=1}^{n-1} f(x_{2i}) + 2\sum_{i=1}^{n} f(x_{2i-1}) + f(b)]$$

여기서 $h = \dfrac{b-a}{2n}$, $x_i = a + ih \, (i = 0, 1, 2, ..., 2n-1), x_{2n} = b$ 이다.

【예제 235】 구간 $[1, 2]$를 10 등분하여 $f(x) = x^3 + 1$ 을 Simpson의 공식으로 적분하라.

풀이 : 합을 2배, 4배하는 곳을 따로 계산한다.

```
float f(float x) { return (x*x*x + 1) ; }
int main( )
{
    float x, a, b, s1=0, s2=0, s, h ;  int i, n ;
    printf("구간 [a,b]의 값과 구간수 n을 입력하라 : ") ;
    scanf("%f %f %d", &a, &b, &n) ;
    h = (b-a) / n ;
    for(_____)
    {
        x = a + i*h ;
        s1 = _____ ;
    }
    for(_____)
    {
        x = a + i*h ;
        s2 = _____ ;
    }
    s = ( _____ ) * h / 3 ;
    printf("적분값 = %f\n", s) ;
}
```

```
C:\Windows\system32\cmd.exe                              —    □    ×
구간 [a,b]의 값과 구간수 n을 입력하라 : 1  2  10
적분값 = 4.750000
계속하려면 아무 키나 누르십시오 . . .
```

4. 무한구간 적분법

4.1 Gauss – Hermite 구적법

$\int_{-\infty}^{\infty} e^{-x^2} f(x)dx$ 형태의 적분에 사용된다. $\int_{-\infty}^{\infty} e^{-x^2} f(x)dx = \sum_{k=1}^{n} w_k f(x_k)$

로 표현한 뒤, 상수 $w_k, x_k (k=1,2,...,n)$를 구하면 된다. 이러한 $2n$ 개의 미지수를 찾는 방식은 계산이 복잡하므로 미리 계산된 값을 사용하기로 한다. 여기서 x_k는 Hermite 다항식의 근이다.

Hermite 다항식은 다음과 같은 모함수(generating function)를 갖는다.

$$H_n(x) = (-1)^n e^{x^2} \frac{d^n}{dx^n}(e^{-x^2})$$

$k = 2$인 경우, Hermite 다항식은 $H_2(x) = e^{x^2}\frac{d^2}{dx^2}(e^{-x^2}) = 4x^2 - 2$ 이므로 2차 다항식의 근을 구하면 $x_k = \pm \sqrt{2}/2$ 이다. 이러한 방식으로 계산을 하면 다음과 같은 가중치의 표를 얻을 수 있다.

n	x_i	w_i
2	± 0.7071068	0.8862269
3	0.0000000 ± 1.2247449	1.1816359 0.2954090
4	± 0.5246476 ± 1.6506801	0.8049141 0.0813128
5	0.0000000 ± 0.9585725 ± 2.0201829	0.9453087 0.3936193 0.0199532
6	± 0.4360774 ± 1.3358491 ± 2.3506050	0.7246296 0.1570673 0.0045300

【예제 236】 5점 공식으로 $\int_{-\infty}^{\infty} x^2 e^{-x^2} dx$ 의 값을 구하는 프로그램을 작성하라. 참값은 $\sqrt{\frac{\pi}{2}} = 0.886227$ 이다.

풀이 : 표로부터

$$\int_{-\infty}^{\infty} e^{-x^2} f(x) dx = 0.019953 \cdot f(-2.020183) + 0.393619 \cdot f(-0.958573)$$
$$+ 0.945309 \cdot f(0)$$
$$+ 0.393619 \cdot f(0.958573) + 0.019953 \cdot f(2.020183)$$

이고, $f(x) = x^2$ 인 경우이다. 따라서 적분결과는

$$\int_{-\infty}^{\infty} x^2 e^{-x^2} dx = 0.886227$$

Gauss-Hermite 구적법의 프로그램은 다음과 같다.

```
float f(float x) { return (x*x) ; }
int main( )
{
    float w[10], x[10], s=0; int n, i, j;
jmp0 :
    printf("Hermite Point의 수를 입력하라 : ");
    scanf("%d", &n);

    if(n != 2) goto jmp1;
    x[1]=0.7071068; x[2]=-x[1];
    w[1]=0.8862269; w[2]=w[1];
    goto stp;
jmp1 :
    if(n != 3) goto jmp2;
    x[1]=1.2247449; x[2]=0; x[3]=-x[1];
    w[1]=0.2954090; w[2]=1.1816359; w[3]=w[1];
    goto stp;
jmp2 :
    if(n != 4) goto jmp3;
    x[3]=0.5246476; x[4]=1.6506801; x[1]=-x[4]; x[2]=-x[3];
    w[3]=0.8049141; w[4]=0.0813128; w[1]=w[4];   w[2]=w[3];
    goto stp;
jmp3 :
    if(n != 5) goto jmp4;
```

```
        x[3]=0; x[4]=0.9585725; x[5]=2.0201829; x[1]=-x[5]; x[2]=-x[4];
        w[3]=0.9453087; w[4]=0.3936193; w[5]=0.0199532; w[1]=w[5];  w[2]=w[4];
        goto stp;
jmp4 :
        if(n != 6) goto stp;
        x[4]=0.4360774; x[5]=1.3358491; x[6]=2.3506050;
        w[4]=0.7246296; w[5]=0.1570673; w[6]=0.0045300;
        x[1]=-x[6]; x[2]=-x[5]; x[3]=-x[4];
        w[1]=w[6];  w[2]=w[5];  w[3]=w[4];
stp :
        for(j=1; j<=n; j++)
        s += f(x[j])*w[j];
        printf("적분값 = %f\n", s);
}
```

```
C:\Windows\system32\cmd.exe                        —   □   ×
Hermite Point의 수를 입력하라 : 5
적분값 = 0.886227
계속하려면 아무 키나 누르십시오 . . .
```

4.2 Gauss - Laguerre 구적법

Gauss - Laguerre 구적법은 $\int_0^\infty e^{-x} f(x)dx$ 인 경우에 사용한다.
이 식은 다음과 같은 형태로 표현할 수 있다.

$$\int_0^\infty e^{-x} f(x)dx = \sum_{k=1}^n w_k f(x_k)$$

이 식을 만족하는 $2n$개의 상수 $w_k, x_k (k=1,2,...,n)$를 찾는 것은 어렵기 때문에 미리 계산된 값을 사용하기로 한다. 여기서 x_k는 Laguerre 다항식의 근이다.

n	x_i	w_i
3	0.4157746	0.7110930
	2.2942804	0.2785177
	6.2899451	0.0103893
4	0.3225477	0.6031541
	1.7457611	0.3574187
	4.5366203	0.0388879
	9.3950709	0.0005393
5	0.2635603	0.5217556
	1.4134031	0.3986668
	3.5964258	0.0759424
	7.0858100	0.0036118
	12.6408008	0.0000234

【예제 237】 5점 공식으로 $\int_0^\infty x\,e^{-x}\,dx$ 의 적분을 하라.

풀이 : 가중치를 사용하면

$$\int_0^\infty x\,e^{-x}\,dx = 0.5217556{\cdot}f(0.26356032) + 0.3986668{\cdot}f(1.41340306)$$

$$+ 0.07594245{\cdot}f(3.59642577)$$

$$+ 0.0036118{\cdot}f(7.08581001) + 0.0000234{\cdot}f(12.64080844)$$

로 나타낼 수 있다. 여기서 $f(x) = x$ 이므로

$$\int_0^\infty x\,e^{-x}\,dx = 1.000001$$

이다. 실제로, 참값은 $\Gamma(1) = 1$ 이므로 상당히 정확한 적분결과가 얻어진 것을 알 수 있다.

```
float f(float x) { return (x) ; }
int main( )
{
      float w[10], x[10], s=0; int j, n;
jmp0 :
      printf("Laguerre Point의 수를 입력하라 : ");
      scanf("%d", &n);

      if(n != 2) goto jmp1;
      x[1]=0.5857864; x[2]=3.4142135;
      w[1]=0.8535534; w[2]=0.1464466;
      goto stp;
jmp1 :
      if(n != 3) goto jmp2;
      x[1]=0.4157746; x[2]=2.2942804; x[3]=6.2899451;
      w[1]=0.7110930; w[2]=0.2785177; w[3]=0.0103893;
      goto stp;
jmp2 :
      if(n != 4) goto jmp3;
      x[1]=0.3225477; x[2]=1.7457611; x[3]=4.5366203; x[4]=9.3950709;
      w[1]=0.6031541; w[2]=0.3574187; w[3]=0.0388879; w[4]=0.0005393;
      goto stp;
jmp3 :
      if(n != 5) goto stp;
      x[1]=0.2635603; x[2]=1.4134031; x[3]=3.5964258; x[4]=7.0858100;x[5]=12.6408008;
      w[1]=0.5217556; w[2]=0.3986668; w[3]=0.0759424; w[4]=0.0036118; w[5]=0.0000234;
stp :  for(j=1; j<=n; j++)
         s += f(x[j])*w[j];
         printf("적분값 = %f\n", s);
}
```

```
C:\Windows\system32\cmd.exe                              —    □    ×
Laguerre Point의 수를 입력하라 : 5
적분값 = 1.000000
계속하려면 아무 키나 누르십시오 . . .
```

실습문제

1. main( ) 함수에서 구간 $[a,b]=[1,3]$의 값과 등분수 $n=8$을 f( )에 전달하여 sin(x)의 값을 계산하여 main( )에서 출력하는 프로그램을 작성하라.

```
C:\Windows\system32\cmd.exe                                    —   □   ×
    0.841471
    0.948985
    0.997495
    0.983986
    0.909297
    0.778073
    0.598472
    0.381661
    0.141120
계속하려면 아무 키나 누르십시오 . . .
```

2. 구분구적법으로 구간 [0, 1] 을 100, 1000, 10000 으로 균등하게 나누어서 $f(x)=\sin(x)$의 적분을 하여라.

```
C:\Windows\system32\cmd.exe                                    —   □   ×
구간 [a,b]의 값을 입력하라 : 0  1
구간    100 등분 ==>      0.455486
구간   1000 등분 ==>      0.459274
구간  10000 등분 ==>      0.459656
계속하려면 아무 키나 누르십시오 . . .
```

3. $f(x)=x^3+1$ 을 사다리꼴 공식으로 구간[1,2]에서 구간을 10, 100, 1000, 10000으로 균등하게 나누어서 적분하는 프로그램을 작성하라.

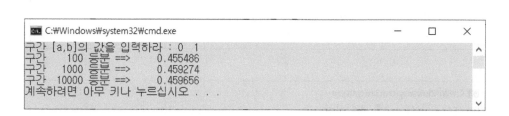

```
C:\Windows\system32\cmd.exe                                    —   □   ×
[a,b]를 입력하라 : 1  2
등분수     10  --> 적분값 = 4.757500
등분수    100  --> 적분값 = 4.750075
등분수   1000  --> 적분값 = 4.749999
등분수  10000  --> 적분값 = 4.749998
계속하려면 아무 키나 누르십시오 . . .
```

연습문제

구간을 10, 100, 1000, 10000으로 나누어 $\int_{2}^{3} x\sqrt{1+x^2}\,dx$을 다음의 3가지 방법으로 계산하는 프로그램을 작성하라. 참값은 6.8141455... 이다.

1. 구분구적법으로 계산하는 프로그램을 작성하라.

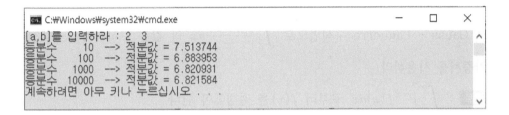

2. 사다리꼴 방법으로 계산하는 프로그램을 작성하라.

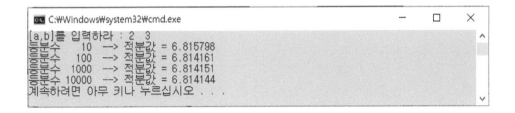

3. Simpson의 공식으로 계산하는 프로그램을 작성하라. 단, 구간의 개수는 10, 100으로 한다. (Simpson 공식은 구간의 개수가 많지 않아도 된다.)

4. Gauss - Hermite 구적법으로 $\int_{-\infty}^{\infty} \dfrac{1}{1+x^2} dx$ 의 값을 구하여라. 단, 5점 가중치를 사용하라.

힌트 : $\int_{-\infty}^{\infty} e^{-x^2} f(x) dx$ 로부터 $f(x)$를 결정해야 한다.

```
C:\Windows\system32\cmd.exe                              -    □    ×
Hermite Point의 수를 입력하라 : 5
적분값 = 2.438655
계속하려면 아무 키나 누르십시오 . . .
```

5. Gauss - Laguerre 구적법으로 $\int_{0}^{\infty} \dfrac{\sin(x)}{x} dx$ 의 값을 구하여라. 단, 5점 가중치를 사용하라.

힌트 : $\int_{0}^{\infty} e^{-x} f(x) dx$ 로부터 $f(x)$를 결정해야 한다.

```
C:\Windows\system32\cmd.exe                              -    □    ×
Laguerre Point의 수를 입력하라 : 5
적분값 = 1.958436
계속하려면 아무 키나 누르십시오 . . .
```

제18장 미분

미분계수는 함수 $y = f(x)$가 주어졌을 때 $x = x_0$에서의 접선의 기울기이다. 해석학적으로는 함수 $f(x)$의 도함수를 구한 다음에 $x = x_0$에서의 값을 찾으면 된다. 하지만 함수가 주어졌다고 해서 미분계수가 구해지는 것은 아니다.

이제부터는 컴퓨터를 이용하여 도함수를 계산하기 힘든 경우라도 미분계수의 근사해를 구할 수 있는 여러 방법을 다루어 보기로 한다.

1. 3점 공식

일반적으로 $(n+1)$개의 점 $P_0(x_0, y_0), P_1(x_1, y_1), ..., P_n(x_n, y_n)$을 지나는 Lagrange 보간다항식에서의 계수다항식 $L_i(x)$를

$$L_i(x) = \prod_{j=0}^{n} \frac{x - x_j}{x_i - x_j}, \quad i \neq j \, (i = 0, 1, 2, ..., n)$$

라고 하면 Lagrange 보간공식은 다음과 같다.

$$f(x) = \sum_{i=0}^{n} L_i(x) f(x_i)$$

이 식을 미분하면

$$f'(x) = \sum_{i=0}^{n} L_i'(x) f(x_i)$$

【예제 238】 $x_i = x_0 + ih \, (i = 0, 1, 2)$ 이고 함수 $f(x)$는 구간 $[x_0, x_2]$에서 연속이고 미분가능이라고 할 때 $f'(x_0)$를 구하여라.

풀이 : 세 점을 지나므로

$$f'(x_k) = L_0'(x_k)f(x_0) + L_1'(x_k)f(x_1) + L_2'(x_k)f(x_2), \ k = 0,1,2$$

이다. 따라서 Lagrange 계수다항식은

$$\begin{cases} L_0(x) = \dfrac{(x-x_1)\cdot(x-x_2)}{(x_0-x_1)\cdot(x_0-x_2)} = \dfrac{(x-x_0-h)\cdot(x-x_0-2h)}{(-h)\cdot(-2h)} \\[3mm] L_1(x) = \dfrac{(x-x_0)\cdot(x-x_2)}{(x_1-x_0)\cdot(x_1-x_2)} = \dfrac{(x-x_0)\cdot(x-x_0-2h)}{(h)\cdot(-h)} \\[3mm] L_2(x) = \dfrac{(x-x_0)\cdot(x-x_1)}{(x_2-x_0)\cdot(x_2-x_1)} = \dfrac{(x-x_0)\cdot(x-x_0-h)}{(2h)\cdot(h)} \end{cases}$$

이므로 다음 관계식을 얻는다.

$$\begin{cases} L_0'(x) = \dfrac{(x-x_0-2h)+(x-x_0-h)}{2h^2} \\[3mm] L_1'(x) = -\dfrac{(x-x_0-2h)+(x-x_0)}{h^2} \\[3mm] L_2'(x) = \dfrac{(x-x_0-h)+(x-x_0)}{2h^2} \end{cases}$$

$$\therefore \quad L_0'(x_0) = -\frac{3h}{2h^2} \quad L_1'(x_0) = \frac{2h}{h^2} \quad L_2'(x_0) = -\frac{h}{2h^2}$$

이 값을 Lagrange 다항식에 대입하면 다음과 같은 식을 얻는다.

$$f'(x_0) = L_0'(x_0)f(x_0) + L_1'(x_0)f(x_1) + L_2'(x_0)f(x_2)$$

$$= -\frac{3h}{2h^2}f(x_0) + \frac{2h}{h^2}f(x_1) - \frac{h}{2h^2}f(x_2)$$

$$= \frac{1}{2h}\{-3f(x_0) + 4f(x_1) - f(x_2)\}$$

이 식은 미분계수를 구하는 3점 공식 중의 하나이다. 참고로 미분계수를 구하는 3점 공식은 다음과 같은 세 가지 방법이 있다.

$$f'(x_0) = \frac{1}{2h}\{-3f(x_0) + 4f(x_1) - f(x_2)\} + O(h)$$

$$f'(x_0) = \frac{1}{2}\{-f(x_{-1}) + f(x_1)\} + O(h)$$

$$f'(x_0) = \frac{1}{2h}\{f(x_{-2}) - 4f(x_{-1}) + 3f(x_0)\} + O(h)$$

미분계수를 계산하는 절차는 다음과 같다. 3점 공식이므로 "미분계수 계산에 사용되는 점의 개수"는 3이 된다. 첫 번째 점 x_0의 index를 0으로 정하고 index를 1씩 증가시키면 된다. 또한 1차 미분계수를 구하는 문제이므로 도함수의 차수는 1로 한다. 다음 그림에서 "도함수의 공식" 중의 첫째 줄이

```
+[ -3.00000 / ( 2.00000*h^1 ) * f( 0*h )
```

라고 출력된 것을 볼 수 있는 데, 이것은 다음과 같이 정리된다.

$$+\frac{1}{2h}[-3.00000f(0*h)] = \frac{1}{2h}[-3.00000f(x_0)]$$

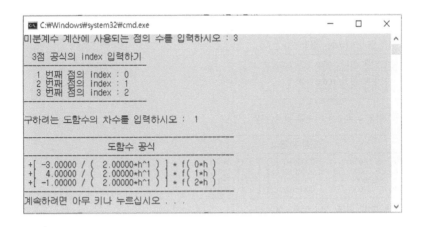

세 번째 공식을 유도하기 위해서 입력하는 값은 다음과 같다.

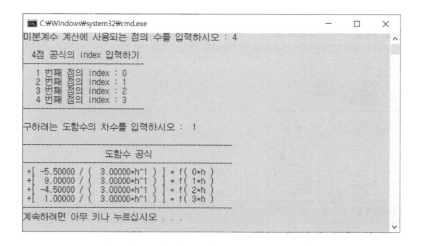

2. 4점 공식

　다음의 프로그램을 사용하면 도함수를 구하는 4점, 5점,.... 등의 공식을 얻을 수 있다. 가능하면 점의 수가 많은 공식으로 만들어서 사용하면 특정한 점에서의 미분계수를 정확하게 계산할 수 있다.

　다음은 첫 번째 점 x_0의 index를 0으로 정하여 만든 4점 공식이다.

$$\therefore \ f'(x_0) = \frac{1}{6h} \{-11f(x_0) + 18f(x_1) - 9f(x_2) + 2f(x_3)\}$$

【예제 239】 $f(x) = 2x^3 - 3x^2 + x - 1$ 일 때, $x = 1$ 에서의 미분계수를 구하여라.

풀이 : $x = 1, 2, 3, 4, 5$ 에서의 $f(x)$를 계산하여 프로그램에 넣으면 된다. 이 때, 5개의 점 중에서 $x = 1$에 해당하는 위치는 index=0 이다. 따라서 프로그램에 index 값을 0, 1, 2, 3, 4를 넣으면 5점 공식이 도출된다. 먼저 5점 공식을 만들면 다음과 같다.

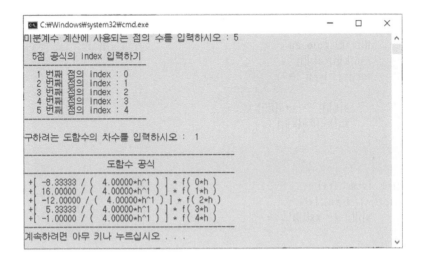

$$\therefore\ f'(x_0) = \frac{1}{12h}\{-25f(x_0) + 48f(x_1) - 36f(x_2) + 16f(x_3) - 3f(x_4)\}$$

이러한 미분계수 계산공식에 $x = 1, 2, 3, 4, 5$ 에서의 $f(x)$의 값을 구하여 공식을 적용하면 $x = 1$에서의 미분계수가 계산된다. 여기서 x의 간격은 1 이므로 $h = 1$ 이다.

x	1	2	3	4	5
y	-1	5	29	83	179

$$\therefore\ f'(x_0) = \frac{1}{12}\{-25 \times (-1) + 48 \times 5 - 36 \times 29 + 16 \times 83 - 3 \times 179\} = 1$$

실제로, $f'(x) = 6x^2 - 6x + 1$ 이므로 $f'(1) = 1$ 이다.

```c
// 도함수를 구하는 프로그램

void gauss(float a[10][10], float xx[10][10], int m)
{
    float r ; int i, j, k, n ;
    n = m+1 ;
    for(i=1; i<=m; i++)
        for(k=1; k<=m; k++)
        {
            if(i==k) goto aa ;
            r=a[k][i]/a[i][i] ;
            for(j=1; j<=n; j++)
            {
                a[k][j] -= r*a[i][j] ;
                xx[k][j]=a[k][j] ;
            }
aa : ;
        }
    for(i=1; i<=m; i++)
        for(j=1; j<=n; j++)
            a[i][j] /= xx[i][i] ;
}

int main( )
{
    float a[10][10], xx[10][10], x[10], y[10], z, f ;
    int indexpt[10], m, k, j, kdr, i ;
    printf("미분계수 계산에 사용되는 점의 수를 입력하시오 : ") ;
    scanf("%d",&m) ;
    printf("\n  %d점 공식의 index 입력하기\n", m) ;
    printf("--------------------------\n") ;
    for(k=1; k<=m; k++){
        printf("  %d 번째 점의 index : ", k) ;
        scanf("%d",&indexpt[k]) ;
    }
    printf("--------------------------\n") ;
inp : printf("\n구하려는 도함수의 차수를 입력하시오 : ") ;
    scanf("%d",&kdr) ;
    if(kdr>=m) goto inp ;
    for(k=1; k<=m; k++)
        for(i=1; i<=m; i++){
            if(k==1) a[k][i]=1 ;
            if(k>1 ) a[k][i]=pow((float)indexpt[i],k-1) ;
        }
```

```
    z=1 ;
    for(j=1; j<=kdr; j++)
        z *= j ;
    for(k=1; k<=m; k++)
    {
        a[k][m+1]=0 ;
        if((k-1==kdr)) a[k][m+1]=z ;
    }
    printf("\n") ;
    printf("------------------------------------------------\n") ;
    printf("                      도함수 공식 \n");
    printf("------------------------------------------------") ;
    gauss(a, xx, m) ;
    f=fabs(a[m][m+1]) ;
    for(j=1; j<=m; j++)
        printf("\n +[ %8.5f / ( %8.5f*h^%d ) ] * f(%2d*h )",
                        a[j][m+1]/f, 1/f, kdr, indexpt[j]);
    printf("\n------------------------------------------------\n") ;
}
```

다음은 주어진 점을 입력하여 미분계수를 구하는 예제이다.

【예제 240】 다음 5개의 점을 지나는 함수를 구해보면 $f(x) = 2x^3 - 6x - 5$ 이
다. 5점 공식을 만들어서 $x = 2$에서의 미분계수를 구하여라.

x	1	2	3	4	5
y	-9	-1	31	99	215


```
// 미분계수를 구하는 프로그램

void gauss(float a[10][10], float xx[10][10], int m)
{
    float r ; int i, j, k, n ;
    n=m+1;
    for(i=1; i<=m; i++)
        for(k=1; k<=m; k++)
        {
```

```
              if(i==k) goto aa ;
              r=a[k][i]/a[i][i] ;
              for(j=1; j<=n; j++)
              {
                  a[k][j] -= r*a[i][j] ;
                  xx[k][j]=a[k][j] ;
              }
aa : ;
          }
      for(i=1; i<=m; i++)
          for(j=1; j<=n; j++)
              a[i][j] /= xx[i][i] ;
}
int main( )
{
      float a[10][10], xx[10][10], x[10], y[10], z, h, f, s ;
      int indexpt[10], m, k, jj, j, kdr, i, l ;
      printf("미분계수 계산에 사용되는 점의 수를 입력하시오 : ") ;
      scanf("%d",&m) ;
      printf("  %d점 공식의 index 입력하기\n", m) ;
      printf("--------------------------\n") ;
      for(k=1;k<=m;k++)
      {
          printf("  %d 번째 점의 index : ", k) ;
          scanf("%d",&indexpt[k]) ;
      }
      printf("--------------------------\n") ;
      for(k=1;k<=m;k++)
          if(indexpt[k]==0) jj=k ;
      printf("\n좌표점 (x,y)를 입력하시오.\n") ;
      for(i=1;i<=m;i++)
          scanf("%f  %f",&x[i],&y[i]) ;
      h=x[2]-x[1] ;
inp : printf("\n구하려는 도함수의 차수를 입력하시오 : ") ;
      scanf("%d",&kdr) ;
      if(kdr>=m) goto inp ;
      for(k=1;k<=m;k++)
          for(l=1;l<=m;l++)
          {
              if(k==1) a[k][l]=1 ;
              if(k>1 ) a[k][l]=pow((float)indexpt[l],k-1) ;
          }
      z=1 ;
      for(j=1; j<=kdr; j++)
          z *= j ;
```

```
    for(k=1; k<=m; k++)
    {
        a[k][m+1]=0 ;
        if((k-1==kdr)) a[k][m+1]=z ;
    }
    printf("-----------------------------------------------\n") ;
    printf("                        도함수  공식 \n") ;
    printf("-----------------------------------------------") ;
    gauss(a, xx, m) ;
    f=fabs(a[m][m+1]) ;
    for(j=1; j<=m; j++)
        printf("\n +[ %8.5f / ( %8.5f*h^%d ) ] * f(%2d*h )",
                        a[j][m+1]/f, 1/f, kdr, indexpt[j]) ;
    printf("\n-----------------------------------------------\n") ;
    s=0 ;
    for(j=1; j<=m; j++)
        s += a[j][m+1]*y[j]/pow(h,kdr) ;
    printf(" f'( %8.5f ) = %12.6f\n\n", x[jj], s) ;
}
```

C:\Windows\system32\cmd.exe — □ ×

```
미분계수 계산에 사용되는 점의 수를 입력하시오 : 5
  5점  공식의  index  입력하기

   1 번째 점의 index : -1
   2 번째 점의 index : 0
   3 번째 점의 index : 1
   4 번째 점의 index : 2
   5 번째 점의 index : 3


좌표점 (x,y)를 입력하시오.
1    -9
2    -1
3    31
4    99
5   215

구하려는 도함수의 차수를 입력하시오 :  1
                도함수  공식
+[  -3.00000 / ( 12.00000*h^1 ) ] * f(-1*h )
+[ -10.00000 / ( 12.00000*h^1 ) ] * f( 0*h )
+[  18.00000 / ( 12.00000*h^1 ) ] * f( 1*h )
+[  -6.00000 / ( 12.00000*h^1 ) ] * f( 2*h )
+[   1.00000 / ( 12.00000*h^1 ) ] * f( 3*h )

 f'( 2.00000 ) =    18.000000

계속하려면 아무 키나 누르십시오 . . .
```

연습문제

1. $f(x) = \log_{10} x$ 의 자료가 다음과 같이 주어져 있다. 5점 공식을 만들어서 $f'(4.2)$의 값을 구하기 위한 5점 공식을 만들어라.

x	4.0	4.2	4.4	4.6	4.8
$f(x)$	0.60206	0.62325	0.64345	0.66276	0.68124

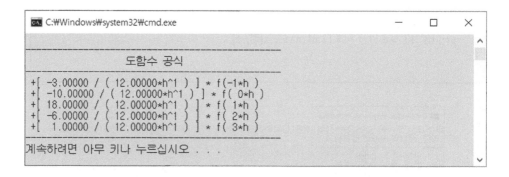

2. 앞의 자료에 대하여 $f'(4.2)$의 값을 계산하여라. 실제로 계산한 미분계수의 값은 0.103403...이다.

제19장 방정식의 해법

1. 2분법

100 미터 길이의 전선을 구입하여 일정 시간 사용하였는데 어느 날 전선에 전기가 흐르지 않는 것을 발견하였다. 어떻게 해야 100 미터 길이의 전선을 버리지 않고 사용할 수 있을까?

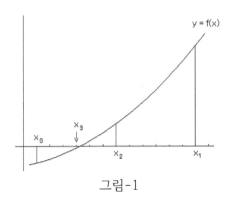

그림-1

그림-1처럼 함수 $f(x)$는 구간 $[x_0, x_1]$에서 연속이고 $f(x_0)f(x_1) < 0$ 이면 구간 $[x_0, x_1]$ 내에 함수의 근이 반드시 존재한다. 이제 구간 $[x_0, x_1]$의 중점을 x_2라 하고 $f(x_0)f(x_2)$, $f(x_1)f(x_2)$ 의 부호를 계산해보면 한 쪽은 양(陽)이고 다른 한쪽은 음(陰)이 될 것이다. 그런데 부호가 음인 구간에는 반드시 근이 존재하므로, 이러한 구간을 새로이 $[x_0, x_1]$으로 놓은 뒤, 위의 절차를 반복하면 방정식의 근으로 수렴한다.

이러한 방식으로 근을 찾는 방법을 이분법이라 한다. 이분법은 방정식의 근을 찾는 쉬운 방법이지만, 방정식의 근으로 수렴하는 속도가 느리다는 것이 단점이다.

【예제 241】 $f(x) = x^3 - 9x + 1$ 의 근을 2분법으로 구하여라.

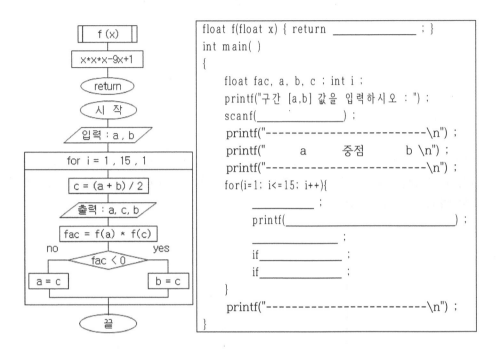

```
float f(float x) { return _____ ; }
int main( )
{
    float fac, a, b, c ; int i ;
    printf("구간 [a,b] 값을 입력하시오 : ") ;
    scanf(_____) ;
    printf("--------------------------\n") ;
    printf("     a      중점      b \n") ;
    printf("--------------------------\n") ;
    for(i=1; i<=15; i++){
        _____ ;
        printf(_____) ;
        _____ ;
        if_____ ;
        if_____ ;
    }
    printf("--------------------------\n") ;
}
```

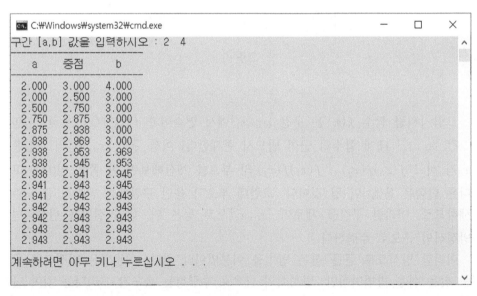

하나의 값으로 수렴하며, 따라서 방정식의 근은 $x = 2.943$ 이다.

이분법의 단점은 반복횟수가 많아야 한다는 것이므로, 이를 줄이는 것이 중요하다.

2. Newton-Raphson 방법

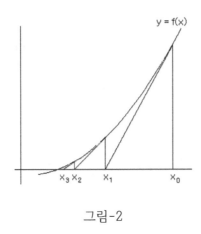

그림-2

초기치를 x_0라고 하면 $(x_0, f(x_0))$에서의 접선의 방정식은

$$y - f(x_0) = f'(x_0)(x - x_0)$$

이다. 접선은 $(x_1, 0)$을 지나므로 $0 - f(x_0) = f'(x_0)(x_1 - x_0)$ 인 관계식을 만족하며 x_1에 관하여 정리하면 $x_1 = x_0 - \dfrac{f(x_0)}{f'(x_0)}$ 이다. x_1은 방정식의 근사해이며, 이 값을 새로운 초기치로 하면 얻은 수열은 일정한 값으로 수렴한다.

Newton - Raphson 방법의 반복식은 다음과 같다.

$$x_{n+1} = x_n - \frac{f(x_n)}{f'(x_n)} \qquad n = 0,1,2,3,\ldots$$

Newton-Raphson 방법은 함수를 미분해야 한다는 어려움은 있으나, 근으로 수렴하는 속도가 빠르다는 것이 장점이다.

【예제 242】 $f(x) = x^2 - A$ 의 근을 구하는 Newton-Raphson 반복식을 구하여라. 단, A > 0 이다.

풀이 : 이것은 A의 제곱근을 구하는 문제이다. $f'(x) = 2x$ 이므로

$$x_{n+1} = x_n - \frac{x_n^2 - A}{2x_n} = \frac{1}{2}(x_n + \frac{A}{x_n})$$

【예제 243】 Newton-Raphson 반복법의 흐름도는 다음과 같다. $f(x) = x^3 - 2$ 의 근을 구하는 프로그램을 작성하여라.

풀이 : 프로그램의 실행을 중간에 멈추기 위한 명령이 필요하다.

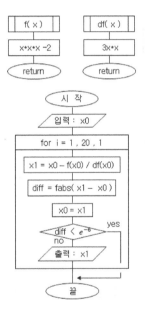

```
float f(float x) { return ( x*x*x - 2 ) ; }
float df(float x) { return ( 3*x*x ) ; }
int main( )
{
    float x, x0, x1 ; int i ;
    printf("초기치를 입력하라 : ") ;
    scanf(_____) ;
    for(_____)
    {
        _____ ;
        _____ ;
        _____ ;
        if_____ ;
        printf(_____) ;
    }
}
```

```
C:\Windows\system32\cmd.exe                      —    □    ×
초기치를 입력하라 : 3
   1      2.074074
   2      1.537691
   3      1.307076
   4      1.261602
   5      1.259923
   6      1.259921
계속하려면 아무 키나 누르십시오 . . .
```

3. 다항식의 근

다항식의 모든 근을 찾는 방법으로는 Bairstow 방법을 꼽을 수 있는데, 다. n차 다항식을 2차 다항식의 곱으로 분해하는 방법이다.

n차 다항식이 2차 다항식의 곱으로 분해되면 2차 방정식은 근의 공식에 의해 구할 수 있으므로 모든 근을 구할 수 있게 된다.

모든 근을 구하는 과정을 여기서 설명할 수는 없으며, 프로그램만 소개하기로 한다.

【예제 244】 $f(x) = x^6 - 21x^5 + 175x^4 - 735x^3 + 1624.5x^2 - 1764x + 720$ 을 2차 다항식의 곱으로 분해하라.

풀이 : 다항식의 계수를 초기화하여 저장하였다.

```
double calc1(double a[30], double b[30], double c[30], double *root, double *r,
double *s, int n);
void calc2(double a[30], double r, double s);
void calc3(double a[30], double b[30], double c[30], double *r, double *s, int *n);
double a[30], b[30], c[30], fa[30], remin, root, r, s ;
int main( )
{
        double high, x[100] ; int  i, j, n, nn ;
//      double a[] = { 0, 1, 2, 3 } ;
//      double a[] = { 0, 1, 0, -1, 1 } ;
//      double a[] = { 0, 1, -6, 11,-6, 0 } ;
//      double a[] = { 0, 1, -4.5, 4.55, 2.675, -3.3, -1.4375 } ;
        double a[] = { 0, 1, -21, 175, -735, 1624.5, -1764, 720 } ;
    printf("주어진 함수는 몇차 다항식인가? 차수를 입력하시오 : ");
    scanf("%d", &n);
    nn = n ;
    n=n+1;
    high = a[1];
    for(i=1; i<=n; i++)
        a[i]=a[i]/high;
n20: if( n<=2 ) goto n40 ;
    calc1(a, b, c, &root, &r, &s, n) ;
    x[n-1] = root ;
    calc2(a,r,s);
    if( n < 1  ) goto n40 ;
    calc3(a, b, c, &r, &s, &n);
    if(n==2) printf("x = %f \n",  x[nn]) ;
    goto n20 ;
```

```
n40: ;
}

double calc1(double a[30], double b[30], double c[30], double *root, double *r,
double *s, int n)
{
    double remin, dr, ds, det;
    int i, j, nn=0;
    remin=1;
    *root=remin;
    for(j=1 ; j<=30; j++)
    {
        b[1]=a[1];
        c[1]=b[1];
        for(i=2; i<=n; i++)
        {
            b[i]=a[i]+ *root*b[i-1];
            c[i]=b[i]+ *root*c[i-1];
        }
        if( c[n-1] == 0.0) goto n20;
        remin=b[n]/c[n-1];
        *root = *root- remin;
n20: if( fabs(remin) <= 1.e-10) goto n30;
    }
n30: if( fabs(*root) <= 1.e-10) *root=0 ;
    b[1]=a[1];
    c[1]=b[1];
    *r = 10 ;
    *s = 10 ;
    n10:j=0;
    b[2]=a[2]+b[1]* *r;
    c[2]=b[2]+c[1]* *r;
    for(i=3; i<=n; i++){
        b[i]=a[i]+*r*b[i-1]+*s*b[i-2];
        c[i]=b[i]+*r*c[i-1]+*s*c[i-2];
    }
    det=c[n-1]*c[n-3]-c[n-2]*c[n-2];
    dr=(b[n-1]*c[n-2]-b[n]*c[n-3])/det;
    ds=(b[n]*c[n-2]-b[n-1]*c[n-1])/det;
    *r=*r+dr;
    *s=*s+ds;
    j=j+1;
    fa[j]=*r;
    if( fabs(dr) <= 1.e-10  &&  fabs(ds) <= 1.e-10 ) goto n50;
    if( fabs(fa[j+1]-fa[j]) <= 1.e-10 ) goto n50;
    goto n10;
n50:
    if( fabs(*r) <= 0.000001) *r=0;
    if( fabs(*s) <= 0.000001) *s=0;
    return 0 ;
```

```
}

void calc2(double a[30], double r, double s)
{
    double  ei, b, c, disc, x, x1, x2, real, himage;
    ei=a[1];
    b=-r/a[1];
    c=-s/a[1];
    disc=b*b-4*ei*c;
    if( disc < 0 ) goto n30;
    else if( disc == 0) goto n20;
    else
        {
        x1=(-b+sqrt(disc))/(2*ei);
        x2=(-b-sqrt(disc))/(2*ei);
        printf("x1 = %f      ", x1);
        printf("x2 = %f\n", x2);
        goto n80;
        }
n20: x=-b/(2*ei);
    printf("x1 = %f      ", x); printf("x2 = %f\n", x);
    goto n80;
n30: himage=sqrt(-disc)/(2*ei);
    real=-b/(2*ei);
    printf("x1 = %f + i* %f      ", real,himage);
    printf("x2 = %f - i* %f\n", real,himage);
n80: ;
}

void calc3(double a[30], double b[30], double c[30], double *r, double *s, int *n)
{
    int i, nn;
    nn=*n;
    for(i=2; i<=nn; i++){
        b[i]= a[i]+ *r *b[i-1]+ *s *b[i-2];
        c[i]= b[i]+ *r *c[i-1]+ *s *c[i-2];
    }
    for(i=1; i<=nn; i++){
        a[i]=b[i];
        b[i]=0.;
    }
    *n=nn-2;
}
```

```
C:\Windows\system32\cmd.exe                           —    □    ×

주어진 함수는 몇차 다항식인가? 차수를 입력하시오 : 6

        dr              ds              r               s

     1.1357390       0.0523096       2.2216115      -0.3909037
     1.2968080      -0.4933067       3.5184195      -0.8842103
     4.0841436      -0.7041228       7.6025629      -1.5883331
    -0.2500190      -1.8845843       7.3525438      -3.4729176
    -0.1658404      -1.3607160       7.1867032      -4.8336334
    -0.1329012      -0.7655592       7.0538020      -5.5991926
    -0.1237072      -0.2576311       6.9300947      -5.8568239
    -0.1051691       0.0221470       6.8249254      -5.8346767
    -0.0630360       0.0540869       6.7618895      -5.7805901
    -0.0236032       0.0223404       6.7382865      -5.7582498
    -0.0037873       0.0036823       6.7344995      -5.7545676
     0.0002494      -0.0002530       6.7347488      -5.7548208
    -0.0001269       0.0001276       6.7346220      -5.7546930
     0.0000230      -0.0000231       6.7346449      -5.7547159
     0.0001485      -0.0001494       6.7347932      -5.7548652
    -0.0000013       0.0000015       6.7347918      -5.7548637

함수 f(x)는 다음 2차방정식의 인수를 갖는다.
    1.0000000 x**2 - (    6.7347918)*x - (   -5.7548637) = 0
따라서 방정식의 근은 다음과 같다.
x1 =    5.7305489      x2 =      1.0042431


        dr              ds              r               s

     1.8467679      -0.0871134       4.0348744      -1.7969451
     3.6503232      -1.3290465       7.6851978      -3.1259916
    -0.2380484      -3.8304515       7.4471493      -6.9564428
    -0.0747415      -2.1046939       7.3724079      -9.0611362
     0.0203874      -1.0794256       7.3927951     -10.1405621
     0.0449234      -0.4337679       7.4377184     -10.5743303
     0.0112443      -0.0689754       7.4489627     -10.6433058
     0.0002442      -0.0014009       7.4492068     -10.6447067
     0.0000002      -0.0000005       7.4492068     -10.6447077

함수 f(x)는 다음 2차방정식의 인수를 갖는다.
    1.0000000 x**2 - (    7.4492068)*x - (  -10.6447077) = 0
따라서 방정식의 근은 다음과 같다.
x1 =    5.5212564      x2 =      1.9279501


        dr              ds              r               s

    -0.0000000      -0.0000000       6.8160014     -11.7534161

함수 f(x)는 다음 2차방정식의 인수를 갖는다.
    1.0000000 x**2 - (    6.8160014)*x - (  -11.7534161) = 0
따라서 방정식의 근은 다음과 같다.
x1 =    3.4080007 + i*    0.3727563      x2 =      3.4080007 - i*    0.3727563

계속하려면 아무 키나 누르십시오 . . .
```

실습문제

함수 $f(x) = e^x - 2$의 그림이 다음과 같다.

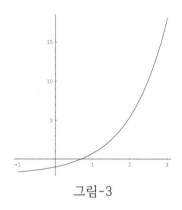

그림-3

1. 이분법을 사용하여 $f(x) = e^x - 2$의 근을 구하여라. 단, 구간의 값은 각자 정하여라.

```
C:\Windows\system32\cmd.exe                              —    □    ×
구간 [a,b] 값을 입력하시오 : 0  1
―――――――――――――――――――――――――――
     a      중점      b
―――――――――――――――――――――――――――
   0.000   0.500   1.000
   0.500   0.750   1.000
   0.500   0.625   0.750
   0.625   0.688   0.750
   0.688   0.719   0.750
   0.688   0.703   0.719
   0.688   0.695   0.703
   0.688   0.691   0.695
   0.691   0.693   0.695
   0.691   0.692   0.693
―――――――――――――――――――――――――――
계속하려면 아무 키나 누르십시오 . . .
```

2. Newton-Raphson 방법으로 $f(x) = e^x - 2$의 근을 구하여라. 단, 초기치와 반복횟수는 각자 정하기로 한다.

```
C:\Windows\system32\cmd.exe                                    —    □    ×
초기치를 입력하라 : 4
       1        3.036631
       2        2.132624
       3        1.369676
       4        0.878054
       5        0.709236
       6        0.693276
       7        0.693147
계속하려면 아무 키나 누르십시오 . . .
```

3. 함수 $f(x) = x^4 - 3x^3 - x + 5$ 일 때, 함수 $f(x)$의 근을 모두 구하여라.

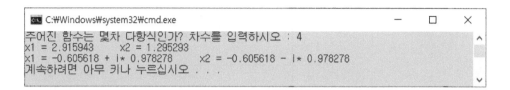

```
C:\Windows\system32\cmd.exe                                    —    □    ×
주어진 함수는 몇차 다항식인가? 차수를 입력하시오 : 4
x1 = 2.915943    x2 = 1.295293
x1 = -0.605618 + i* 0.978278    x2 = -0.605618 - i* 0.978278
계속하려면 아무 키나 누르십시오 . . .
```

연습문제

1. 2분법으로 $x^3 - 2x^2 - 5 = 0$ 의 근을 구하여라. 단, 초기치는 임의로 정하기로 한다.

```
C:\Windows\system32\cmd.exe                          —    □    ×
구간 [a,b] 값을 입력하시오 : 1  3
---------------------------------
    a        중점        b
---------------------------------
  1.000     2.000     3.000
  2.000     2.500     3.000
  2.500     2.750     3.000
  2.500     2.625     2.750
  2.625     2.688     2.750
  2.688     2.719     2.750
  2.688     2.703     2.719
  2.688     2.695     2.703
  2.688     2.691     2.695
  2.688     2.689     2.691
  2.689     2.690     2.691
  2.690     2.691     2.691
  2.690     2.691     2.691
  2.690     2.691     2.691
  2.691     2.691     2.691
---------------------------------
계속하려면 아무 키나 누르십시오 . . .
```

2. Newton - Raphson 방법으로 $4\cos(x) = e^x$ 의 근을 구하여라. 단, 초기치는 임의로 정하기로 한다.

```
C:\Windows\system32\cmd.exe                          —    □    ×
초기치를 입력하라 : 3
    1      1.835570
    2      1.113362
    3      0.920701
    4      0.904898
    5      0.904788
계속하려면 아무 키나 누르십시오 . . .
```

3. Bairstow 방법으로 $f(x) = x^5 - 4.5x^4 + 4.55x^3 + 2.675x^2 - 3.3x - 1.4375$ 의 모든 근을 구하여라.

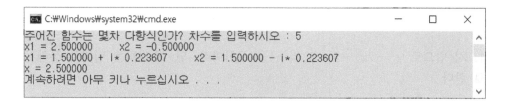

제20장   입출력 기법

원하는 결과를 얻기 위해 알고리즘에 따라 프로그램을 작성하는 것은 프로그래밍의 기본이라 할 수 있다. 여기에 실행결과의 이해를 돕기 위해 출력결과에도 신경을 쓴다면 최고의 프로그램이 만들어지는 것이다.

이 장에서는 입출력에 관한 여러 가지 프로그램을 소개하기로 한다.

【예제 245】5개의 수를 입력하여 합을 구하는 프로그램을 작성하라. 단, 자료입력이 끝나면 화면이 자동으로 깨끗해지고 결과가 다음 화면처럼 출력되도록 하라.

풀이 : system("cls") 명령을 수행한다. 5개의 수는 1, 2, 3, 4, 5로 하였다.

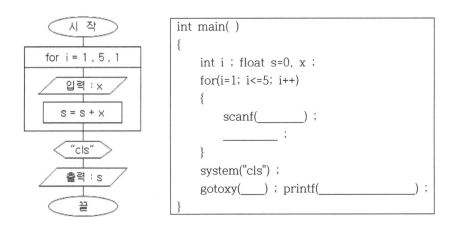

```
int main( )
{
    int i ; float s=0, x ;
    for(i=1; i<=5; i++)
    {
        scanf(_____) ;
        _____ ;
    }
    system("cls") ;
    gotoxy(____) ; printf(_____) ;
}
```

【예제 246】 모니터 화면에 "Hello"를 출력하고 5초 후에 실행을 종료시키는 프로그램을 작성하라.

풀이 : CLOCKS_PER_SEC 은 시간을 지연시키는 명령어이다.

```
#include "_____"
int sleep(int n)
{
    clock_t goal ; // 시간함수 선언
    goal = ( n * CLOCKS_PER_SEC ) + clock( ) ; // n=5를 전달
    while( goal > clock( ) ) ;
    return 0 ;
}
int main( )
{
    printf("Hello \n") ; sleep(5) ;
}
```

```
C:\Windows\system32\cmd.exe                          —    □    ×
Hello
계속하려면 아무 키나 누르십시오 . . .
```

커맨드(command) 창에서 시간 지연을 표시할 수는 없지만 프로그램을 실행시키면 5초의 시간에 경과한 후에 프로그램이 종료되는 것을 확인할 수 있다.

【예제 247】 main( )함수에서 숫자를 입력하여 play( ), no_play( )를 호출하여 "start game", "game over"를 출력하는 프로그램을 작성하라.

풀이 : 함수에서는 단순히 글자만 출력하므로 void 선언을 하면 된다.

```
void game()
{
    printf("start game \n") ;
}
void no_game()
{
    printf("game over \n") ;
}
```

```
int main( )
{
    int check ;
    gotoxy(____) ; printf("게임을 시작할까요?") ;
    gotoxy(____) ; printf("1:예    2:아니오 \n") ;
    gotoxy(____) ; printf("선택하시오 : ") ;
    scanf("%d", &check) ;
    if(check==1) play() ; else no_play() ;
}
```

```
C:₩Windows₩system32₩cmd.exe                          —    □    ×
              게임을 시작할까요?

              1:예    2:아니오
              선택하시오 : 1
start game
계속하려면 아무 키나 누르십시오 . . .
```

【예제 248】 n값을 입력하여 n개의 가로줄을 3칸 간격으로 출력하는 프로그램을 작성하라. 단, 5 칼럼부터 출력하며 라인의 길이는 20이 되도록 만들어라.

```
int main( )
{
        int i, j , k=0, n ;
        printf("가로줄의 수를 입력하라 : ") ;
        scanf("%d", &n) ;
        for(i=1; i<=n; i++) // 4개 가로 라인수
        {
                gotoxy(_____) ;
                for(_____)
                printf("-") ;
        }
        printf("\n") ;
}
```

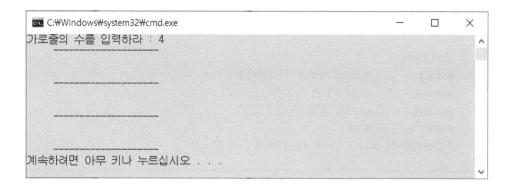

【예제 249】다음의 실행 결과처럼 입력된 세 개의 숫자만큼 별표(*)를 출력하는 프로그램을 작성하라.

풀이 : 세 개의 값을 연속적으로 입력하여도 된다.

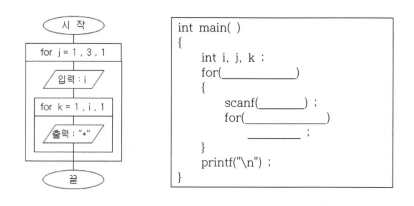

【예제 250】다음과 같이 다섯 줄에 걸쳐 별표(*)의 개수를 늘려가며 출력하는 프로그램을 작성하라.

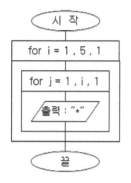

```
int main( )
{
    int i, j ;
    for(_____)
    {
        for(_____)
            printf(_____) ;
        printf(_____);
    }
}
```

```
C:\Windows\system32\cmd.exe                    —    □    ×

*
**
***
****
*****
계속하려면 아무 키나 누르십시오 . . .
```

【예제 251】 함수 blank( )에서 칸 벌리기를 하도록 하면서, 다음과 같이 출력하는 프로그램을 작성하라.

풀이 : 함수 blank( )의 자릿수는 main( )의 문자출력 자릿수의 1/2 여야 한다.

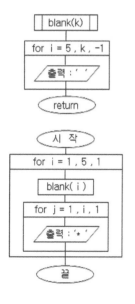

```
void blank(int k)
{
    int i ; char b=' ' ;
    for(_____)
        printf("%2c", b) ;
}
int main( )
{
    int i, j ;  char a='*' ;
    for(_____)
    {
        _____ ;
        for(_____)
            printf("%4c", a) ;
        printf("\n") ;
    }
}
```

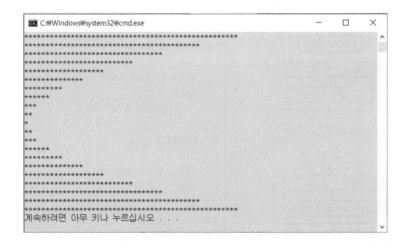

【예제 252】 $y = x^2 + 3$의 대략적인 모양을 나타내라.

```c
int main( )
{
    int i, f, x ;
    for(x=-10; x<=10; x++)
    {
        f = (x*x + 3) / 2 ; //값을 축소하였음
        for(i=1; i<=f; i++)
            printf("*") ;
        printf("\n");
    }
}
```

【예제 253】 0°~ π까지 sin(x)를 별표(*) 모양으로 채워 넣는 그림을 그려라.
풀이 : sin(x)의 값이 1보다 작기 때문에 값을 확대해야 한다.

```
int main( )
{
    int i, j, f ; float x, pi  = 4*atan(1.) ;
    for(x=0; x<=pi; x=x+0.1)
    {
        f = sin(x)*30 ; // 값을 30배 확대
        for(j=1; j<=f; j++)
            printf("*") ;
        printf("\n");
    }
}
```

다음에 소개하는 예제는 커맨드 창에 그래프를 출력하는 프로그램이다. 정확한 그래프를 그리는 것은 아니지만 앞서 별표 출력보다는 우월하다.

【예제 254】 $y = x^2 + 1$의 그래프를 gotoxy( )를 사용하여 그리는 프로그램을 작성하라.

```
int shift_x=30, shift_y=20 ;
void plot(float x, float y)
{
        gotoxy(shift_x+x*6,shift_y+y) ; printf("+") ;
}
void lineto(int x, int y)
{
        int i, j ;
        for(i=1; i<=60; i++) // 60개 가로 라인수
        {
                gotoxy(i,y-1) ; printf("-") ;
        }

        for(i=1; i<=22; i++)    // 22개 세로 라인수
        {
                gotoxy(x,i) ; printf("|") ;
        }
}
int main( )
{
        double x, y ;
        lineto(shift_x, shift_y) ;
        for(x=-4; x<=4; x=x+0.5)
        {
                y = ( x*x + 1 )*1.2 ; //그림 모양을 위해 1.2배 확대.
                plot(x,-y) ;
        }
        gotoxy(1,24) ;
}
```

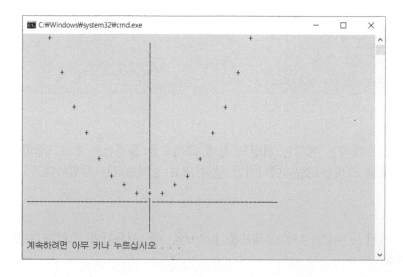

【예제 255】다음과 같이 $n=7$인 달팽이 수를 출력하는 프로그램을 작성하라.

```
int main( )
{
    int i, j, a[10][10] ;
    for(i=1; i<=7; i++)
    {
    for(j=1; j<=7; j++) {
        if ( i > j && i%2==0) a[i][j] = i*i-j+1 ;
        if ( i > j && i%2!=0) a[i][j] = (i-1)*(i-1)+j ;
        if ( i <= j && j%2==0) a[i][j] = (j-1)*(j-1) + i ;
        if ( i <= j && j%2!=0) a[i][j] = j*j - i + 1;
        printf("%5d", a[i][j]);
    }
    printf("\n") ;
    }
}
```

```
C:\Windows\system32\cmd.exe                    —    □    ×
     1    2    9   10   25   26   49
     4    3    8   11   24   27   48
     5    6    7   12   23   28   47
    16   15   14   13   22   29   46
    17   18   19   20   21   30   45
    36   35   34   33   32   31   44
    37   38   39   40   41   42   43
계속하려면 아무 키나 누르십시오 . . .
```

【예제 256】임의의 수 n을 입력하여 달팽이 수를 출력하라.

```
int main( )
{
    int a[200], b[200], bb=0, x[50][50], i, j, k=0, n ;
    scanf("%d", &n);
    a[1] = n-1 ;
    for(i=0; i<=30; i++)
    {
        b[i]=0 ;
```

```
            a[i+1] = (int) (n-i/2.) ;
            if (a[i+1]==0) break;
            k=k+1;
        }
    for(i=1; i<=k+1; i++)
    {
        bb=bb+a[i] ;
        b[i]=bb ;
    }
    for(i=1; i<=n*2; i++)
    for(j=b[i-1]+1; j<=b[i]; j++)
    {
        k=(i-1)/4 ;
        switch(i%4)
        {
            case 0 : { k++; x[b[i]+ k+1-j][k] = j ; break ; }
            case 1 : { k++; x[k][j-b[i-1]+k-1] = j ;  break ; }
            case 2 : { k++; x[j-b[i-1]+k][n-k+1] = j ; break ; }
            case 3 : { k++; x[n-k+1][b[i]+k-j] = j ; break ; }
        }
    }
    for(i=1; i<=n; i++)
    {
        for(j=1; j<=n; j++)
            printf("%5d",x[i][j]) ;
        printf("\n") ;
    }
}
```

```
C:\Windows\system32\cmd.exe                           —    □    ×

n을 입력하라 : 8
     1     2     3     4     5     6     7     8
    28    29    30    31    32    33    34     9
    27    48    49    50    51    52    35    10
    26    47    60    61    62    53    36    11
    25    46    59    64    63    54    37    12
    24    45    58    57    56    55    38    13
    23    44    43    42    41    40    39    14
    22    21    20    19    18    17    16    15
계속하려면 아무 키나 누르십시오 . . .
```

실습문제

1. 다음 화면처럼 셋째 줄 25 칼럼부터 "1:예", "2:아니오"를 출력하는 프로그램을 작성하라.

2. 모니터 화면의 25 칼럼에서 다음과 같이 4개의 수를 입력하여 이를 출력하는 프로그램을 작성하라.

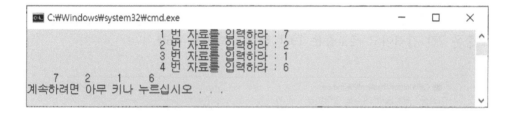

3. 다음의 품목별 물건 가격에 대해, 품목별 구입 수량(b)을 입력하여 구입액을 출력하는 프로그램을 작성하라. 단, 구입한 품목만 출력하여라.

품목(kind)	가격(a)
과자	1500
콜라	1800
아이스크림	2500

```
C:\Windows\system32\cmd.exe                              —    □    ×
              과자의 수량을 입력하라 : 3
              콜라의 수량을 입력하라 : 0
           아이스크림의 수량을 입력하라 : 2

      과자    1500      3    4500
  아이스크림  2500      2    5000
계속하려면 아무 키나 누르십시오 . . .
```

4. 앞의 실습문제에서 품목별 수량을 입력하면 화면이 지워지고 결과창만 다음과 같이 나타나도록 프로그램을 작성하라. 입력 자료는 3, 1, 2 로 하라.

```
C:\Windows\system32\cmd.exe                              —    □    ×
       품  목    가격     수량   구매액
      ─────────────────────────────────
        과자    1500      3     4500
        콜라    1800      1     1800
     아이스크림  2500      2     5000
      ─────────────────────────────────
계속하려면 아무 키나 누르십시오 . . .
```

5. 4개의 가로줄(m)과 5개의 세로줄(n)을 만드는 프로그램을 작성하라. 단, 가로줄은 7칸 간격이고 세로줄은 19칸 간격이 되도록 하라.

6. 앞의 프로그램에 좌석번호를 매기는 프로그램을 작성하라.

힌트 : 출력되는 숫자의 칼럼수가 70을 초과하면 gotoxy( )를 수행하여 줄을 바꾼다.

7. 다음과 같이 다섯줄에 걸쳐 별표(*)를 출력하는 프로그램을 작성하라.

```
C:\Windows\system32\cmd.exe                    —    □    ×
*****
****
***
**
*
계속하려면 아무 키나 누르십시오 . . .
```

8. 다음과 같이 숫자가 6단으로 출력되는 프로그램을 작성하라.

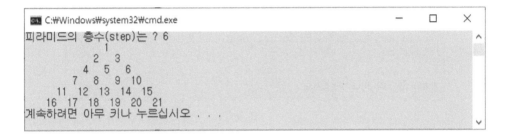

9. 표준정규분포의 함수식은 $f(x) = \dfrac{1}{\sqrt{2\pi}} e^{\frac{-x^2}{2}}$ 이다. 표준정규분포의 그림을 그리는 프로그램을 작성하라. 다음의 매끄러운 그림은 매스매티카 프로그램을 사용하여 그린 것이다.

[힌트] : y값은 너무 작으므로 $y \times 40$으로 확대하여야 한다. 또한 x의 값도 6배 크게 하였다.

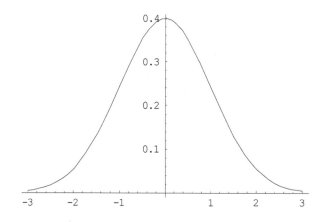

프로그램의 실행결과는 다음과 같다.

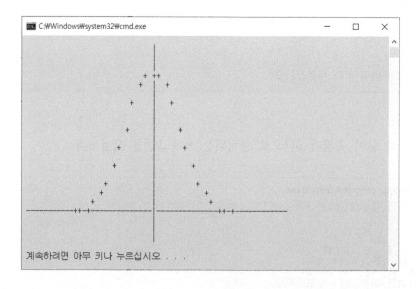

10. 다음과 같은 모양으로 출력하는 프로그램을 작성하라.

11. 다음과 같은 모양으로 출력하라.

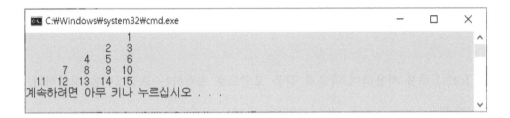

12. 방향을 반대로 하는 달팽이 수를 만들어라.

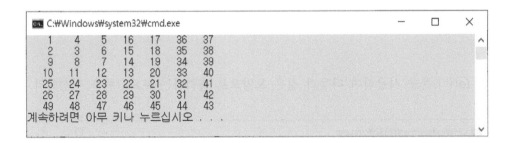

연습문제

1. for( ) 문을 사용하여 다음과 같은 모양으로 출력하는 프로그램을 작성하라.

2. for( ) 문을 사용하여 다음과 같은 모양으로 출력하는 프로그램을 작성하라.

3. for( ) 문을 사용하여 다음과 같은 모양으로 출력하는 프로그램을 작성하라.

4. for( ) 문을 사용하여 다음과 같은 모양으로 출력하는 프로그램을 작성하라.

```
 C:\Windows\system32\cmd.exe                              —    □    ×
  1   2   3   4   5
  6   7   8   9
 10  11  12
 13  14
 15
계속하려면 아무 키나 누르십시오 . . .
```

5. for( ) 문을 사용하여 다음과 같은 모양으로 출력하는 프로그램을 작성하라.

```
 C:\Windows\system32\cmd.exe                              —    □    ×
  1   2   3   4   5   6
      7   8   9  10  11
         12  13  14  15
             16  17  18
                 19  20
                     21
계속하려면 아무 키나 누르십시오 . . .
```

6. 다음과 같은 파스칼의 삼각형(이항계수)을 만드는 프로그램을 작성하라.

```
 C:\Windows\system32\cmd.exe                              —    □    ×
Pascal의 층수(step)는 ? 7
                1
              1   1
            1   2   1
          1   3   3   1
        1   4   6   4   1
      1   5  10  10   5   1
    1   6  15  20  15   6   1
계속하려면 아무 키나 누르십시오 . . .
```

7. for( ) 문을 사용하여 다음과 같은 모양으로 출력하는 프로그램을 작성하라.

```
C:\Windows\system32\cmd.exe                                    —    □    ×
n을 입력하라 : 10
     1    36    35    34    33    32    31    30    29    28
     2    37    64    63    62    61    60    59    58    27
     3    38    65    84    83    82    81    80    57    26
     4    39    66    85    96    95    94    79    56    25
     5    40    67    86    97   100    93    78    55    24
     6    41    68    87    98    99    92    77    54    23
     7    42    69    88    89    90    91    76    53    22
     8    43    70    71    72    73    74    75    52    21
     9    44    45    46    47    48    49    50    51    20
    10    11    12    13    14    15    16    17    18    19
계속하려면 아무 키나 누르십시오 . . .
```

8. sin(x)의 그래프를 0부터 π까지 출력하는 프로그램을 작성하라.

힌트 : sin(x)의 값은 최대 1이므로 sin$(x)*15$를 하였다.

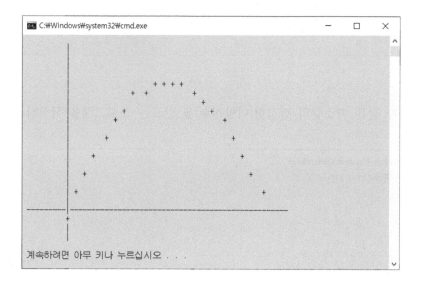

9. 다음과 같이 가로, 세로 19칸의 바둑판을 그리는 프로그램을 만들어라.

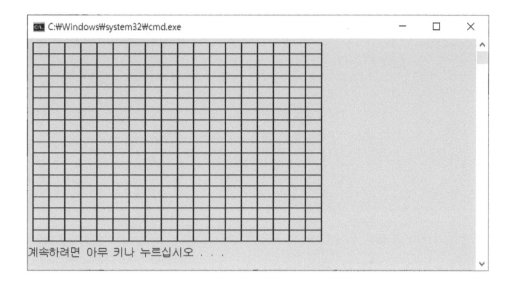

제21장 기초통계학

1. 회귀분석

회귀분석(regression analysis)이란 변수들 간의 관련성을 수학적 모형으로 나타내는 것이다 독립변수와 종속변수 간에 선형의 관계로 나타내는 모형을 단순회귀모형이라 하며 관계식은 다음과 같다.

$$y_i = \beta_0 + \beta_1 x_1 + \epsilon_i \quad \Rightarrow \quad \epsilon_i = y_i - \beta_0 - \beta_1 x_i$$

양변의 제곱합은

$$\sum_{i=1}^{n} \epsilon_i^2 = \sum_{i=1}^{n} (y_i - \beta_0 - \beta_1 x_1)^2$$

이 되며, 이를 모수 β_0, β_1 에 관하여 편미분하면 다음과 같다.

$$\frac{\partial}{\partial \beta_0} \sum_{i=1}^{n} \epsilon_i^2 = -2 \sum_{i=1}^{n} (y_i - \beta_0 - \beta_1 x_i) = 0$$

$$\frac{\partial}{\partial \beta_1} \sum_{i=1}^{n} \epsilon_i^2 = -2x_i \sum_{i=1}^{n} x_i (y_i - \beta_0 - \beta_1 x_i) = 0$$

이를 정리하면

$$\sum_{i=1}^{n} (y_i - \beta_0 - \beta_1 x_i) = 0 \quad , \quad \sum_{i=1}^{n} x_i (y_i - \beta_0 - \beta_1 x_i) = 0$$

이다. 이 식을 만족하는 β_0, β_1 의 값을 b_0, b_1 (회귀계수의 추정치)으로 대치하여 정리하면

$$b_0 \cdot n + b_1 \sum_{i=1}^{n} x_i = \sum_{i=1}^{n} y_i \quad , \quad b_0 \sum_{i=1}^{n} x_i + b_1 \sum x_i^2 = \sum_{i=1}^{n} x_i y_i$$

이며 방정식을 b_0, b_1 에 관하여 풀면 다음과 같은 결과를 얻는다.

$$b_1 = \frac{\sum_{i=1}^{n} (x_i - \overline{x}) \cdot (y_i - \overline{y})}{\sum_{i=1}^{n} (x_i - \overline{x})^2} \quad , \quad b_0 = \overline{y} - b_1 \overline{x}$$

【예제 257】다음은 K 대학교 전자계산학과 학생들의 데이터베이스 시험성적이다. 질의어(query)를 주고 문제를 풀 때의 점수와 시간으로 측정한 것이다. 여기서 변수는 grade(평점), units(답한 문제수), score(DB 성적), time(풀이 소요시간)이다. 평점과 성적에 대한 회귀분석을 하라.

grade	units	score	time	grade	units	score	time
2.81	31	84	32	2.97	38	90	24
2.44	32	92	26	1.26	31	80	31
2.81	30	90	29	1.57	36	89	32
1.92	32	88	34	1.95	38	82	35
3.37	45	91	27	3.36	49	88	30
2.75	46	95	26	3.31	46	94	25
4.25	45	99	28	2.94	48	85	32
3.50	46	86	33	3.78	50	89	28
3.78	51	93	27	3.52	52	92	30
3.35	51	90	34	4.00	45	95	27
3.22	47	94	26				

풀이 : 회귀계수의 추정치 계산공식에 따라 표를 만들면 다음과 같다. 독립변수(score)를 x, 종속변수(grade)를 y라고 하였다.

	x	y	x^2	xy
	84	2.81	7056	236.04
	90	2.97	8100	267.30
	92	2.44	8464	224.48
	80	1.26	6400	100.80
	90	2.81	8100	252.90
	89	1.57	7921	139.73
	88	1.92	7744	168.96
	82	1.95	6724	159.90
	91	3.37	8281	306.67
	88	3.36	7744	295.68
	95	2.75	9025	261.25
	94	3.31	8836	311.14
	99	4.25	9801	420.75
	85	2.94	7225	249.90
	86	3.50	7396	301.00
	89	3.78	7921	336.42
	93	3.78	8649	351.54
	92	3.52	8464	323.84
	90	3.35	8100	301.50
	95	4.00	9025	380.00
	94	3.22	8836	302.68
합	1886	62.86	169812	5692.48

이상의 계산 결과와 앞의 정규방정식을 이용하면 다음과 같은 연립방정식을 얻게 된다.

$$21 \cdot b_0 + 1886 \cdot b_1 = 62.86$$
$$1886 \cdot b_0 + 169812 \cdot b_1 = 5692.48$$

이것을 풀면, $b_0 = -6.806$, $b_1 = 0.109$ 를 얻게 된다. 따라서 회귀직선은 다음과 같다.

평점 = -6.806 + 0.109*(DB 성적) = -6.806 + 0.109*score

만일 DB 성적이 90점이면 평점은 3.004로 예상된다.

【예제 258】데이터베이스 성적을 다음의 그림처럼 "d:\temp\dbscore.txt"라는 파일명으로 저장하라.

```
dbscore - Windows 메모장                          -    □    ×
파일(F) 편집(E) 서식(O) 보기(V) 도움말
1    2.81    31  84  32
2    2.97    38  90  24
3    2.44    32  92  26
4    1.26    31  80  31
5    2.81    30  90  29
6    1.57    36  89  32
7    1.92    32  88  34
8    1.95    38  82  35
9    3.37    45  91  27
10   3.36    49  88  30
11   2.75    46  95  26
12   3.31    46  94  25
13   4.25    45  99  28
14   2.94    48  85  32
15   3.50    46  86  33
16   3.78    50  89  28
17   3.78    51  93  27
18   3.52    52  92  30
19   3.35    51  90  34
20   4.00    45  95  27
21   3.22    47  94  26
```

【예제 259】"d:\temp\dbscore.txt" 파일의 4번째 자료인 score의 평균 $\bar{x}$를 구하고, x의 총변동 $\sum_{i=1}^{n}(x_i-\bar{x})^2$을 계산하는 프로그램을 작성하라.

풀이 : DB 성적을 불러올 때, 변수명을 x라고 지정한다.

```
int main( )
{
        FILE *pt ;
        pt = fopen("d:\\temp\\dbscore.txt" , "r" ) ;
        int i=0 , j, n ;
        float b0, b1, sx=0, sy=0, a[50][5], mean_x, mean_y, tot_v=0, cov=0 ;
        while(i<21)
        {
                i++ ;
                for(j=1; j<=5; j++)
                        fscanf(pt, "%f", &a[i][j]) ;
                sx = sx + a[i][4] ;
                sy = sy + a[i][2] ;
        }
        mean_x = sx / i ;
        mean_y = sy / i ;

        for(j=1; j<=i ; j++)
1       {
```

```
                    tot_v = tot_v + (a[j][4] - mean_x) * (a[j][4] - mean_x) ;
                    cov = cov + (a[j][4] - mean_x) * (a[j][2] - mean_y) ;
            }

            b1 = cov / tot_v ;
            b0 = mean_y - b1*mean_x ;
            printf("x 평균 = %f\n", mean_x) ;
    //      printf("y 평균 = %f%f\n", mean_y) ;
            printf("총변동 = %f%f\n", tot_v) ;
    //      printf("분자 = %f%f\n", cov) ;
    //      printf("b0 = %f \n", b0) ;
    //      printf("b1 = %f \n", b1) ;
    }
```

```
■■ C:\Windows\system32\cmd.exe                              —    □    ×
x 평균 = 89.809525
총변동 = 431.2381590.000000
계속하려면 아무 키나 누르십시오 . . .
```

【예제 260】 "d:\temp\dbscore.txt" 파일의 데이터베이스 시험성적 중에서 성적(score)과 평점(grade) 사이의 회귀계수를 구하는 프로그램을 작성하라.

풀이 : 앞의 프로그램을 실행시킨다. 【예제257】의 결과와 비교하라.

```
■■ C:\Windows\system32\cmd.exe                              —    □    ×
b0 = -6.805980
b1 = 0.109112
계속하려면 아무 키나 누르십시오 . . .
```

2개의 확률변수 X, Y의 결합된 정도를 알기 위해 공분산이 정의된다.

공분산(Covariance)

$$Cov(X, Y) = \frac{1}{n}\sum_{i=1}^{n}(x_i - \bar{x})(y_i - \overline{Y}) = \frac{1}{n}\sum_{i=1}^{n}x_i y_i - \overline{X}\,\overline{Y}$$

【예제 261】 다음 산점도로부터 두 변수 X, Y의 공분산을 구하여라.

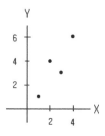

	X	Y	XY
	1	1	1
	2	4	8
	3	3	9
	4	6	24
합	10	14	42

따라서 공분산은 다음과 같다.

$$Cov(X, Y) = \frac{42}{4} - \frac{10}{4} \times \frac{14}{4} = 1.75$$

【예제 262】 7명의 키와 몸무게 자료를 입력하여 공분산을 구하는 프로그램을 작성하라.

풀이 : 키를 x, 몸무게를 y라고 하여 처리하면 된다.

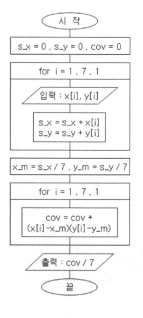

```c
int main( )
{
    int i, n=7 ;
    float sx=0, sy=0, x[50], y[50],
        x_m, y_m, cov=0 ;
    for(i=1; i<=n; i++)
    {
        scanf("%f %f", &x[i], &y[i]) ;
        sx = sx + x[i] ;
        sy = sy + y[i] ;
    }
    x_m = sx / n ;
    y_m = sy / n ;
    for(i=1; i<=n ; i++)
        cov += (x[i] - x_m)*(y[i] - y_m) ;
    printf("%f\n", cov / n) ;
}
```

```
C:\Windows\system32\cmd.exe                              —    □    ×
170  64
178  73
163  70
182  77
168  60
166  62
174  69
공분산 = 25.653063
계속하려면 아무 키나 누르십시오 . . .
```

【예제 263】앞의 그림에 있는 산점도의 공분산을 구하는 프로그램을 작성하라.

```
int main( )
{
        int i , j, n ;
        float sx=0, sy=0, a[50][5], mean_x, mean_y, tot_v=0, cov=0 ;
        for(i=1; i<=4; i++)
        {
        for(j=1; j<=2; j++)
            scanf("%f", &a[i][j]) ;
            sx = sx + a[i][1] ;
            sy = sy + a[i][2] ;
        }
        i = i-1 ;
        mean_x = sx / i ;   mean_y = sy / i ;
        for(j=1; j<=i ; j++)
                cov = cov + (a[j][1] - mean_x) * (a[j][2] - mean_y) ;

        printf("x 평균 = %f\n", mean_x) ;
        printf("y 평균 = %f%f\n", mean_y) ;
        printf("공분산 = %f%f\n", cov/i) ;
}
```

```
C:\Windows\system32\cmd.exe                              —    □    ×
1  1
2  4
3  3
4  6
x 평균 = 2.500000
y 평균 = 3.5000000.000000
공분산 = 1.7500000.000000
계속하려면 아무 키나 누르십시오 . . .
```

2. 상관계수

두 변수 x, y 사이의 관련성을 측정하는 도구로 상관계수를 사용한다. 계산된 상관계수의 절대값이 1에 가까우면 x, y는 매우 밀접한 관련을 갖는다고 평가한다.

상관계수(Correlation Coefficient)

$$\rho(X, Y) = \frac{Cov(X, Y)}{\sigma_x \sigma_y}$$

【예제 264】 앞의 산점도에 대한 상관계수를 구하여라.

풀이 : $V(X) = \frac{1}{4}(1^2 + 2^2 + 3^2 + 4^2) - (\frac{10}{4})^2 = \frac{5}{4}$

$V(Y) = \frac{1}{4}(1^2 + 4^2 + 3^2 + 6^2) - (\frac{14}{4})^2 = \frac{13}{4}$

$Cov(X, Y) = 1.75$

$\therefore \ \rho(Y, Y) = \dfrac{1.75}{\sqrt{\dfrac{5}{4}} \sqrt{\dfrac{13}{4}}} = 0.868$

【예제 265】 다음 자료에 대한 상관계수를 구하는 프로그램을 작성하라.

	X	Y	XY
	1	1	1
	2	4	8
	3	3	9
	4	6	24
합	10	14	42

```
int main( )
{
        double a[][2]={ 1,1, 2,4, 3,3, 4,6}, m1, m2, v1, v2 ;
        double s1=0, s2=0, ss1=0, ss2=0, cov=0, r ;
        int i, j, n=4 ;
        for(i=0; i<=n-1; i++)
        {
                s1 = s1 + a[i][0] ;
                s2 = s2 + a[i][1] ;
                ss1 = ss1 + a[i][0]*a[i][0] ;
                ss2 = ss2 + a[i][1]*a[i][1] ;
        }
        m1 = s1/n ; m2=s2/n ;
        v1 = ss1/n - m1*m1 ;
        v2 = ss2/n - m2*m2 ;
        for(i=0; i<=3; i++)
                cov = cov + (a[i][0]-m1)*(a[i][1]-m2) ;
        cov = cov/n ;
        r = cov / sqrt(v1*v2) ;
        printf("V(X) = %f\n", v1) ;
        printf("V(Y) = %f\n", v2) ;
        printf("Cov(X,Y) = %f\n", cov) ;
        printf("상관계수 = %f\n", r) ;
}
```

```
C:\Windows\system32\cmd.exe                            —     □     ×
V(X) = 1.250000
V(Y) = 3.250000
Cov(X,Y) = 1.750000
상관계수 = 0.868243
계속하려면 아무 키나 누르십시오 . . .
```

C 쉬워요! \n
IT 융합학부 \n 소프트웨어 트랙 \n
학과   학년 이름 \n 멀티미디어 1   홍길동 \n 정보통신학 3   신길동 \n
"%d \n", a
"%d \n", 7/4
"%f \n", 7./4
"%d \n", x
int float m = 2.7 n = 3.5 * m "%d \n", n
int "%d", &k "%d \n", k*k
"%c", &a "%c \n", a
"%s", name %s 씨\n", name
"%d %d", &a , &b a = %d a, b (a+b) / (b-a) %f \n", c
x = 1.23435 "%10.3f \n", x
c = a * b "%8.2f \n", c
"%s", chr "%10s\n", chr
"%f", &x y = x + 0.5 "반올림한 값 = %d \n"
float year=365.2422 "%f \n", year
int x = 3 x = x + 2 "%d \n", x
i = 3, s = 6 i = i + 2 s = s + i "i = %d , s = %d \n", i, s
"%3d\n", n
"%4d", j*n j = -j ;
i=1; i<=9; i++ "%5d", 3*i
i=1; i<=100; i++ s = s + i %5d \n", s
i=1; i<=10; i++ s = s + i "%5d \n", s
x = 3.14 %d \n", &x %f \n", *(&x)
c , *p p = &c *p = a + b "%d %d %d \n", p, *p, c
name = "Kim D.S." "%s\n", name
int i, x[10] i=1; i<=5; i++ "%d", &x[i] "%d   %d \n", x[2], x[5]
"%s", x "%s \n", x
%d \n", strlen(x)
ch = getchar( ) putchar(ch)
n = n + 1 "%d", n
65 '\n'
i=0; i<=255; i++ (i%20==0) printf("\n") "   " putchar(i)
ch='A'; ch<='Z'; ch++ "%5c ",ch
20,5 "korea\n"
short int float double
a, b, c, d "%d %d %d", &a, &b, &c d = a * b * c "용적 = %d \n", d
math.h pow(2.,31)-1 "%d\n", a
math.h pow(2.,31)-1+1 "%d\n", a
%d \n", i %o \n", i %x \n", i
i=1; i<=3; i++ "%d", &x[i] "%d   %d \n", &x[i], x[i]
"%d", &hour pay = hour * 6000 tax = pay * 0.045 "주급 = %d 국민연금공제액 = %f \n", pay, tax
"%12.9e\n", pow(16.,256)
"%12.9e\n", 15.99998942*pow(16.,255)
"%12.9e\n", pow(16.,-255)/16
i=1; i<=100; i++ s = s + 0.01 "%f \n", s
"%f \n", pow(2.,4)
double x "%lf", &x "%f \n", pow(x, 0.5)
a* pow((1+r), 5) (s+5)/10*10 "%d\n", s
"%d", 11%7
float a=37.4 , b=4.9 "%f\n", fmod(a,b)
i=1; i<=n; i++ "%f", &a[i] i=1; i<=n; i++ "+(%.2f)*x**%d ", a[i], n-i
"%f %f %f %f", &a1, &a2, &a3, &a4 b1 = a1 b2 = a2 + 1.5 * b1 b3 = a3 + 1.5 * b2 b4 = a4 + 1.5 * b3 "%f %f %f %f \n", b1, b2, b3, b4
i=1; i<=50; i++ na = i % 7 na==0 "%d\n", i
i=1; i<=6; i++ na = 6%i (na==0) printf("%5d", I

i=1; i<=36; i++ na = 36 % i (na==0){n=n+1; printf("%5d", i);} %d \n", n
"%d 약수\n", i na!=0 %d 약수 아님\n", i
"%d", &n na = n%i (na==0) printf("합성수 \n")
i=2; i<=n-1; i++ na = n%i (na==0) goto p
i=1; i<=100; i++ k[n]==0 if (j <= 100) goto b if (n <= 100) goto a
"%d", &even j=3; j<=even; j=j+2 r = even - j i=3; i<=r-1; i++ na = r % i (na==0) goto p if(j >= r)
goto p "%8d %8d \n", j, r
na = m % n na==0) printf("%d \n", n) ; goto b ; m = n n = na
" 참인 경우 : %d \n", 3 < 4 "거짓인 경우 : %d \n", 3 > 4
i=1; i<=10; i++ "%f", &x[i] i=1; i<=10; i++ 3<=x[i] && x[i]<=8 "%f \n", x[i]
"%d",&year year%4==0 year%100!=0 || year%400==0 "%d 년은 윤년\n", year "%d 년은 평년\n", year
a=0; a<=1; a++ b=0; b<=1; b++ "%d && %d = %d\n", a, b, a&&b
"%d\n", i++ "%d\n", ++j
i=1; i<=5; i++ "%2d   %2d \n", j++, ++k
a=0; a<=1; a++ b=0; b<=1; b++ "%d   %d   %5d   %5d   %5d \n", a, b, a&b, a|b, a^b
"%d\n", a^b "%d\n", ~a
%d \n", a*(int)pow(2.,b) %d \n", a<<b
i=15; i>=0; i-- word = (x >> i) & 1 "%d", word
n=1; n<=50; n++ "%5d", n (n%10) == 0 printf("\n")
"%d", &n (n%2)==0 "짝수\n" "홀수\n"
"%f \n", (float)
i = i + 1 "%5d", i i < 10 goto aa
i = i + 1 s = s + i "%3d %3d\n", i, s i<10
"%d", &n (n%2 == 0) "짝수\n" (n%2 != 0) "홀수\n"
"%f", &x (x>0) printf(" + (양)\n") (x==0) printf(" 0 (영)\n") (x<0) printf(" - (음)\n")
"%f %f %f", &a, &b, &c d = b*b - 4*a*c "판별식 = %f \n", d
"%f %f %f", &a, &b, &c d = b*b - 4*a*c d >= 0 "실근 \n""허근\n"
(-b + sqrt(d)) / (2*a) (-b - sqrt(d)) / (2*a) ("%f   %f\n", x1, x2
"%f", &x goto aa n = n + 1 s = s + x goto bb "%f\n", s / n
"%d", &time pay = 9000 * time "주급 = %d \n", pay
"%f", &x) "f(%.2f) = %.2f\n", x, 4-x "f(%.2f) = %.2f\n", x, x-4
"%f", &x else if(x == 0) printf("0 \n") printf("- \n")
"%c", &c '*' : "%d\n", a*b '/' "%f\n", a/b
i < 10 i = i + 1 "%5d", i printf("%5d", i) if(i==10) break
"%f", &x break "%f %f\n", x*x, x*x*x
"%f %f", &a, &x (x + a / x) * 0.5 %10.7f\n", x
"%20.15f \n", sqrt(7.)
"%f %f", &a, &b sqrt(a*a + b*b) %f \n", c
"%lf", &x "%f의 세제곱근 = %f\n", x, pow(x,1./3)
1 - pow(res/cost , 1./year "%f\n", rate
x = 4 * atan(1.) printf("%15.10f \n", x)
i=1; i<=1000000; i=i+2 j = -j s = s + (float) j / i "%20.15f \n", s*4
pi = 4*atan(1.) "%f", &deg x = pi / 180 * deg "%f 도 = %f 라디안\n", deg, x
pi = 4 * atan(1.) x = pi / 180 * deg "sin(%d도) = %f \n", deg, sin(x)
i=1; i<=7; i=i+2 pow(10.,i) pow((1 + 1./n) , n) "%8d   %.7f \n", n, e
"%15.10lf \n", exp(1.)
"%f", &x n=1; n<=1000; n++ ex = ex + a a = a * x / n "exp(%5.2f) = %f\n", x, ex
log10(%.3f) = %12.9f\n", x, log10(x) log(%.3f) = %12.9f\n", x, log(x)
"%lf", &x y = fabs(x) "절대값 : %f\n", y)
"%f \n", ceil(x) "%f \n", ceil(y)
"%f \n", floor(x) "%f \n", floor(y)
(12.23/3.1)) fmod(12.23 , 3.1)
"%f \n", y "%f \n" , z
sqrt(x*x + y*y) atan(y/x) "동경 = %f 편각 = %f 라디안\n", r, theta
b = &a "%d   %d \n", a, b "%d   %d \n", *b, &a
i=1; i<=3; i++ b = &i "%3d %10d\n", i, b
&a &b "%c %c \n", a, b "%d %d \n", &a, &b "%c %c \n", *p, *q
i=1; i<=5; i++ "%d", &x[i] "%-10d", &x[i]

i=0; i<=3; i++ "%c   %d\n", a[i], &a[i]
i=1; i<=5; i++ "%d", &x[i] i=5; i>=1; i-- "%5d", x[i]
"%s\n", name "%c   %c\n", *name, *(name+3)
pt, "%c", &t "%c \n", t
"%c", &ch fprintf(pt, "%c", ch)
, "w" pt, "%s", a
pt, "%s", ch "%s \n", ch
, "w" scanf("%s", name[i]) fprintf(pt, "%s \n", name[i]
, "w" fprintf(pt, "%s", dept[i]
, "w" x=1; x<=10; x++ pt, "%f\n", sqrt(x)
, "r" scanf(pt, "%f\n", &x) "%f \n", x)
, "r" pt, "%s", name "%s \n", name
, "r" fscanf(pt, "%s", name) printf("%s ", name) (i%8 == 0) printf("\n")
, "w" "%s %d", name, &id pt, "%s %d\n", name, id
, "r" scanf(pt, "%d", &x) fgetc(pt) == EOF "%d\n", s
, "r" pt, "%d %d %lf %lf", &sysbp, &diabp, &bmi, &hb
x=1; x<=5; x++ "%3.0f   %f\n", x, sqrt(x)
n=2; n<=32; n=n+3 "%5d", n*n
n=1; n<=35 ; n=n+2) "%4d", n
i=1; i<=5; i++ scanf("%f", &x) s = s + x "합 = %f   평균 = %f\n", s, s/5
i=1; i<=100; i++ "%f", &x if(x<0) break s = s + x m = s / (i - 1) "평균 = %f \n", m
i=1; i<=9; i++ j=1; j<=3; j++ "%d * %d = %2d   "
i=1; i<=5; i++ fact = fact * i "%3d ! %5d\n", i, fact
i=1; i<=20; i++ s = s + i * i "%d \n", s
i=1; i<=100; i++ s = s + 1. / (i*i) "%f\n", s
n=1; n<=1000; n++ s = s + n if(s>=10000) goto a a: printf("%d\n", n)
"%d", &n i=1; i<=n; i++ s = 0 j=1; j<=i; j++ s = s + j "%3d   %5d\n", i, s
s = c1*10 + c2*50 + c3*100 printf("%3d %3d %3d \n", c1, c2, c3)
x=1; x<=2; x=x+0.2 "%f \n", x
z=0; z<=1; z=z+0.1 x = z+1 y = x / (x*x + 1) "%f %f %f\n", z, x, y
i=3; i<=20; i++) c = a + b "%6d", c) cnt++ ; if(cnt%7==0) printf("\n") a = b b = c
c=0; c<=100; c=c+10 f = 9. / 5 * c + 32 "%5.0f   %5.0f \n", c, f
x = atan(1.) / 45 * I
"%f", sqrt(t) "%d", &n
y = x*x + 1 "%f\n", y) scanf("%f", &x) "%f\n", expr(x)
i=1; i<=k; i++) fact = fact * i fact "%d", &n "%d ! = %f \n", n, fac(n)
z = x + y sum = add(a,b) "%d + %d = %d\n", a, b, sum
y = (t<0) ? -t : t "%d", &x "%d\n", kab(x)
"%f", &x "함수값 = %f \n", f(x)
"주어진 수 : %f   %f \n", a, b temp = a a = b b = temp "교환된 수 : %f   %f \n", a, b
temp = u u = v v = temp %2d   %2d\n", u, v %2d   %2d\n", x, y swap(x, y) %2d   %2d\n", x, y
temp = *u *u = *v *v = temp %2d   %2d\n", u, v %2d   %2d\n", x, y swap(&x, &y) %2d   %2d\n", x, y
int *m, float *b n = *m b[i] = sqrt((float) i "%d", &n i=n; i>=1; i-- "%d의 제곱근 = %f \n", i, b[i]
char *a , int b %12s %10d \n", a, b "d:\\temp\\menu.txt" , "r") pt, "%s %d", menu, &price menu , price
if(n==0) goto a else printf("%d\n", n) num(n-1) + 1 scanf("%d", &n) num(n)
"%d %d", &a, &b &a & b %d %d\n", a, b %d %d\n", p, q
int x, int y, int z "x=%d y=%d z=%d\n", x, y, z a, b, c "%d + %d = %d\n", a, b, c
int x, int y, int *z   *z = x + y "x=%d y=%d z=%d\n", x, y, *z a, b, &c "%d + %d = %d\n", a, b, c
i=0; i<=5 ; i++ s = s + x[i] "배열의 총합 = %d\n", s
i=1; i<=10; i++ scanf("%d", &x) x > max max = x "최대수 = %d\n", max
n=1; n<=10; n++ "%d", &x[n] m=1; m<=100; m++ n=m+1; n<=100; n++ x[m] < x[n] m=1; m<=10; m++
"%4d", x[m]
na=m%2 printf("%2d\n", na) m > 0
"%d",&m na = m % 2 k = k + 1 r[k] = na m = m / 2 m != 0 goto ab i=k; i>0; i-- "%d", r[i]
%d \n", num %d \n", &num

i=0; i<=4; i++ "%d ",num[i] i=0; i<=4; i++ "%d ",*(num + i)
return s i=1; i<=5; i++ "%d", &x[i] add(x[i] %d\n", s
"%d   %s\n", &name, name
"%s", a "%s\n", a
"%s", a "%s\n", &a
i=1; i<=3; i++ "%d번째 자료를 입력하라 : ", i "%s", a[i] i=3; i>=1; i-- "%s\n", a[i]
"%5s %5s \n", dept[0], dept[1] "%5s   %5s \n", *(dept+2), *(dept+3)
"%s\n", *x) "%s \n", *(x+1)
%s %s %d", car.maker , car.name , &car.vol "%8s   %8s %6d\n", car.maker, car.name, car.vol
"%s %d", st[i].name, &st[i].age 2020 - st[i].age + 1 st[i].name, st[i].age, st[i].born
car[50] car[i].maker , car[i].name , &car[i].vol car[i].maker, car[i].name, car[i].vol
sj[i].name, &sj[i].t1, &sj[i].t2, &sj[i].rep, &sj[i].att sj[i].tot = sj[i].t1 + sj[i].t2 + sj[i].rep + sj[i].att
sj[i].name, sj[i].tot
"%d \n", time(NULL)
"%d\n", rand()
i=1; i<=10; i++ "%7d", rand()
x = rand( ) cnt++ "%7d", x (cnt%7==0) printf("\n")
"%f ", rand() / 32767.
"%7d", rand()
n = rand( ) "%d\n", n%10
i=1; i<=30; i++ "%5d", rand( )%10+1 (i%10==0) printf("\n")
x = rand()%20 + 1 s = s + x ss = ss + x*x m = s/100 var = ss/100 - m*m "평균 = %f   분산 = %f
\n", m, var
outcome = rand() / 32767. (outcome < 0.5) printf(" H ") printf(" T ");
i=1; i<=100; i++ x = rand()%2 (x==1) h = h + 1 "앞면의 출현횟수 = %d\n", h
x = rand()%4 + 1 j=1; j<=4; j++ "%7.3f", c[i]/200
"%d", &x y1 = x*x y2 = y1 / 1000000 * 1000000 x = (y1 - y2) / 100 "x(%2d) = %d\n", i, x
"%d %d", &x1, &x2 y1 = x1*x2 y2 = y1 / 1000000 * 1000000 x1 = x2 ; x2 = (y1 - y2)/100 "x(%2d) =
%d\n", i, x2)
rand()/32767.
rand()/ 32767. (b - a) * g(x)
a + (b-a) * rand()/32767 s + (b-a) * g(x)
1/y - 1 exp(-x) / (y*y)
x = rand()/32767. y = rand()/32767. if (x*x + y*y < 1) s = s + 1 "%f\n", 4*s/k
x=1; x<=3; x=x+inc f = pow(x,3) + 1 "%12.8f \n", f
x=1; x<=3; x=x+inc f = pow(x,3) + 1 s = s + (inc*f) "%12.8f \n", f
x = 1 + i*h y[i] = x*x*x + 1 s = s + 2*y[i] "%f\n", (s-y[0]-y[2])*h/2
"%f %f %d", &a, &b, &n h = (b-a) / n x = a + i*h y[i] = x*x*x + 1   s = s + 2*y[i] "%f\n",
(s-y[0]-y[n])*h/2)
"%f %f %d", &a, &b, &n h = (b-a) / n i=0; i<=n; i++ x = a + i*h y[i] = x*x*x + 1 s = s + 2*y[i]
"%f\n", (s-y[0]-y[n])*h/2
i=1; i<=n-1; i=i+2 s1 + 4*f(x) i=2; i<=n-2; i=i+2 s2 + 2*f(x) s1 + s2 + f(a) + f(b)
x*x*x - 9*x +1 "%f %f", &a, &b c = (a+b)/2 "%7.3f %7.3f %7.3f \n", a, c, b fac = f(a) * f(c) (fac < 0
) b=c (fac > 0) a=c
i=1; i<20; i=i+1 x1 = x0 - f(x0)/df(x0) diff = fabs(x1-x0) x0 = x1 (diff < 1e-6) break "%4d
%f\n",i, x1
"%f", &x s = s + x 10,3 "총합 = %f \n", s
5,i*3-2 j=1; j<=20; ++j
j=1; j<=3; j++ "%d", &i k=1; k<=i; k++ "*"
i=1; i<=5; i++ j=1; j<=i; j++ "*" "\n"
i=5; i>=k; i-- i=1; i<=5; i++ blank(i) j=1; j<=i; j++

찾아보기

600문제 도전하는 C Program 공작소

1판 1쇄 인쇄 2020년 02월 25일
1판 1쇄 발행 2020년 03월 10일
저   자 엄정국
발 행 인 이범만
발 행 처 **21세기사** (제406-00015호)
경기도 파주시 산남로 72-16 (10882)
Tel. 031-942-7861   Fax. 031-942-7864
E-mail : 21cbook@naver.com
Home-page : www.21cbook.co.kr
ISBN 978-89-8468-867-4

정가 27,000원